NEW MARKETING OF THE DIGITAL AGE

디지털 시대의 뉴마케팅

박성모

pnc
publishing and culture
피앤씨미디어

머리말

대학에서 마케팅이라는 용어를 처음 접하거나 어렴풋한 개념만을 가진 학생들을 위하여 보다 쉽고 간단하며 명확한 마케팅 지식을 전하고자 '디지털 사회의 마케팅'을 저술한 지 3년이 흘렀다. 여전히 대학 강단에서 '디지털 사회의 마케팅' 수업을 하면서 학생들에게 마케팅 지식과 경험을 쉽고 재미있게 전달하고자 노력하고 있다. 하지만 디지털 사회의 가장 근본적인 특징 중의 하나인 '스피드'는 나의 마케팅 수업에도 예외없이 막대한 영향을 미치고 있다. 3년이라는 시간이 사람의 관점에 따라 짧다면 짧고 길다면 길다고 여겨질 수 있겠지만 '디지털 사회에서의 마케팅'이라는 관점에서 보면 참으로 찰나의 시간처럼 여겨진다. '디지털 사회의 마케팅'이라는 마케팅 책이 어느 순간 역사 교과서처럼 느껴지기 시작하였다. 본서를 저술하는 근본적인 이유가 여기에 있다. 마케팅을 강의하는 교수로 열의를 가지고 나의 강의를 수강하는 학생들에게는 학기마다 수정하고 첨삭한 내용으로 마케팅을 강의하고 있으나 책으로 마케팅을 접하는 학생들에게 새로운 내용의 책으로 마케팅을 대하도록 하는 것이 올바른 마케팅 교수로서의 자세일 것이다.

본서는 이전의 저서인 '디지털 사회의 마케팅'의 내용을 완전히 수정하고 보완하였다. 이전의 저서와 구별되는 가장 큰 변화는 내용을 보다 더 쉽고 간단하게 서술하였다는 것과 디지털 시대의 영향을 보다 더 적극적으로 반영하였다는 것이다. 먼저 제1장 마케팅의 이해에서는 마케팅의 개념 변화를 설명하기 위하여 기존 마케팅 믹스인 4P와 구별되는 새로운 마케팅 믹스를 보다 구체적으로 정리하여 설명하였다. 제2장 마케팅 전략에서는 마케팅 전략 수립과 관련된 분석 도구들을 새롭게 정리하였다. 제3장 표적시장 마케팅 전략에서는 특히 제품 포지셔닝 부분을 전면 수정하고 보완하였다. 제4장 소비자 행동에서는 소비자의 행동에 영향을 미치는 개인적 요인, 사회 문화적 요인, 심리적 요인에 디지털 시대의 영향을 반영한 요인을 적극 수용하여 정리하였다. 제5장 브랜드 관리에서는 베스트 글로벌 브랜드

(Best Global Brands)을 전면 수정하였을 뿐 아니라 브랜드 관리 내용도 대대적으로 수정하고 보완하였다. 제6장 제품 관리에서는 특히 제품의 개념, 포장 및 표찰, 신제품의 수용 및 확산 부분을 전면 수정하고 보완하였다. 제7장 가격 관리에서는 가격 결정과 가격 전략을 전면적으로 수정하고 보완하였다. 제8장 유통경로 관리에서는 현재 주류로 자리잡은 인터넷 쇼핑, 온라인 쇼핑과 관련된 내용을 적극 반영하였다. 제9장 마케팅 커뮤니케이션 관리에서는 광고, 판매 촉진, 인적 판매 부분을 전면 수정하고 보완하였다. 제10장 디지털 마케팅을 새로운 장으로 편성하여 집필하였다. 마지막으로 제11장 디지털 시대의 뉴마케팅에서는 최근 새로운 마케팅 트렌드를 적극 반영하고 새로운 마케팅 믹스로 내용을 정리하였다.

본서도 이전의 저서와 마찬가지로 나의 오랜 기간에 걸친 해외 영업 및 마케팅 지식과 경험을 적극 활용하여 저술하였다. 마케팅 이론과 실제 현장의 마케팅 경험을 결합하여 보다 현실감 있고 생동감 있는 마케팅 지식을 학생들에게 전달하고자 하는 것이다. 또한 나의 수업을 진지하게 듣고 있는 많은 학생들에게 쉽고 간단하고 명확하게 마케팅 지식을 전하고 싶은 순수한 마음은 이전과 다름이 없다.

마케팅과 관련한 두 번째 저서로 이 책을 쓰지만, 기존의 많은 마케팅 연구자들의 책이 큰 도움을 준 것은 부인할 수 없는 사실이며 그들의 책의 양과 질에 못미치는 졸저일 수도 있다. 하지만 나의 수업을 듣는 학생들을 위한 책, 누구나 가벼운 마음으로 쉽게 읽을 수 있는 마케팅 책이라고 독자들이 평가한다면 감사할 것이다. 아울러 이 책을 발간한 후에도 현재의 소박한 마케팅 지식에 안주하지 않고 계속적으로 수정하고 보완하는 노력을 게을리하지 않을 것이다.

마지막으로 이 책을 엮어내기 위해 곁에서 함께 노력하고 도와준 아내와 두 딸에게 감사한 마음을 전한다.

2024년 1월 화성 봉담 연구실에서

차 례

제 1 장 마케팅의 이해

제 2 장 마케팅 전략

제 3 장 표적시장 마케팅 전략(STP 전략)

제 4 장 소비자 행동

제 5 장 브랜드 관리

제 6 장 제품 관리

제 7 장 가격 관리

제 1 장

마케팅의 이해

제 1 절 마케팅의 개념

마케팅의 개념을 이해하기 위해서 우선 관련된 기본 개념들의 용어에 대한 정의에 익숙해져야 한다. 첫 번째 **필요**(needs)는 기본적 만족의 결핍 상태로 **본원적 욕구**라고도 하는데, 이러한 본원적 욕구에는 생리적 욕구, 안전 욕구, 애정 및 소속 욕구, 존경 욕구, 자아실현 욕구 등이 있다. **생리적 욕구**는 숨 쉬고, 먹고, 자고, 입는 등 생활에 가장 기본적인 욕구를 말하며, **안전 욕구**는 신체적 위험으로부터 보호받고 싶은 욕구이다. **애정 및 소속 욕구**는 사랑하고 싶은 욕구, 어딘가에 소속되고 싶은 욕구 등을 말하며, **존경 욕구**는 우리가 흔히 말하는 명예욕, 권력욕 등이 이에 해당한다. 마지막으로 **자아실현 욕구**는 자기 발전을 이루고 자신의 잠재력을 끌어내어 극대화하려는 욕구이다. 이러한 분류는 미국의 심리학자인 **매슬로우**(Abraham H. Maslow)가 제시한 '**욕구 5단계설**'에 근거한 것이다. 욕구 5단계설의 5개 욕구 중 앞의 4단계 욕구 즉 생리적 욕구, 안전 욕구, 애정 및 소속 요구, 존경 욕구를 **결핍 욕구**로, 마지막 단계 욕구인 자아실현 욕구를 **성장 욕구**로 구분하기도 한다. 결핍 욕구란 한 번 충족되면 더 이상 동기로서 작용하지 않는다는 의미이며, 성장 욕구란 충족될수록 그 욕구가 더욱 증가한다는 의미이다. 욕구 5단계설에 따르면 인간은 5가지 욕구를 만족시키하려 하되, 우선순위가 있어서 가장 기초적 욕구인 생리적 욕구부터 만족시키려 하고 차례로 다음 욕구를 만족시키려 한다는 것이다. 이를 정리한 것이 [그림 1−1]이다.

[그림 1-1] 매슬로우의 욕구 5단계설

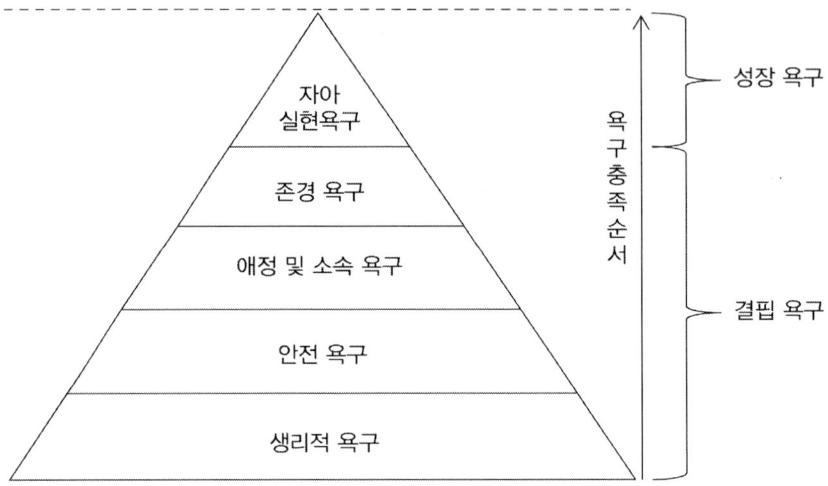

욕구 5단계설에 대한 일련의 후속 연구는 매슬로우의 위계적 관점이 허위임을 암시하고 대부분 사람들은 수많은 본원적 욕구를 동시에 충족하고 싶어한다고 지적한다. 하지만 그럼에도 불구하고 여전히 욕구 5단계설은 인간의 욕구를 설명하는 유용한 설명 도구로 많이 인용되고 있다. 두 번째 **욕구**(wants)는 필요, 즉 본원적 욕구들 충족시키는 구체적 수단에 대한 바램으로 **구체적 욕구**라고도 한다. 세 번째 **수요**(demands)는 구매 의지 및 구매력에 의하여 뒷받침되는 욕구를 말한다. 예를 들어 소비자가 심한 갈증을 느끼면(필요), 시원한 음료수를 마시고 싶은 생각이 들게 되고(욕구), 돈을 가지고 시원한 콜라를 사서 마시게 되는 것이다(수요). 이러한 필요－욕구－수요는 각 단계로 넘어갈수록 크기와 양이 줄어들고 보다 구체화된다. 예를 들면 배가 고프고 갈증이 나고 비바람이 치면서 신변의 위협을 느끼고 잠도 푹 자고 싶은 상황에서(필요), 가장 먼저 배고픔과 갈증을 해결하고자 하며(욕구) 수중에 돈이 얼마 없기 때문에 배고픔보다 갈증 해소를 위해 생수를 먼저 사 마시는(수요) 상황을 생각해 볼 수 있다. 이를 정리하면 [그림 1－2]와 같다. 한편 용어상 **필요**를 **욕구**로, **욕구**를 **요구**로 표현하기도 한다[1].

1) 필립 코틀러, 마케팅관리론(Marketing Management 11판), 도서출판 석정, 2004년, p.19. 필립 코틀러는 필요(needs), 욕구(wants), 수요(demands)를 욕구(needs), 요구(wants), 수요(demands)로 표현함.

[그림 1-2] 필요, 욕구 및 수요의 관계

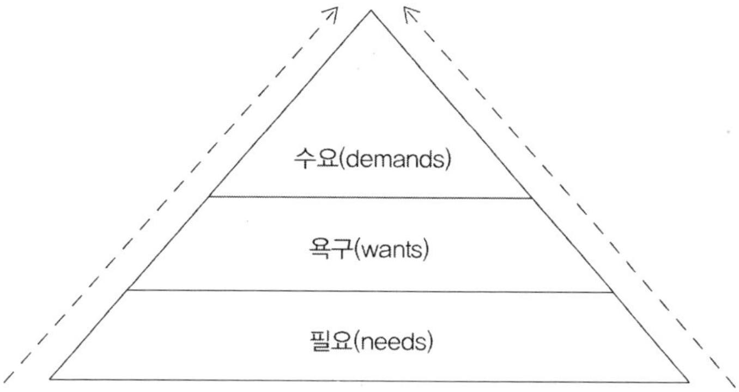

네 번째 **만족**(satisfaction)은 필요, 욕구 및 수요를 충족시킬 경우 소비자가 경험하는 긍정적인 감정을 말한다. 다섯 번째 **가치**(value)는 필요 및 욕구를 충족시키기 위하여 여러 가지 대안들을 평가하는데 이러한 대안 평가의 지침이 되는 것을 말한다. 이러한 가치는 경제적 화폐 가치로 전환이 가능하다.

마케팅의 개념은 [그림 1-3]과 같은 기본 개념 구조로 정리하여 표현할 수 있다.

[그림 1-3] 마케팅의 기본 개념 구조

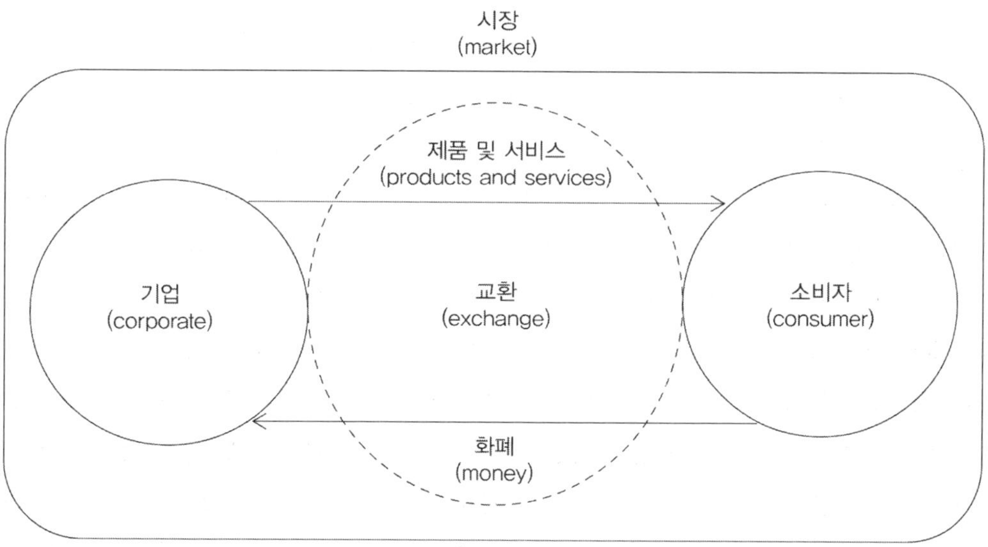

첫 번째 마케팅의 주체로 기업과 소비자가 존재하고 마케팅의 객체로 제품 및 서비스와 화폐가 존재한다. **기업**(corporate)은 마케팅의 한 주체로서 기본적인 목적은 생존과 성장이다. 이러한 목적을 달성하기 위하여 **제품 및 서비스**(products and services)를 제공하여 매출을 발생시키고 이익을 취한다. **소비자**(consumer)는 마케팅의 또 다른 주체로서 기본적인 목적은 필요 및 욕구 충족이다. 가치를 기준으로 제품 및 서비스를 평가하고 **화폐**(money)로 제품 및 서비스를 구입하여 만족을 추구한다. 제품 및 서비스는 필요 및 욕구를 충족시키기 위하여 시장에서 제공되는 유형의 제품(상품)과 무형의 제품(서비스)를 말한다. 두 번째 마케팅의 두 주체 사이에서 이루어지는 행위, 즉 기업은 소비자가 가지고 싶은 제품 및 서비스를 제공하고, 소비자는 가지고 싶은 제품 및 서비스를 얻기 위하여 그 대가로 화폐를 지급하는 행위인 **교환**(exchange)이 이루어진다. 세 번째 기업과 소비자 사이의 교환이 이루어지는 장소인 **시장**(market)이 존재한다. 시장은 교환이 이루어지는 장소임과 동시에 제품 및 서비스, 사람들의 집합으로 다시 추상적 시장과 구체적 시장으로 나누어진다. **추상적 시장**은 온라인 시장, 금융시장, 자본시장 등과 같이 눈에 보이지 않고 개념적으로만 존재하는 시장을 말하며, **구체적 시장**은 광장 시장, 남대문 시장 등과 같이 물리적으로 존재하는 시장을 말한다. 삼성전자의 갤럭시S23를 들어 마케팅의 기본 개념 구조를 설명해 보겠다. 삼성전자(기업)가 새로운 갤럭시 S시리즈인 갤럭시S23(제품)을 출시하였다. 대학생인 A군(소비자)은 120만원(화폐)을 주고 롯데하이마트(구체적 시장)에서 갤럭시S23을 직접 구입하거나(교환), 아니면 SK텔레콤 대리점(구체적 시장)에서 월 9만원 요금제(화폐)로 구입할 수 있다(교환). 또한 쿠팡에서(추상적 시장)에서 120만원보다 저렴한 115만원(화폐)을 지불하고 구입할 수도 있다(교환).

마케팅의 개념에 대한 정의는 학자나 관련 기관 등에 따라 다양하다. 일반적인 마케팅의 개념에 대한 정의는 소비자의 필요 및 욕구를 충족시키기 위하여 제품 및 서비스가 시장에서 거래되거나 교환이 이루어지는 활동으로, 이는 앞에서 살펴본 마케팅의 기본 개념 구조에 근거한 마케팅의 개념 정의이다. 이러한 마케팅 개념은 구매자와 판매자가 있고 시장이 형성되는 곳이라는 뜻이라고 이해하면 언제든 어디서든 존재해 왔다. 마케팅의 아버지라고 추앙받는 **필립 코틀러**(Philip Kotler)는 마케팅을 다른 사람과 함께 가치있는 제품과 서비스를 창조하고 제공하며 또한 자유롭게 교환함으로써 개인과 집단이 요구하고 필요로 하는 것을 획득하는 사회적 과정이라고 정의하였다[2]. 이는 소

---

2) 필립 코틀러, 마케팅관리론(Marketing Management 11판), 도서출판 석정, 2004년, p.16. 필립 코틀러는 마

비자의 관점에서 정의한 마케팅의 개념으로 볼 수 있다. 아울러 그는 기업 입장에서의 마케팅을 "**이익을 내면서 소비자의 필요를 충족시키는 것**(meeting needs profitably)"으로 아주 간단명료하게 정의하기도 하였다[3]. **미국 마케팅 협회**(American Marketing Association, AMA)는 마케팅을 '개인의 목적과 조직의 목적을 충족시키기 위한 교환이 일어날 수 있도록 제품 및 서비스, 아이디어 등을 만들어 내고 관리하기 위한 가격, 촉진 및 유통경로를 계획하고 실행하는 과정'으로 정의하였다. 하지만 이후 '사회'라는 개념을 추가하여 마케팅을 개인과 기업간 사적 거래를 뛰어넘는 영역으로 확대하여, 기업과 소비자가 사회 전반에 가치 있는 제품 및 서비스, 아이디어 등을 창출하고 교환하는 일련의 활동, 제도 및 프로세스를 의미하는 것으로 마케팅의 개념을 확장 정의하였다. 이 정의는 대략 4만명이 넘는 회원들의 일반적인 승인을 얻은 것이라고 한다.

케팅(marketing)은 다른 사람과 함께 가치가 있는 제품과 서비스를 창조하고 제공하며 또는 자유롭게 교환함으로써 개인과 집단이 요구하고 필요로 하는 것을 그들이 획득할 수 있도록 하는 사회적 과정이라고 기술함.

3) Philip Kotler, Marketing Management, Prentice–Hall, Inc., 2001, p.1. 필립 코틀러는 One of the shortest definitions of marketing is "meeting needs profitably"라고 기술함.

제 2 절 마케팅 개념의 발전

마케팅의 개념은 시대에 따라 변화하고 발전하여 왔다. 첫 번째 **생산 개념**(production concept)**의 마케팅**은 산업혁명 발생부터 19세기말까지 수요가 공급을 초과한다는 전제로 대두된 개념이다. 수공업 생산 시기의 지배적 개념으로 생산량 증대를 목표로 하기 때문에 생산성 및 효율성을 강조하고 광범위한 유통망이 중요하다. 이 개념에는 공급이 수요를 창출한다는 **세이의 법칙**(Say's law)이 적용될 수 있다. 두 번째 **제품 개념**(product concept)**의 마케팅**은 소비자는 우수한 품질이나 효용의 제품을 선호한다는 가정을 전제로 한다. 따라서 기업은 우수한 품질의 제품에 초점을 맞추게 되고 소비자는 제품 지식을 바탕으로 제품을 비교하고 제품의 특성 차이를 인식하게 된다. 당연한 결과로 경쟁업체가 증가하고 유사 제품도 늘어나게 된다. 세 번째 **판매 개념**(selling concept)**의 마케팅**은 경쟁업체의 제품보다 자사 제품을 소비자가 더 많이 구매하도록 설득하는 것이 필요하며 이는 **판매자 위주의 시장**(seller's market)을 전제로 한다. 판매자인 기업이 중심이 되며 판매 촉진을 위한 활동을 중시하고 이를 위해 판매 담당자는 광고 및 시장조사 업무도 담당하게 되고 나아가 판매원에 대한 훈련 및 판매 기법도 도입하게 된다. 이 경우 기업의 목표는 '최대 판매 및 최대 이익'이 된다. 지금까지 설명한 생산 개념, 제품 개념, 판매 개념의 마케팅은 모두 기업 입장에서 마케팅의 개념을 정의하는 **기업 중심적 마케팅 개념**이라고 할 수 있다. 네 번째 **마케팅 개념**(marketing concept)**의 마케팅**은 기업의 마케팅 활동이 고객 지향적으로 이루어지는 것을 말하는 것으로, 이는 판매자 위주의 시장(seller's market)과 대조하여 **구매자 위주의 시장**(buyer's market)을 전제로 한다. 즉 구매자인 소비자가 중심이 되는 마케팅이다. 단순히 대량 판매를 통한 수익 창출을 추구하는 것이 아니라 고객 만족을 통한 수익 창출을 추구하는 것을 말한다. 마지막으로 1980

년대 이후 급격한 사회적, 문화적, 정치적, 경제적 환경 변화 및 지구 온난화, 환경 오염, 자원 부족 등 환경 문제에 대한 관심이 부각되면서 **사회적 마케팅 개념**(societal marketing concept)**의 마케팅**이 등장하게 된다. 이는 소비자의 만족, 사회복지의 향상 및 기업의 이윤 추구 등 3자간 균형이 필요하다고 보는 개념이다. 다시 말해서 소비자의 만족 즉 소비자의 욕구 충족을 최우선으로 하는 마케팅 개념의 마케팅에 대한 타당성에 의문을 갖고 사회적 환경적 문제에 대한 관심과 대응이 기업의 수익성 추구와 조화를 이루어야 한다는 개념이다. 최근 **기업의 사회적 책임**(CSR, corporate social responsibility)이 강조되는 것도 이와 같은 맥락이다. 기업의 사회적 책임(CSR)이란 기업이 지속적으로 존재하기 위한 이윤 추구 이외에 법령과 윤리를 준수하고 기업의 이해관계자의 요구에 적절히 대응함으로써 사회에 긍정적인 영향을 미치는 책임있는 기업 활동을 말한다. 또한 **대의 마케팅**(cause-related marketing, cause marketing) 또는 **공익 마케팅**의 개념도 대두되고 있는데, 이는 기업이 사회적으로 가치 있는 대의명분의 실현을 위해 제품이나 서비스의 판매와 기업의 자선 공익활동을 연결하는 마케팅을 말한다. 대의 마케팅은 기업의 사회적 영향력 확대와 함께 사회적 책임이 더욱 요구되고 있는 상황에서 기업이 적극적이고 능동적으로 사회공헌 활동을 전개하는 것으로 기업의 차별화 활동의 하나로도 이해할 수 있다. 대의 마케팅은 1983년 미국 신용카드회사인 아메리칸 익스프레스(American Express)가 자사 신용카드 1회 사용 시 자유의 여신상 보수비용 1센트를 기부한 데서 비롯되었다. 또한 탐스 슈즈(TOMS Shoes)는 '내일을 위한 신발(Shoes for Tomorrow)'이라는 슬로건 아래 소비자가 한 켤레의 신발을 구입하면 한 켤레의 신발을 제3세계 어린이들에게 기부하는 BOGO(Buy One Get One) 및 일대일 기부 공식(One for One)을 도입하였는데, 이는 대의 마케팅의 대표적인 성공적 사례이다. 우리나라의 경우는 유한 킴벌리가 1984년부터 시작한 '우리 강산 푸르게 푸르게 캠페인'이 대표적인 사례로 매출액의 0.1%~0.5%를 나무 심기와 숲 가꾸기에 투자하여 우리나라 산림녹화 사업에 크게 기여하였다. 따라서 사회적 마케팅 개념의 마케팅은 소비자의 만족과 기업의 이윤 추구라는 마케팅 개념의 마케팅에 사회복지의 향상이라는 새로운 개념이 추가된 것으로 이해하면 된다. 이를 정리한 것이 [그림 1-4]이다.

[그림 1-4] 마케팅 개념과 사회적 마케팅 개념의 관계

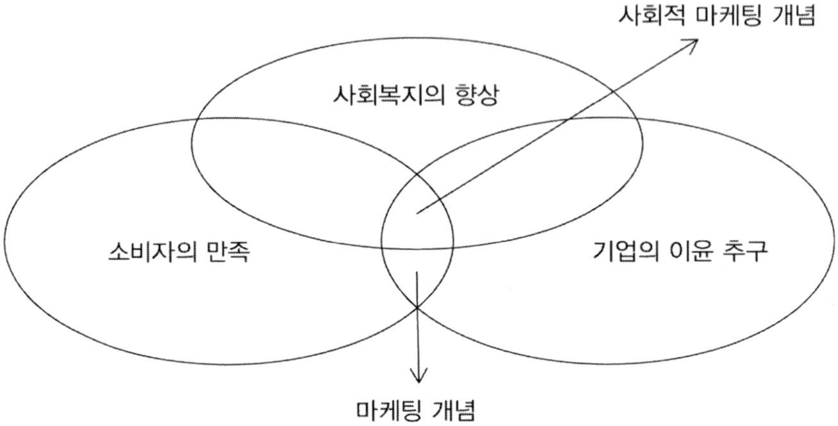

앞에서 기술한 시대 변화에 따른 마케팅 개념의 발전을 정리하면 [그림 1-5]와 같다.

[그림 1-5] 마케팅 개념의 발전

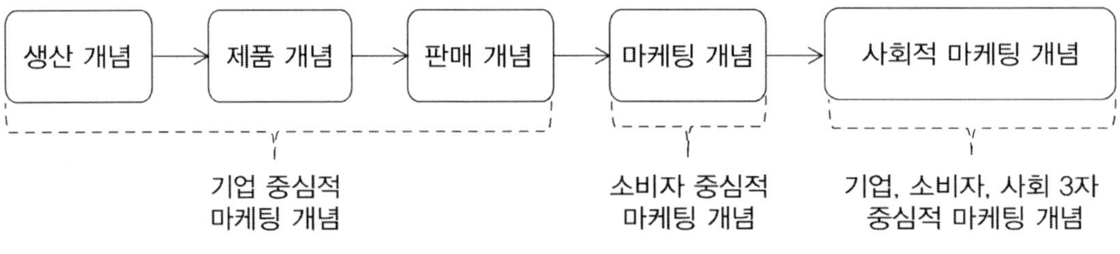

제 3 절 마케팅 패러다임의 변화

마케팅을 둘러싼 환경은 정보통신 기술의 비약적인 발달로 이전에 경험하지 못했던 정치적, 경제적, 사회적, 기술적으로 엄청난 변화를 겪고 있으며 이는 **디지털 시대의 도래**라는 용어로 집약할 수 있다. 이러한 디지털 시대의 가장 큰 특징은 **플랫폼을 기반으로 하는 네트워크상의 연결성**이라 할 수 있으며, 디지털 기술의 핵심은 **돈 한 푼 들이지 않고 타인과의 상호교류 및 공유가 가능하게 되었다**는 점이다. 필립 코틀러(Philip Kotler)도 신경제의 밑바탕을 이루는 요소 중 하나로 **디지털화**와 **연결성**을 꼽고 있다[1]. 따라서 디지털 시대의 핵심 요소인 연결 관계에 대한 이해, 이러한 연결 관계를 이용하고 관리하는 능력이 기업의 성공과 실패의 요인이 되기도 한다. 아울러 이러한 연결 관계가 각 부문의 융합을 촉진하는 역할도 하며 사용자 간 연결, 제품 간 연결, 기능적 연결이 동시에 이루어지고 있다. **사용자 간 연결**이란 무선 기기나 콘텐츠를 이용하는 개별 사용자들이 연결되는 것을 말한다. **제품 간 연결**이란 스마트 폰과 자동차간 연결, 가수의 CD와 콘서트의 연결 등과 같은 각 제품 간의 연결을 지칭한다. **기능적 연결**이란 한 기업의 제품이나 서비스가 제공하는 기능, 예를 들어 신문의 경우, 뉴스 속보 제공 기능과 탐사 보도 제공 기능의 연결을 말한다.

디지털 시대에서 마케팅의 성공 사례는 많이 있다. 그 중에서도 BTS(방탄소년단)의 성공은 가장 두드러진 사례이다. BTS의 성공 요인에 대한 해석은 다양하다. 하지만 BTS의 여러 성공 요인 중에서 가장 두드러진 요인은 **소셜 미디어를 통한 팬덤**(fandom, 팬(fan)과 집단(dom)의 합성), **ARMY**의 형성이라 할 수 있다. 즉 BTS의 성공은 디지털 시

---

1) 필립 코틀러, 마케팅관리론(Marketing Management 11판), 도서출판 석정, 2004년, p.52. 필립 코틀러는 신경제의 밑바탕을 이루는 4개의 특별한 추진 요인, 즉 디지털화와 연결성, 반중개화와 재중개화, 고객화와 고객 주문화, 산업 집중을 제시함.

대의 가장 큰 특징의 하나인 소셜 미디어를 이용한 연결 관계를 잘 활용한 결과라고 할 수 있다. ARMY는 Adorable Representative M.C. for Youth의 약자로 2013년 BTS 팬들이 투표로 정한 이름이다. ARMY는 BTS의 팬클럽으로 2014년 4월 공식적으로 창단되어 전 세계 최소 1,000만명 이상인 것으로 알려져 있다. ARMY는 단순히 BTS의 노래를 좋아하는 팬의 차원을 넘어 BTS의 메시지를 받아들이고 영향력을 퍼뜨리는 강력한 집단으로 사회적 정치적 영향력을 행사하는 단계에 이르게 되었다. 2020년 6월 인종 차별 반대(BLM, Black Lives Matter) 등 인권단체에 $100만 모금 기부 활동, 2020년 6월 트럼프 미국 대통령의 미국 오클라호마 털사에서의 재선 유세에 노쇼(No Show) 운동 전개 등이 대표적이다. 또한 BTS는 '어떤 콘텐츠를 만들 것인가(What)'가 아닌 '어떻게 콘텐츠를 전달할 것인가(How)'에 초점을 두었으며 이는 소셜 미디어라는 연결 관계를 효과적으로 활용하는 것으로 이어지게 된 것이다. BTS가 한국 가수 최초로 2020년 9월 미국 빌보드(Billboard) 싱글 차트 1위에 오르고, 이것이 국내에 연간 1조7천억 원에 이르는 경제적 파급 효과를 이끌었다는 분석도 있다[2].

싸이(Psy) 역시 디지털 시대의 대표적 성공 사례라 할 수 있다. 싸이가 세계적인 가수로 성공할 수 있었던 요인에는 K-Pop의 영향, 참신하고 다양한 음악성, 독특한 춤과 패션, 유머 감각 등이 있으나, 싸이 역시 소셜 미디어를 적극적으로 활용하여 자신의 인기를 높였다. 그는 트위터, 페이스북, 유튜브 등을 통해 끊임없이 자신의 음악과 활동을 홍보하고 팬들과 소통하면서 그의 인기를 유지하려고 노력하였는데, 특히 디지털 시대에 누구나 동영상을 자유롭게 올리거나 시청할 수 있는 세계 최대 규모의 비디오 플랫폼인 유뷰트(YouTube)를 적극 활용하였다. 그 결과 유뷰트(YouTube)에서 그의 대표곡인 강남 스타일이 40억뷰 이상을 기록하였고, 다른 뮤직 비디오도 10억뷰 이상 2개, 8억뷰 이상 3개, 5억뷰 이상 4개, 3억뷰 이상 6개, 2억뷰 이상 7개, 1억뷰 이상 8개를 기록하였다.

이러한 디지털 시대의 도래에 따라 마케팅에 대한 패러다임도 변화하게 되었고 새로운 마케팅 개념이 필요하게 되었다. **패러다임(paradigm)**이란 어떤 시대의 사람들의 견해나 사고를 근본적으로 규정하는 인식의 체계 또는 사물에 대한 이론적 틀이나 체계를 말한다. 디지털 시대에는 마케팅 개념의 복잡성과 다양성을 인지하고 이를 전부 아

2) 문화체육관광부는 2020년 9월1일 방탄소년단 신곡 다이너마이트의 빌보드 '핫(HOT) 100 차트' 1위에 따른 경제적 파급 효과를 분석한 결과, 그 규모는 1조 7천억 원에 이를 것으로 추산하였음.

우를 수 있도록 앞에서 설명한 기존의 마케팅, 즉 생산 개념, 제품 개념, 판매 개념, 마케팅 개념, 사회적 마케팅 개념의 마케팅을 통합하고 보다 확장하여 디지털 시대에 기업과 소비자가 서로 연결된 네트워크상에서 상호 소통과 상호 작용을 수행하는 역동적 개념인 총체적 마케팅 개념이 등장하게 되었다. **총체적 마케팅**(holistic marketing)은 제품 중심이나 고객 중심의 단편적인 마케팅이 아닌 총체적으로 접근하는 마케팅을 지칭하는 것으로, 광범위하고 통합적인 시각을 근간으로 마케팅과 관련된 모든 과정, 활동, 방법 등을 종합적으로 관리하고 운영하는 마케팅을 말한다. 다시 말해서 총체적 마케팅은 마케팅의 모든 영역과 고객을 포함한 모든 마케팅 관련자들을 고려하여 마케팅 전략을 수립하고 실행함으로써 기업의 생존 및 장기적 성장과 발전을 이루는 것을 목적으로 하며, 이를 위해 기업은 고객 등 마케팅 관련자들과의 네트워크상에서의 상호 작용을 바탕으로 제품 및 서비스의 품질을 향상시키고 고객 경험을 개선하며 사회적 책임을 다하고 브랜드 이미지를 구축하는 등 다양한 활동을 수행하는 것이다. [그림 1-6]은 총체적 마케팅을 정리한 것이다.

[그림 1-6] 총체적 마케팅의 개념

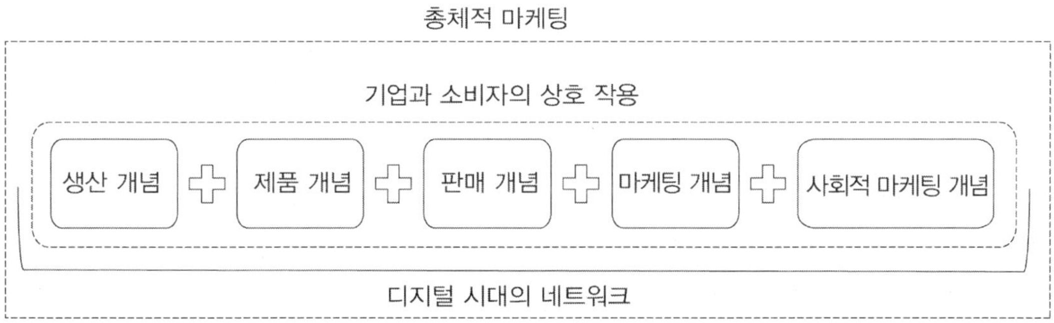

제 4 절 새로운 마케팅의 등장

기업이 마케팅 목표를 효과적으로 달성하기 위하여 마케팅 활동에서 사용되는 여러 가지 방법을 전체적으로 균형이 잡히도록 조정하고 구성하는 것을 마케팅 믹스(marketing mix)라고 한다. 즉 **마케팅 믹스(marketing mix)**란 기업의 마케팅 목표를 달성하기 위하여 사용하는 마케팅 수단(도구)의 집합이라고 할 수 있다. 마케팅 믹스란 말은 1950년대 닐 보든(Neil Borden)이 처음 사용한 이후 마케팅의 일반적 용어로 받아들여지고 있으며 가장 흔히 일컬어지는 마케팅 믹스는 4P이다. **4P**는 1960년대 **제롬 매커시(Jerome McCarthy)**가 제안한 이래 지금까지도 널리 활용되는 마케팅 믹스로, **제품(product)**, **가격(price)**, **유통(place)**, **촉진(promotion)**의 첫 영문자를 따서 4P라고 한다. 제품(product)은 소비자에게 '기업이 파는 것이 무엇인가?'에 관한 답을 주는 것이다. 이것은 기업이 생산하는 제품이나 서비스 자체를 판매하기 위한 활동을 의미하기도 하지만, 소비자에게 그 제품이나 서비스가 지닌 차별화된 특성이 무엇인지를 인식시키기 위한 활동과도 관련되어 있다. 예를 들어 삼성전자가 스마트폰인 갤럭시S23이란 제품을 소비자에게 판매하는 경우 단순히 갤럭시S23 제품만을 판매하는 것이 아니라 갤럭시S23이 가진 차별화된 특성인 고성능 카메라 기능을 소비자에게 인식시키는 것이다. 가격(price)은 소비자에게 '기업이 제품을 얼마에 파는가?'에 관한 답을 주는 것이다. 단순히 가격을 싸게 한다고 해서 좋은 것은 아니며 일반적으로 소비자는 가격 그 자체에 맞는 제품이나 서비스를 구매하기 위하여 가격을 지불한다. 따라서 소비자는 단지 가격이 내려갈수록 해당 제품이나 서비스를 더 사고 싶어하는 것이 아니라 소비자가 가장 만족하는 특정한 가격 구간이 존재하는 것이다. 그러므로 기업은 어떤 가격을 선택하여야 가장 많은 소비자가 반응할 수 있을지 결정하여야 한다. 유통(place)은 소비자에게 '어디에서 기업의 제품이나 서비스를 구매할 수 있는가?'에 관한 답을 주는 것이다. 소비자는 제품이나 서비스를 구매하는 장소나 방법에도 관심을 가진다. 따라서 기업은 자사의 제품이나 서비스를 어디에서 판매할 때 가장 적합한지를 결정하여야 한다. 예를 들어 최고의 품질과 최고의 가격를 지향하는 명품이라면 백화점에서 판매하여야 하고, 반대로 실용성과 합리적 가격을 중시하는 제품이라면 슈퍼마켓이나 할인매장 같은 곳에서 판매하여야 한다. 촉진(promotion)은 '어떻게 하면 기업의 제품이나 서비스를 소비자가 더 사고 싶게 하거나 더 자주 사게 하는가?'에 관한 답을 주는 것이다. 이러한 촉진 활동에는 광고, 판매 촉진, PR, 인적 판매 등이 있다. 이 책에서는 촉진(promotion)을 판매 촉진과 명확하게 구별하기 위하여 **마케팅 커뮤니케이션(marketing communication)**으로 명명한다. 기업이 자사의 제품이나 서비스의 판매를 늘리기 위하여 막대한 비용을 들여 TV 광고를 할 수도 있고 판매를 촉진하기 위한 활동도 할 수 있다. 또한 기업을 소비자에게 널리 알리고 인식시키기 위하여 PR을 할 수도 있으며 영업사원을 채용하여 제품이나 서비스를 판매할 수도 있다. 현재까지도 4P는 가장 많이 활용되고 있는 마케팅 믹스로 소비자 중심이 아닌 **생산자 중심의 마케팅 믹스**라고 할 수 있다. 이러한 4P 위주의 마케팅 믹스도 시대가 변화함에 따라 변화하게 되었고 **고객 중심의 마케팅 믹스** 또는 **소비자 중심의 마케팅 믹스**가 등장하게 되었다.

고객 중심의 마케팅 믹스로 대표적인 것이 4C이다. **4C**란 고객 가치(customer value), 고객 비용(customer cost), 편의성(convenience), 커뮤니케이션(communication)의 첫 영문자를 따서 명명한 용어로 경영학의 아버지라고 불리는 **피터 드럭커(Peter Drucker)**가 제시한 마케팅 믹스이다. 피터 드럭커는 마케팅 믹스 4P를 생산자 관점에서 보지 말고 소비자 관점에서 마케팅 믹스 4C로 재정의하여야 한다고 주장하였다. **고객 가치(customer value)**란 지금까지는 기업이 어떤 제품이나 서비스를 생산할 것인가를 고려하고 생산하였다면 이제는 고객 입장에서 그 제품이나 서비스가 어떤 편익이 있고 어떤 가치가 있느냐 즉 고객 가치 개념으로 생산하여야 한다는 것이다. 이는 고객 지향적으로 고객이 원하는 것이 무엇인가를 생각하고 해당 제품이나 서비스를 고객이 사용하였을 때 어떤 편익이나 가치가 있는가를 고려한다는 개념이다. **고객 비용(customer cost)**이란 높은 가격 혹은 낮은 가격을 책정할 지에 대한 가격의 개념이 비용 개념으로 변화하였다는 것이다. 즉 높은 가격으로 프리미엄 이미지를 구축하고 낮은 가격으로 소비자들에게 조금 더 쉽게 다가가는 기존의 가격 개념이 고객의 입장에서 해당 비용을 지불하였을 때 어떤 기회비용 혹은 가치가 있는지를 생각하여야 한다는 것이다. **편의성(convenience)**이란 기업이 백화점, 할인점, 직영점 등의 유통경로 중에서 어떤 유통경로로 제품이나 서비스를 판매할 것인가가 이슈가 아니라 고객에게 편리한 유통경로 즉 고객이 제품이나 서비스를 쉽고 편리하게 구매할 수 있는 장소를 제공한다는 개념이다. 편리성의 관점은 고객 관점에서 얼마나 편하게 구매할 수 있는지를 말하는 것으로 접근성의 개념으로도 이해할 수 있다. **커뮤니케이션**(communication)이란 기업이 행하는 광고, 판매 촉진, PR, 인적 판매 등의 촉진 활동은 고객 입장에서는 기업이 제공하는 정보를 수동적으로 얻는 방식이었지만, 이제는 고객이 쌍방향으로 기업과 소통하기를 원하고 있으며 기업은 제품이나 서비스에 대한 정보를 전달하는 것뿐만 아니라 고객의 의견을 듣고 이를 적극적으로 수용한다는 개념이다. 이상에서 설명한 4P와 4C를 정리하면 [표 1-1]과 같다.

[표 1-1] 마케팅 믹스 4P와 4C의 비교

생산자 중심의 마케팅 믹스 4P		고객 중심의 마케팅 믹스 4C
제품(product)	⟷	고객 가치(customer value)
가격(price)	⟷	고객 비용(customer cost)
유통(place)	⟷	편의성(convenience)
촉진(promotion)	⟷	커뮤니케이션(communication)

앞에서 마케팅 개념의 발전을 시대의 변화에 따라 설명하였다. 이러한 마케팅 개념을 토대로 필립 코틀러(Philip Kotler)는 새로운 마케팅 개념의 버전을 **마케팅 1.0, 2.0 및 3.0**으로 나누어 설명하였다. **마케팅 1.0**은 제품 중심의 마케팅을 말하는 것으로 산업화 시대의 마케팅 개념이다. 이는 소비자의 필요(needs)와 욕구(wants)를 파악하여 제품을 표준화하고 생산비를 최소화하며 생산량을 최대화하는 것이 최대의 관심사이며 **거래 지향적 마케팅**이라고 할 수 있다. **마케팅 2.0**은 소비자 중심의 마케팅을 말하는 것으로 정보화 시대의 마케팅 개념이다. 이는 소비자 지향으로 소비자의 필요(needs)와 욕구(wants)를 파악하여 충족시키는 것을 넘어서 소비자에게 만족과 감동을 주는 것이 최대의 관심사이며 **관계 지향적 마케팅**이라 할 수 있다. **마케팅 3.0**은 **가치 주도의 마케팅**을 말하는 것으로 가치 주도의 시대에 고객을 단순히 소비자로 대하는 것이 아니라 이성, 감성, 영혼을 지닌 전인적 존재로 인식하는 마케팅 개념이다. 마케팅 3.0은 마케팅 2.0과

같이 소비자 만족을 목표로 하지만, 단순히 고객의 만족과 이익 실현을 넘어서 좀 더 큰 미션, 비전 및 가치를 통해 세상에 기여하고자 하는 것으로 소비자의 참여를 이끌어 내는 **협력 마케팅**이라고 할 수 있다. 마케팅 1.0, 2.0 및 3.0을 비교 정리하면 [표 1-2]와 같다.

[표 1-2] 마케팅 1.0, 2.0 및 3.0 비교[1]

구분	제품 중심의 마케팅 1.0	소비자 지향의 마케팅 2.0	가치 주도의 마케팅 3.0
목표	제품 판매	고객 만족	더 나은 세상 만들기
기업이 고객를 보는 방식	필요 및 욕구를 지닌 구매자	이성과 감성을 지닌 소비자	이성, 감성, 영혼을 지닌 전인적 존재
성격	거래 지향적 마케팅	관계 지향적 마케팅	협력 마케팅
핵심 컨셉	제품 개발	차별화	가치
가치 명제	기능	기능 및 감성	기능, 감성, 영성
소비자와의 상호작용	일대다 거래	일대일 관계	다대다 협력

또한 필립 코틀러(Philip Kotler)는 4차 산업혁명이 변화시킨 새로운 마케팅 트렌드에 주목하여 마케팅 역사에서 가장 중요한 게임 체인저(game changer)로 '연결성'을 꼽고, 디지털 시대의 새로운 마케팅으로 **마케팅 4.0**을 제시하였다. 마케팅 4.0은 인간의 가치 중심적인 마케팅 3.0보다 훨씬 더 인간 중심적인 마케팅 개념이다. 마케팅 4.0은 제품 중심의 마케팅 1.0, 소비자 지향의 마케팅 2.0, 가치 주도의 마케팅 3.0과 구분되는 **온라인과 오프라인의 상호작용을 통합한 마케팅**이다. 필립 코틀러(Philip Kotler)는 이러한 마케팅 4.0을 위하여 인간 중심의 마케팅(human-centric marketing), 콘텐츠 마케팅(contents marketing), 옴니 채널 마케팅(omni-channel marketing), 참여 마케팅(engagement marketing)을 제안하였다[2]. 첫 번째 **인간 중심의 마케팅(human-centric marketing)**이란 친구처럼 진정성있는 브랜드 만들기가 필요하며 이를 위하여 브랜드를 인간과 같은 속성을 지닌 것

1) 필립 코틀러, 마켓 3.0, 타임비즈, 2012년, p.23. 필립 코틀러는 1.0 시장, 2.0 시장, 3.0 시장으로 구분하여 설명하고 있는데 이를 수정하여 정리한 것임.

2) 필립 코틀러, 마켓 4.0, 더 퀘스트, 2017년. 필립 코틀러의 마켓 4.0에서 필요한 부분을 인용하여 이를 종합하여 정리하였음.

으로 의인화시켜야 한다는 것이다. 인공지능(AI)과 로봇공학이 일상화된 현실 속에서 인간은 의식적으로 무의식적으로 정체성에 대하여 불안감을 느끼고 있으며 이러한 불안감을 해소하기 위해서 인간처럼 행동하는 브랜드 구축이 필요하다는 것이다. 두 번째 **콘텐츠 마케팅**(contents marketing)이란 연관성과 지속성을 가진 가치 있는 콘텐츠를 만들고 유통시켜서 이를 지지하는 소비자를 만들고 이러한 소비자의 구매 행동을 통해 수익을 창출하도록 하는 마케팅을 말한다. 이러한 가치 있는 콘텐츠의 유형의 하나가 **스토리텔링**(story-telling)으로 이를 통해 소비자와 대화하고 소비자의 공감을 이끌어내어 브랜드에 대한 호기심을 자극하는 것이다. 세 번째 **옴니 채널 마케팅**(omni-channel marketing)은 온라인, 오프라인, 모바일 등 다양한 경로를 통해 제품을 검색하고 구매하도록 하는 것으로 어떤 유통 환경에서든 같은 매장을 이용하는 것처럼 느낄 수 있는 쇼핑 환경을 조성하는 것이 중요하다. 즉 전통적 미디어와 디지털 미디어 그리고 소비자 경험이 통합하는 마케팅이며 이를 통하여 소비자의 브랜드로의 몰입을 유도하는 것이다. 이러한 옴니 채널 마케팅에는 **쇼루밍**(showrooming, 오프라인 매장에서 제품을 살펴보고 실제 구매는 온라인 사이트에서 하는 형태), **웹루밍**(webrooming, 온라인으로 제품을 확인하고 오프라인 매장에서 구입하는 형태), **모루밍**(morooming, 오프라인 매장에서 제품을 살펴보고 실제 구매는 스마트폰으로 하는 형태), **크로스 오버 쇼핑**(cross-over shopping, 쇼루밍과 웹루밍의 결합 형태로, 온라인과 오프라인을 넘나드는 쇼핑형태) 등 다양한 형태가 있다. 크로서 오버 쇼핑의 경우 **켄타우로스**(Kentauros) **소비자**라고도 하는데 그리스 신화에 나오는 반신반마의 켄타우로스에 비유하여 온라인과 오프라인을 넘나들며 쇼핑하는 소비자를 지칭한다. 네 번째 **참여 마케팅**(engagement marketing)은 고객이 적극적으로 기업의 마케팅 활동에 직접 참여하는 과정뿐 아니라 그 결과로 고객과의 긴밀한 관계를 구축하는 과정도 포함하는 개념이다. 참여 마케팅은 결국 브랜드 친밀감을 높이기 위한 마케팅으로 이를 위하여 모바일 앱을 이용하여 고객의 디지털 경험을 향상시키고 고객을 대화에 참여하도록 유도하며 고객에게 필요한 솔루션을 제공하는 것이다. 이를 위해 기업은 고객관계관리(CRM, customer relationship management) 기법을 활용하기도 한다. **고객관계관리**(CRM, customer relationship management)란 고객과 관련된 기업의 내외부 자료를 분석 통합하여 고객 특성에 기초한 마케팅 활동을 계획하고 시행하며 평가하는 과정을 말한다. 또한 고객의 구매 또는 소비 행동에 게임의 요소를 접목하여 새로운 재미와 효과를 불러 일으키는 **게임화**(gamification)를 통해 기업은 고객의 참여를 보다 적극적으로 유도한 마케팅 활동을 구사하기도 한다. [그림 1-7]은 마케팅 4.0을 정리한 것이다.

[그림 1-7] 마케팅 4.0

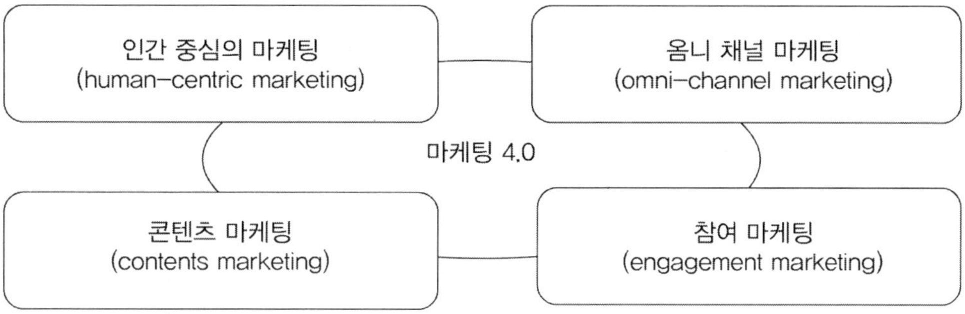
인간 중심의 마케팅
(human-centric marketing)
옴니 채널 마케팅
(omni-channel marketing)
마케팅 4.0
콘텐츠 마케팅
(contents marketing)
참여 마케팅
(engagement marketing)

제 2 장

마케팅 전략

제 1 절 마케팅 전략의 개념

우선 마케팅 전략과 관련된 몇 개의 개념들을 살펴보겠다. 먼저 **전략**(strategy)이란 장기적인 목표를 달성하기 위한 광범위하고 일반적인 계획을 말하는 것으로, 기업 외부의 환경 변화에 따른 기회와 위협에 대처하고 기업 내부의 인적 물적 자원을 적절히 배분하여 경쟁 우위를 유지하려는 활동을 의미한다. 이러한 전략의 개념을 전제로 기업의 활동 계획을 나누면 크게 전략적 계획, 전술적 계획, 운영적 계획으로 나눌 수 있다. **전략적 계획**(strategic plan)은 전사적이고 장기적 관점에서 자원을 효율적으로 배분하는 계획으로 미래의 청사진을 수립하는 활동이자 최고경영층이 세우는 계획을 의미한다. **전술적 계획**(tactical plan)은 전략적 계획을 현실에서 실현하는 계획으로 중간관리자에 의한 계획을 말한다. 이는 전략적 계획을 지원하는 단기적인 특정한 전략이나 전술을 의미하며 연간 계획이나 2~3년 계획의 형태로 표현한다. **운영적 계획**(operational plan)은 전술적 계획을 조직의 하위단위에서 실행하는 구체적인 업무계획으로 일선 관리자에 의한 계획을 말한다. 이는 보통 일일 활동 계획, 분기별 활동 계획, 반년 활동 계획 등으로 표현한다. 결론적으로 전략적 계획 ⊃ 전술적 계획 ⊃ 운영적 계획의 구조가 형성되는 것이다.

이러한 전략 및 계획에 관한 개념을 바탕으로 **마케팅 전략**(marketing strategy)을 정의하면, 이는 전사적 차원에서 기업의 외부 환경을 분석하여 기회 요인과 위협 요인을 파악하고 기업의 목표와 내부 자원을 긴밀하게 대응시켜 지속적으로 발전해 가는 마케팅의 운영 및 관리 과정이며 전략적 계획이다. 이런 마케팅 전략에는 당연히 전술적 계획, 운영적 계획이 포함된다.

제 2 절 마케팅 전략의 수립 과정

마케팅 전략의 수립 과정은 크게 기업의 사명 및 비전을 정하는 단계, 기업을 둘러싼 환경을 분석하는 단계, 기업의 목표를 설정하는 단계, 마케팅 전략을 세우는 단계, 그리고 마케팅 전략을 실행하고 통제하는 단계로 구분한다. [그림 2-1]은 마케팅 전략의 수립 과정을 도표화한 것이다.

[그림 2-1] 마케팅 전략의 수립 과정

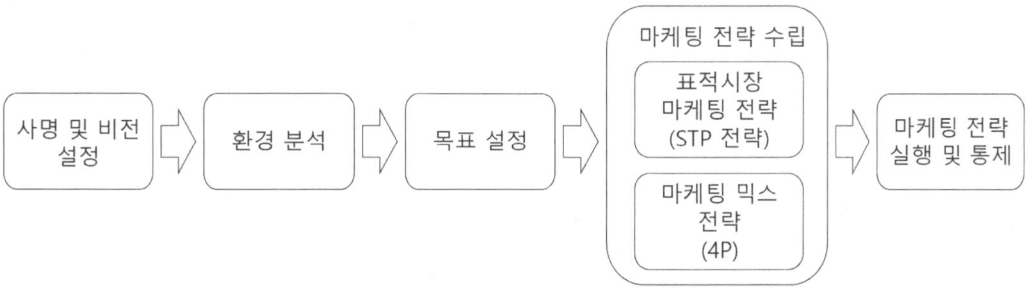

마케팅 전략을 수립하기 위해서는 가장 먼저 기업의 사명을 명확히 하여야 한다. 기업의 **사명**(mission)이란 기업의 존재 목적이자 마케팅 전략 수립과 실행의 근본적인 지침을 말한다. 보통의 경우 최고경영층의 철학이 반영되어 있으며 기업의 정체성을 부여하고 기업의 발전 방향을 제시하며 기업의 존재 목적을 개략적으로 표현하는 것이다. 이러한 사명을 명시적으로 표현한 것이 **사명 선언서**(mission statement)이다. 이는 사업 이유를 이상적으로 표현하고 존재 이유나 임무 등을 설명해 놓은 선언서이다. 좋은 사명서는 세 가지 특징을 구체화하여야 한다. 첫째 사명 선언서는 어떤 특정한 목표에 집중하여야 한다. 예를 들어 '우리 회사는 최고 품질의 제품을 생산하여 최적의 가격으로 소비자에게 제공한다.'와 같은 사명 선언서를 생각할 수 있다. 둘째 사명 선언서는 기업이 준수하고자 하는 중요한 방침이나 가치관을 강조하여야 한다. 중요한 방침이나 가치관을 강조함으로써 기업 구성원들이 기업과 관련된 특정 문제에 대하여 일괄적이고 통일적으로 행동하게 할 수 있다. 셋째 사명 선언서는 기업이 활동하는 중요한 경쟁 영역을 규정하여야 한다. 이는 기업이 진입하고자 하는 산업 범위, 특정 제품이나 응용 범위, 기술적 역량 범위, 세분시장 범위 등을 규정하여야 한다는 것이다. 예를 들어 듀퐁(DuPont)의 경우 산업재 시장, 일본 NEC의 경우 컴퓨터, 통신 및 음향 기기 분야, 포르쉐(Porsche)의 경우 고급 승용차 시장 등을 생각할 수 있다. 글로벌 기업의 경우 대부분 이러한 사명 선언서를 가지고 있다. 사명 선언서는 새로운 변화가 일어날 때마다 이에 대응하여 변경하여서는 안된다. 반면에 기업의 사명이 신뢰성을 상실하였거나 기업의 활동이 원래의 사명에 부합하지 않을 경우 기업의 사명을 재정의하여야 한다. 앞서 설명한 사명을 토대로 기업은 비전(vision)을 제시하여야 한다. **비전(vision)**이란 기업의 사명을 성취하기 위하여 수립한 중장기적인 전략 목표를 달성한 미래의 모습이다. 이는 장기적으로 구현하고자 하는 바람직한 모습을 담고 있으며 사명보다 가시적으로 설정하여야 한다. [표 2-1]은 삼성전자와 애플(Apple)의 사명 및 비전을 정리한 것이다.

[표 2-1] 삼성전자와 애플(Apple)의 사명 및 비전

	삼성전자	애플(Apple)
사명	인재와 기술을 바탕으로 최고의 제품과 서비스를 창출하여 인류 사회에 공헌하는 것	To bring the best user experience to customers through innovative hardware, software and services
비전	인간의 삶을 풍요롭게 하고 사회적 번영에 공헌하는 혁신적 기술, 제품 그리고 디자인을 통하여 새로운 미래를 창출함으로써 미래 사회에 대한 영감을 고취하는 것	To make the best products on earth and to leave the world better than we found it

기업의 사명과 비전을 설정하고 나면 기업이 처한 환경을 분석하여야 한다. 환경분석이란 기업에 대한 위협 요인을 피하고 기회 요인을 잡을 수 있도록 기업 외부 및 내부 환경을 분석하고 진단하는 과정을 말한다. 환경은 지속적으로 변화하기 때문에 이러한 변화를 지속적으로 탐색하고 모니터링하는 것이 대단히 중요하다. 환경 분석에서

기업이 조직의 내부 환경 및 외부 환경을 탐색하고 평가하는 것은 결과적으로 마케팅의 기회 요인과 위협 요인을 파악하는 것이라고 할 수 있다. 이런 환경 분석을 크게 기업을 둘러싼 내외부 환경을 분석하는 SWOT 분석 및 5요인 분석, 기업의 개별 사업 단위의 매력도를 분석하는 사업 포트폴리오 분석, 기업의 성장을 위한 전략을 제시하는 기업 성장성 분석 등 3개 분야로 나누어 살펴보도록 하겠다.

기업의 내부 및 외부 환경을 분석하는 분석 도구로 가장 대표적인 것이 SWOT 분석이다. **SWOT 분석**(SWOT analysis)은 내부 환경 분석과 외부 환경 분석으로 나누고 **내부 환경 분석**(internal environment analysis)은 기업의 주요 기능, 문화, 조직 구조, 운영 효율성, 브랜드 이미지, 기술력, 정보력 등 기업 내부의 역량을 분석하는 것으로, **강점**(Strengths) **요인**과 **약점**(Weaknesses) **요인**으로 나누어 분석하는 것이다. 여기서 강점(S)과 약점(W)이 결합하여 SW를 구성한다. **외부 환경 분석**(external environment analysis)은 기업의 정치적, 경제적, 사회문화적, 기술적 환경을 분석함과 동시에 공급업체, 고객, 경쟁업체 등에 대한 분석도 포함하는데 이는 기업의 외적 환경을 분석하는 것으로, **기회**(Opportunities) **요인**과 **위협**(Threats) **요인**을 분석하는 것이다. 여기서 기회(O)와 위협(T)이 결합하여 OT를 구성한다. 이렇게 강점(S), 약점(W), 기회(O), 위협(T)을 분석한다고 하여 SWOT 분석이라고 한다. 이러한 SWOT 분석을 토대로 세워진 전략을 표로 정리하면 [표 2-2]와 같다.

[표 2-2] SWOT 분석에 따른 전략

내부환경 / 외부환경	강점(S)	약점(W)
기회(O)	SO전략	WO전략
	강점요인 활용, 기회요인 활용 (예) 사업 다각화/세계화	약점요인 보강, 기회요인 활용 (예) 틈새시장 공략
위협(T)	ST전략	WT전략
	강점요인 활용, 위협요인 극복 (예) 차별화/전략적 제휴	약점요인 보강, 위협요인 극복 (예) 사업 매각/사업 철수

SO 전략은 자신의 강점 및 외부 기회를 모두 활용하는 전략으로 사업 다각화, 세계화 등과 같은 공격적 전략이라고 할 수 있다. **WO 전략**은 자신의 약점은 보강하고 외부 기회는 활용하는 전략을 말하는 것으로 틈새시장 공략이 대표적인 예이다. **ST 전략**은 자신의 강점은 활용하고 외부 위협은 극복하는 전략을 말하며 차별화 전략, 전략적 제휴 등이 해당한다. **WT 전략**은 자신의 약점을 보강하고 외부 위협을 극복하는 전략으로 사업 매각, 사업 철수 등의 방어적 전략이라고 할 수 있다. SWOT 분석을 삼성전자 휴대폰 사업부[1]에 적용하여 정리한 것이 [그림 2-2]이다.

[그림 2-2] 삼성전자 휴대폰 사업부의 SWOT 분석

강점(S)	약점(W)
브랜드 파워 하이테크 기술 최고의 제조역량 풍부한 자금력	중국시장 점유율 미약 스펙의 차별성 부재 기기간 연계성 부족 자체 컨텐츠 부족
기회(O)	**위협(T)**
인도, 아프리카 등 신흥시장 부상 5G 시대 도래 스마트폰 대체 수요	중국업체의 부상 스마트폰 성장율 정체 업체 차별성 부재 애플(Apple)의 건재

기업의 환경을 분석하는 또 다른 방법은 **마이클 포터**(Michael E. Porter)의 5요인 분석이다. **5요인 분석**(Five Forces' Analysis)은 5개의 환경적 요인으로 산업을 분석하는 도구로, 흔히 **산업구조분석**이라고도 하는데 경영전략에서 가장 많이 활용하고 있는 분석 도구 중 하나이다. 마이클 포터(Michael E. Porter)는 산업에 참여하는 주체를 기존 기업들, 신규 진입자, 공급자, 구매자, 대체재로 구분하고, 이들간 경쟁관계에서의 우위에 따라

1) 삼성전자는 크게 DX(Device eXperience) 부문, DS(Device Solutions) 부문, 삼성디스플레이(SDC), 하만(Harman) 등 4개 사업 부문으로 나누어진다. DX 부문은 TV, 모니터, 냉장고, 세탁기, 에어컨, 휴대폰, 네트워크시스템, 컴퓨터 등을 생산 판매하는 사업을 담당하고, DS 부문은 메모리 반도체 사업부, 모바일 AP, 카메라 센서 칩 등을 설계 판매하는 System LSI 사업부, 반도체 제조 위탁 생산을 하는 Foundry 사업부 등으로 구성되어 있다. 삼성디스플레이는 OLED 패널을 생산 판매하며, 하만은 자동차 전장부품 사업과 오디오 제품 및 솔루션을 제공하는 라이프 스타일 오디오 사업을 담당하고 있다(2022년 삼성전자 사업보고서 참조).

각 기업 및 산업의 수익률이 결정된다고 보았다. 구체적으로는 산업내의 기존 기업간 경쟁의 정도, 신규 진입자의 위협, 공급자의 협상력, 구매자의 협상력, 대체재의 위협의 5개 요인이 기업 및 산업의 수익률을 결정한다고 보았다. [그림 2-3]은 5요인 분석을 정리한 것이다[2].

[그림 2-3] 5요인 분석

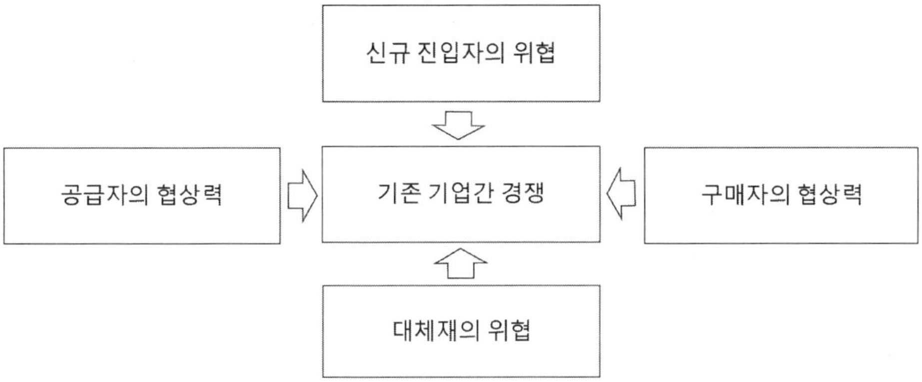

산업내 기존 기업간 경쟁의 경우, 기업간 경쟁이 심하면 수익률이 낮아지고 경쟁이 심하지 않으면 수익률은 높아진다. 기존 기업간 경쟁의 정도는 경쟁자의 수, 산업 성장 속도, **철수 장벽**(exit barrier, 해당 산업에서 철수하는데 드는 비용 등의 장애) 등에 따라 달라진다. 신규 진입자의 위협의 경우, 산업에 새로 진입하는 것이 쉬우면 신규 진입자의 위협 정도가 커져서 산업의 수익률은 낮아지고 반대로 새로 진입하는 것이 어려우면 신규 진입자의 위협은 작아져서 수익률이 높아진다. 이러한 신규 진입자의 위협은 필요 자금의 규모, 규모의 경제, 제품 차별화, 정부 정책 등에 따라 달라진다. 공급자의 협상력의 경우, 원자재 공급업체의 협상력이 크면 수익률이 낮아지고 협상력이 작아지면 수익률이 높아진다. 공급자의 협상력은 공급자의 수, 공급자 제품의 차별성 등에 따라 달라진다. 구매자의 협상력의 경우, 제품 구매업체의 협상력이 크면 수익률이 낮아지고 협상력이 작아지면 수익률이 높아진다. 구매자의 협상력은 구매자의 수, 구매량, 구매 제품의 차별화 등에 따라 달라진다. 마지막으로 대체재의 위협의 경우, 대체재가 있으면 수익률이 낮아지고 대체재가 없으면 수익률이 높아진다. SWOT 분석에서와 같이 삼성전자 휴

2) Michael E. Porter, Competitive Strategy, The Free Press, 1998, p.4-29. 마이클 포터는 산업 경쟁을 이끄는 요인(Forces Driving Industry Competition)으로 5개 요인을 제시하고 설명함.

대폰 사업부를 가정하여 휴대폰 산업을 예로 아주 간단하게 설명하겠다. 먼저 기존 기업간 경쟁의 정도는 기존 휴대폰업체간 경쟁이 치열하다. 삼성전자 휴대폰 사업부의 최대 경쟁자는 애플(Apple)이지만, 샤오미(Xiaomi), 화웨이(Huawei), 비보(VIVO), 오포(OPPO) 등 중국업체들의 성장 및 공세도 대단하다. 신규 진입자의 위협의 경우 휴대폰 산업으로 새로 진입하는 것은 다른 산업에 비하여 상대적으로 수월하다. 예를 들어 반도체 산업에 비교하면 신규 사업을 위한 투자 자금이 적게 소요되고 저가형 휴대폰으로 특화하여 틈새시장 공략도 가능하다. 공급자의 협상력의 경우 휴대폰 부품 공급업체가 삼성전자에 대하여 강력한 협상력을 발휘하기 어렵다고 볼 수 있다. 즉 삼성전자는 부품 대량 구매자로서의 지위에서 여전히 강력한 파워를 행사하고 있다. 구매자의 협상력의 경우 삼성전자 휴대폰 구매자인 각국의 이동통신사나 대형 유통업자들의 파워는 강력하다. 대체재의 위협은 태블릿 PC을 휴대폰의 대체재로 생각할 수도 있으나, 완전한 대체재가 아니기 때문에 대체재의 위협은 그리 크지 않다. 이러한 휴대폰 산업 분석을 정리하면 [그림 2-4]와 같다.

[그림 2-4]에서 (+)는 휴대폰 산업에 긍정적인 측면, 즉 수익률이 높아지는 것을 의미하고, 반대로 (-)는 부정적인 측면, 즉 수익률이 낮아지는 것을 말한다. 삼성전자 휴대폰 사업부가 속한 휴대폰 산업은 부정적인 측면이 긍정적인 측면보다 많다. 즉 휴대폰 산업 전체의 수익률이 좋지 않다는 것을 의미하며 삼성전자의 휴대폰 사업부는 현재 수익률이 좋지 못한 산업에서 사업을 하고 있다는 설명이 된다. 따라서 삼성전자는 휴대폰 산업에서의 사업을 다시 한번 점검할 필요가 있다는 것이다.

SWOT 분석 및 5요인 분석을 통해 기업의 내부 환경과 외부 환경을 분석하고 나면 보통의 경우 기업은 자기 기업의 기존 사업들에 대한 매력도를 평가하기도 하는데 이를 사업 포트폴리오 분석(business portfolio analysis)이라고 한다. 기업의 기존 사업이나 제품에 따라 별개의 사업 단위를 묶을 수 있는데, 이를 **전략적 사업 단위(SBU, strategic business unit)**라고 한다. 예를 들어 삼성전자의 경우 DX(Device eXperience) 부문에는 휴대폰 사업부, TV 사업부, 가전 사업부 등이 있고, DS(Device Solutions) 부문에는 메모리 반도체 사업부, System LSI 사업부, Foundry 사업부 등이 있으며, 삼성디스플레이의 경우는 OLED 패널을 생산 판매하는 OLED 사업부라고 할 수 있는데, 이런 각 사업부가 전략적 사업 단위에 해당한다. 이러한 기업의 전략적 사업 단위의 집합체를 **사업 포트폴리오(business portfolio)**라고 하며 **사업 포트폴리오 분석(business portfolio analysis)**이란 이러한 각 전략적 사업 단위의 매력도를 분석하는 것을 말한다.

[그림 2-4] 휴대폰 산업의 5요인 분석

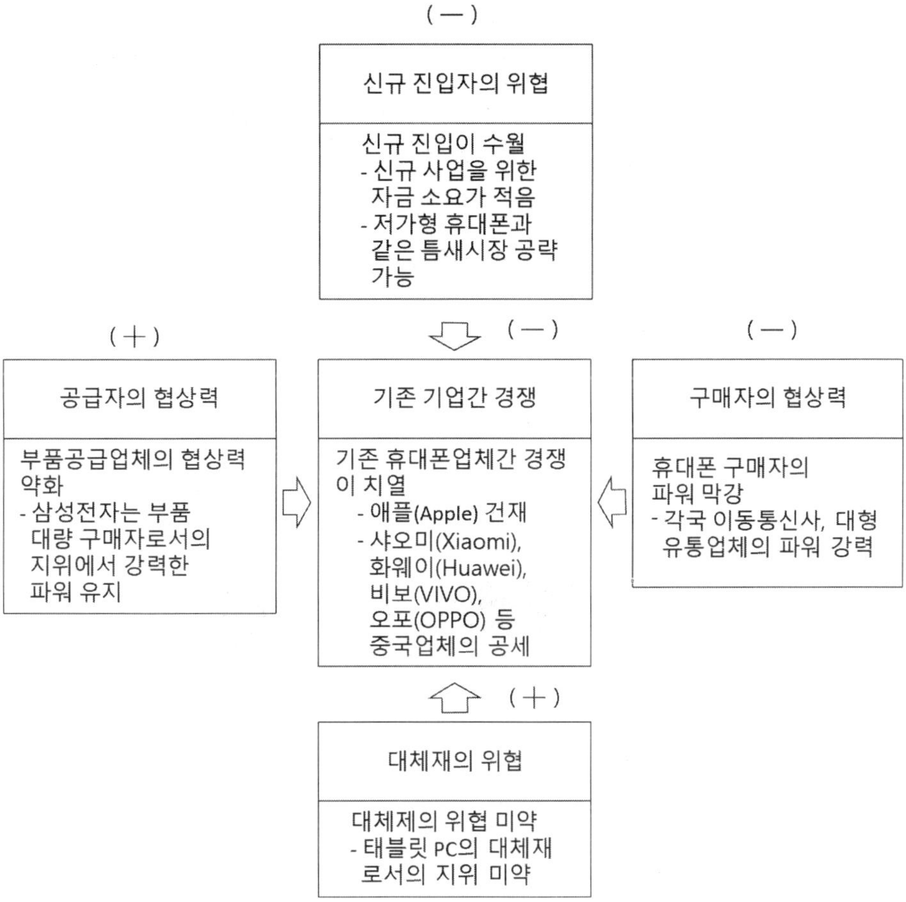

사업 포트폴리오 분석은 각 전략적 사업 단위의 매력도와 시장내 경쟁적 위치를 확인할 수 있고 나아가 전략적 사업 단위들의 기업 성과에 대한 상대적 공헌도를 시각적으로 파악할 수 있는 이점이 있다. 이러한 사업 포트폴리오 분석 도구로 가장 많이 활용하는 것이 BCG 매트릭스 분석와 GE 매트릭스 분석이다.

BCG 매트릭스 분석(BCG matrix analysis)은 컨설팅업체인 보스톤 컨설팅 그룹(Boston Consulting Group, BCG)이 1970년대에 개발한 분석 도구이다. BCG 매트릭스 분석은 회사의 사업들을 시장성장률과 상대적 시장점유율이라는 두가지 변수를 양축으로 하여 각 사업의 매력도를 비교 분석하는 것이다. **시장성장률**(market growth rate)은 전체 시장의 매력도를 나타내는 것으로 0% ~ 20%로 표시하며, 10%를 기준으로 하여 그 이상은 고성장률, 그 이하는 저성장률을 나타낸다. **상대적 시장점유율**(relative market share)은 자사의 사업 단위(SBU)의 시장점유율과 최대경쟁사의 시장점유율을 비교하는 표시하는 것으로 1.0X는 자사의 시장점유율과 최대경쟁사의 시장점유율이 같다는 의미이며, 10.0 X는 자사의 시장점유율이 최대경쟁사의 시장점유율보다 10배 많다는 것을 의미한다. [그림 2-5]는 BCG 매트릭스를 그림으로 정리한 것이다.

[그림 2-5] BCG 매트릭스

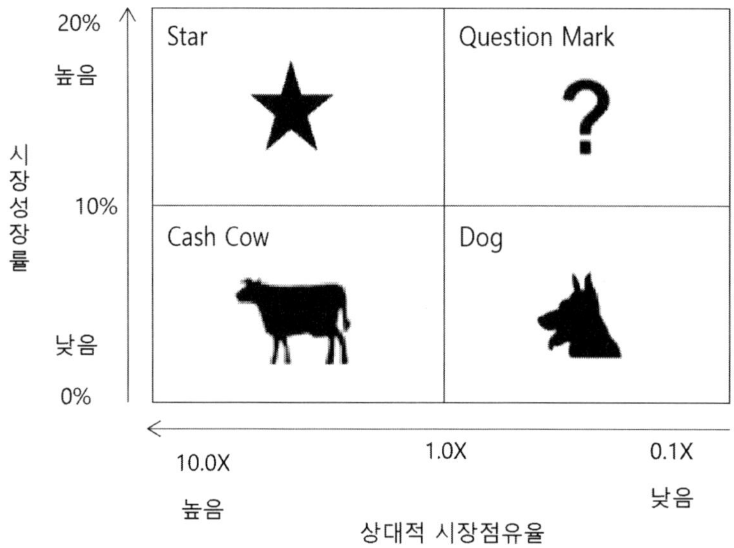

[그림 2-5]의 각 사분면을 설명하면, 첫 번째 **물음표**(Question Mark) 영역이다. 이 부분은 높은 시장성장률과 낮은 상대적 시장점유율을 보이는 사업 단위로 시장점유율을 증가시키거나 유지하는 데 많은 현금이 필요하다. 사업 초기 대부분의 사업 단위가 이에 해당하며 경쟁력이 있는 사업 단위에는 현금을 지원하고, 경쟁력이 낮은 사업 단위는 처분하는 조치가 필요하다. 두 번째 **별**(Star) 영역이다. 이 부분은 높은 시장성장률과 높은 상대적 시장점유율을 보이는 사업 단위로 보통의 경우 성장기의 사업 단위가 이에 해당한다. 이 사업 단위의 경우 미래 성장을 위하여 더 많은 자금이 필요하며, 시장성장률이 느릴 때는 캐쉬 카우(Cash Cow)영역으로 진입할 수 있다. 세 번째 **캐쉬 카우**(Cash Cow) 영역이다. 이 부분은 낮은 시장성장률과 높은 상대적 시장점유율을 보이는 사업 단위로 성장기 후기 또는 성숙기의 사업 단위가 해당한다. 많은 이익을 창출하여 자신

의 사업 단위는 물론 기업내 다른 사업 단위에도 자금을 공급하는 역할을 한다. 즉 이 부분에서 나오는 여유자금으로 주로 별(Star) 또는 물음표(Question Mark) 부분의 사업 단위에 재투자하는 형태를 보인다. 마지막으로 개(Dog) 영역이다. 이 부분은 낮은 시장성장률과 낮은 상대적 시장점유율을 보이는 사업 단위를 가리키며 주로 쇠퇴기에 속한 사업 단위가 해당한다. 이 사업 단위는 대체로 수익성이 낮고 시장 전망이 어둡다. 따라서 성공 가능성이 없다면 사업 단위의 철수나 사업 축소를 결정할 필요가 있다. 삼성전자의 전략적 사업 단위(SBU)의 BCG 매트릭스를 작성해 보겠다. 앞에서도 언급하였지만 삼성전자의 전략적 사업 단위(SBU)에는 TV, 휴대폰, 반도체, OLED 등이 있다. 우선 TV 및 휴대폰 사업부는 TV 및 휴대폰 전체 산업의 성장이 둔화되면서 시장성장률도 낮고, 중국 TV 업체의 등장, 애플(Apple) 및 중국 스마트폰 업체의 등장으로 상대적 시장점유율도 낮아지고 있다. 따라서 2개 부문은 개(Dog) 영역에 해당한다. 반도체 사업부의 경우 4차 산업혁명, IoT 기술의 발전, 각종 휴대기기의 용량 증대 등으로 반도체 산업의 시장성장률이 안정적이고 다른 경쟁자 대비 상대적 시장점유율도 높아 캐쉬 카우(Cash Cow) 영역에 해당한다. OLED 사업부의 경우, OLED가 LCD의 대체재로 시장성장률이 높고 경쟁사 대비 상대적 시장점유율도 높으므로 별(Star) 영역에 해당한다. 이를 정리하면 [그림 2-6]과 같다.

[그림 2-6] 삼성전자의 BCG 매트릭스

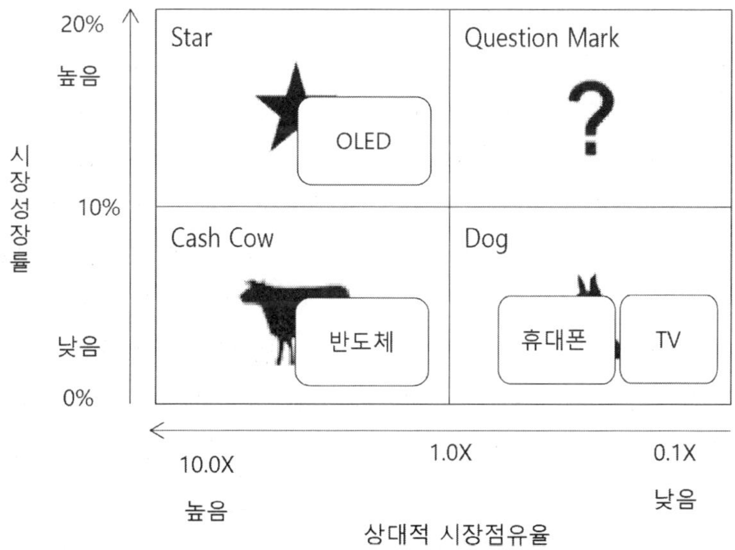

삼성전자의 BCG 매트릭스를 통해 알 수 있는 것은 삼성전자가 현재 사업을 잘 하고 있고 이익도 많이 내고 있지만, 사업 포트폴리오 측면에서는 철수나 사업 축소를 해야 하는 사업 부문이 있다는 점이다. 즉 휴대폰 사업과 TV 사업은 사업 축소나 사업 철수를 하여야 한다는 것이다. 실제로 휴대폰 사업 및 TV 사업의 경우 외부 컨설팅업체에서 지속적으로 사업 매각을 주장하고 있다. 하지만 문제는 이런 사업들을 정리하면 이를 대체할 사업이 없다는 것이다. 휴대폰 사업과 TV 사업의 두 사업이 2021년 대략 매출액 160조원[3]을 달성하였는데 이 두 사업을 접는다는 의미는 연매출액 160조원을 포기한다는 의미이며 두 사업을 포기할 경우 연매출액 160조원을 대신하여 달성해 줄 사업이 없다는 것이다. 이것이 지금 현재 삼성전자가 안고 있는 가장 큰 고민이자 대한민국 경제가 직면하고 있는 고민이기도 하다.

이러한 BCG 매트릭스 분석을 바탕으로 전략적 사업 단위(SBU)에 적용할 수 있는 전략은 크게 4가지로 표현할 수 있다. 첫째 **확대(build) 전략**이다. 이는 시장점유율을 증가시키는 전략으로 현재의 시장점유율보다 높게 육성하는 전략이다. 별(Star)이나 물음표(Question Mark) 영역이 해당한다. 둘째 **수확(harvest) 전략**이다. 말 그대로 현금을 거두어들이는 전략으로 더 이상의 투자없이 수확하여 점차 사업 비중을 줄이는 전략이다. 물음표(Question Mark)나 개(Dog) 영역이 해당한다. 셋째 **유지(hold) 전략**이다. 이는 현재 시장점유율을 유지하는 전략으로 별(Star)이나 캐쉬카우(Cash Cow) 영역이 해당한다. 마지막으로 **철수(divest) 전략**으로 이는 사업 단위를 처분하는 것으로 사업 매각 등을 의미한다. 물음표(Question Mark)나 개(Dog) 영역이 해당한다. [그림 2-7]은 BCG 매트릭스상에서 선택할 수 있는 전략을 정리한 것이다.

이상에서 살펴본 바와 같이 BCG 매트릭스 분석이 기존 사업 단위의 매력도를 분석하는데 유용하지만 그 자체로 한계도 있다. 우선 시장성장률과 상대적 시장점유율이라는 두 개의 분석 요인만으로 사업 단위를 평가하는 것은 복잡한 시장 상황을 정확히 분석하고 이를 반영하지 못한다는 것이다. 2개의 분석 요인이외의 다른 많은 요인들이 시장 상황에 영향을 줄 수 있다는 것이다. 또한 현재 사업 단위의 매력도 위치를 반영할 뿐 미래 환경 변화를 예측하고 이를 반영하여 사업 단위의 효과를 평가하는 것은 어렵다는 것이다. 마지막으로 별(Star) 영역의 경우 반드시 자금이 필요하지 않을 수도 있으며 경영 혁신 등으로 자금 유입 없이도 성장이 가능할 수도 있다는 것이다.

---

3) 삼성전자 지속가능 경영보고서 2022, p.90 참조. 지속가능 경영보고서에는 VD/가전 매출액 55.8조원, MX/네트워크 매출109.3조원으로 나와 있으며, VD/가전의 주요 사업이 TV 사업이고, MX/네트워크 사업의 주요 사업이 휴대폰 사업임.

[그림 2-7] BCG 매트릭스상의 선택 전략

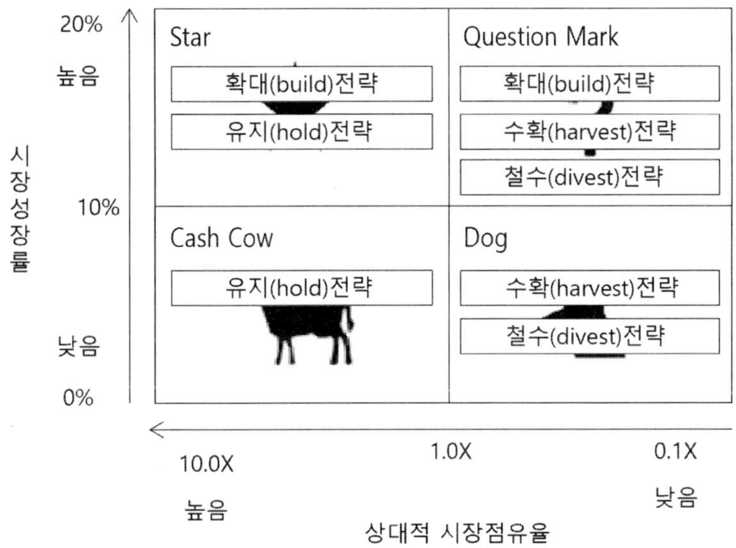

GE 매트릭스 분석(GE matrix analysis)은 또 하나의 사업 포트폴리오 분석 도구이다. GE 매트릭스 분석은 컨설팅업체인 맥킨지(Mckinesy)와 GE가 함께 개발한 모델로 **GE 맥킨지 매트릭스 분석**이라고도 한다. BCG 매트릭스 분석과 유사하지만 각 사업 단위를 산업 매력도와 사업 강점이라는 두 차원에서 분석한다. **산업 매력도**(industry attractiveness)의 지표로 시장성장률, 시장 규모, 산업 수익률, 경쟁 강도, 수요 변동 상황, 규모의 경제 등 기업 외부요인들을 선택하여 이를 종합적으로 평가하는 것이다. **사업 강점**(business strength)의 지표로 상대적 시장점유율, 판매 효율성, 가격 경쟁력, 품질, 판매 지역, 고객 및 시장에 대한 정보, 혁신성 등과 같은 기업 내부요인을 선택하고 이를 종합적으로 평가하는 것이다. 즉 BCG 매트릭스 분석은 시장성장률과 상대적 시장점유율이라는 2개 요인으로 분석한 데 비해, GE 매트릭스 분석은 분석 요인이 다양하다는 점이 다르며 이는 좀 더 상세하고 세밀한 분석이 가능하다는 것을 의미한다. [그림 2-8]은 GE 매트릭스를 그림으로 정리한 것이다.

[그림 2-8] GE 매트릭스

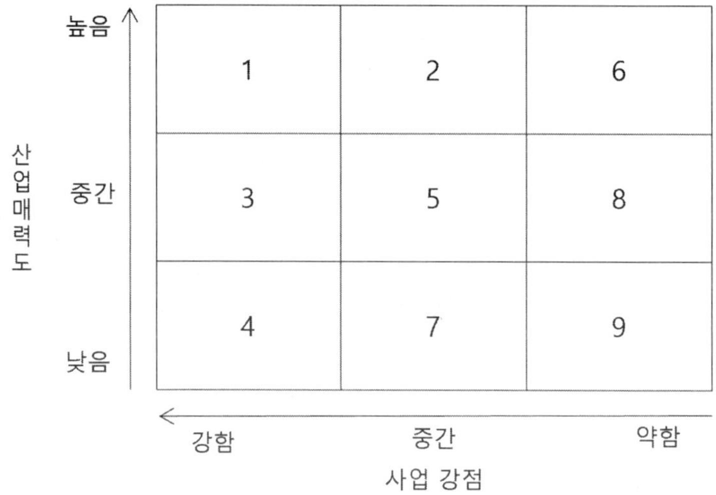

첫 번째 1, 2, 3 영역은 산업 매력도도 높고 사업 강점이 강한 사업 즉 경쟁력을 갖추고 있어 지속적으로 투자하고 지원하여야 하는 부문이다. 두 번째 4, 5, 6 영역은 적극적인 투자로 1, 2, 3 영역으로 진입하거나 투자를 줄여 시장에서의 철수를 고려하여야 하는 부문이다. 세 번째 7, 8, 9 영역은 산업 자체가 쇠퇴하고 기업의 경쟁력도 약화되어 시장에서의 철수를 고려하여야 하는 부문이다. 이러한 GE 매트릭스에서 선택할 수 있는 전략과 구체적인 활동을 설명하면 첫 번째 1, 2, 3 영역은 산업 매력도도 높고 사업 강점이 강한 사업 즉 경쟁력을 갖추고 있는 부문이므로 지속적으로 투자하고 지원하여 성장을 유도하는 전략, 즉 투자 및 성장 전략이 필요하다. 구체적으로는 시장 지위 유지를 위한 집중 투자나 시장 지위 구축을 위한 투자, 선별적 투자 등의 활동이 있다. 두 번째 4, 5, 6 영역은 적극적인 투자로 1, 2, 3 영역으로 진입하거나 투자를 줄여 시장에서의 철수를 고려하여야 하는 부문이므로 선택 및 관리 전략이 필요하다. 구체적으로는 시장 지위 보호나 신규 진출 모색, 선별적 투자나 독자적 수익 창출 등의 활동이 있다. 마지막으로 7, 8, 9 영역은 산업 자체가 쇠퇴하고 기업의 경쟁력도 약화되어 있는 부문이므로 현금을 거둬들이거나 시장에서 철수하는 수확 및 철수 전략이 필요하다. 구체적으로는 독자적 수익 창출, 제한적 확장이나 단계적 철수, 완전 철수 등의 활동이 있다. 이런 GE 매트릭스에서 선택할 수 있는 전략 및 구체적인 활동을 표시하면 [표 2-3]과 같다.

[표 2-3] GE 매트릭스상의 전략 및 구체적 활동

산업매력도	높음	1 투자/성장 시장 지위 유지를 위한 집중 투자	2 투자/성장 시장 지위 구축을 위한 투자	6 선택/관리 선별적 투자
	중간	3 투자/성장 선별적 투자	5 선택/관리 선별적 투자 또는 독자적 수익 창출	8 수확/철수 제한적 확장 또는 단계적 철수
	낮음	4 선택/관리 시장 지위 보호 또는 신규 진출 모색	7 수확/철수 독자적 수익 창출	9 수확/철수 완전 철수
구분		강함	중간	약함
		사업 강점		

GE 매트릭스 분석도 사업 포트폴리오 분석에 유용한 분석 도구이기는 하지만 역시 한계가 있다. 산업 매력도와 사업 강점이라는 두 가지 차원의 변수로 사업 단위를 분석하는데 한계가 있다는 것이다. 또한 산업 매력도와 사업 강점의 지표로 선택한 변수들의 중요도를 고려하지 않고 분석에 적용하는 문제점도 있다. 그리고 GE 매트릭스상에서 동일한 위치라고 하더라도 고려 요인이 다를 수 있어 위치만 보고 투자/성장, 선택/관리, 수확/철수 등의 전략을 선택하는 의사결정에 문제가 있을 수 있다는 점이다.

이상에서는 사업 포트폴리오 분석을 알아보았다. 이제 마지막으로 기업 성장성 분석에 대해 알아보겠다. 앞서 기술한 사업 포트폴리오 분석은 기업 전체의 성장 목표를 지원하는 각 사업 단위의 성장 전략과도 밀접한 연관성이 있다. 이러한 성장 전략에는 제품-시장 매트릭스 분석과 통합적 성장 전략이 있다.

제품-시장 매트릭스 분석(product-market matrix analysis)은 **앤소프 매트릭스 분석**(Ansoff matrix analysis)이라고도 하는데, 이는 이 분석 도구를 제시한 전략경영의 창시자로 불리는 이고르 앤소프(Igor Ansoff)가 1957년 제시한 모델로 그의 이름을 따 만든 명칭이다. 제품-시장 매트릭스 분석은 제품과 시장의 2개 분석 요인으로 성장 전략을 제시한다. [그림 2-9]는 제품-시장 매트릭스 분석에 근거한 성장 전략을 표시한 것이다. 기존 제품으로 기존 시장을 공략하는 전략을 **시장침투전략**(market penetration)이라고 하고, 기존 제품으로 신시장을 개척해 나가는 전략을 **시장개발전략**(market development)이라고 한다. 또한 신제품으로 기존 시장을 공략해 나가는 전략을 **제품개발전략**(product development)이라고 하고, 신제품으로 신시장을 개척해 나가는 것을 **다각화전략**(diversification)이라고 한다. 삼성전자 휴대폰 사업을 예를 들어 설명하겠다. 기존 제품인 갤럭시S23으로 기존 스마트폰 시장을 공략하는 것이 시장침투전략이고, 기존 제품인 갤럭시S23으로 미개척시장인 아프리카 수단 시장에 진출한다면 시장개발전략이다. 갤럭시Z 플립(Flip)이라는 신제품으로 기존 스마트폰 시장에 진출하는 것이 제품개발전략이며, 갤럭시Z 플립(Flip)이라는 신제품으로 미개척시장인 아프리카 수단 시장에 진출한다면 다각화전략이다. 이 분석모델은 아주 간결하고 쉽게 성장 전략을 제시한 것으로 시대가 많이 바뀐 지금도 많이 인용되는 성장 전략이다.

[그림 2-9] 제품-시장 매트릭스의 성장 전략

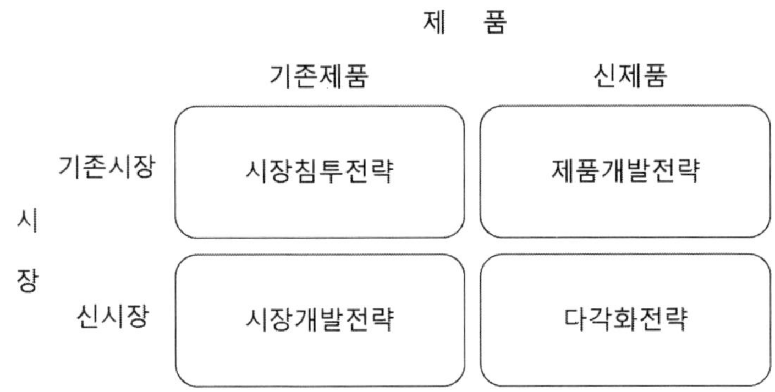

다음은 **통합적 성장 전략**(integrated growth strategy)이다. 이는 마케팅 경로상에서 관련 기업을 통합하는 성장 전략으로, 크게 수직적 통합(vertical integration)인 전방통합과 후방통합, 수평적 통합의 3가지 전략이 있다. 마케팅 경로는 다양하게 정의할 수 있으나, 여기서는 단순하게 '원료/부품 공급업체 → 제조업체 → 유통업체 → 소비자'의 경로를 가정한다. **수직적 통합**(vertical integration)은 원료 및 부품 구매에서 최종 제품의 생산, 판매 및 유통에 이르는 전체적 과정에서 기업이 일정 부분을 통제하는 것으로 **수직계열화**라고도 하는데, 이는 다시 전방통합과 후방통합으로 나눈다. **전방통합**(forward integration)은 마케팅 경로상 전방(앞)에 있는 기업이 통합하는 것으로, 예를 들어 원료/부품공급업체가 제조업체인 A기업를 통합하거나 제조업체인 A기업이 유통업체를 통합하는 것을 말한다. **후방통합**(backward integration)은 전방통합과 반대로 마케팅 경로상 후

방(뒤)에 있는 기업이 통합하는 것으로, 예를 들어 제조업체인 A기업이 원료/부품공급업체를 통합하거나, 유통업체가 제조업체인 A기업을 통합하는 것을 말한다. **수평적 통합**(horizontal integration)은 마케팅 경로상 자신의 기업과 동일한 수준의 경쟁 관계에 있는 기업을 통합하는 것으로, 예를 들면 제조업체인 A기업이 같은 제조업체인 B기업을 통합하는 것을 말한다. 통합적 성장 전략에 대해서 삼성의 휴대폰 사업부의 경우를 예를 들어 설명하겠다. 휴대폰의 마케팅 경로상에는 원료/부품공업체로 휴대폰의 화면인 디스플레이 패널을 공급하는 삼성디스플레이, 밧데리를 공급하는 삼성SDI, 반도체를 공급하는 삼성전자 반도체 사업부가 있다. 원료/부품 공급업체로부터 디스플레이, 밧데리, 반도체를 구매하는 삼성전자 휴대폰 사업부는 이러한 부품으로 휴대폰을 생산하여 유통업체인 롯데하이마트에 공급하고 롯데하이마트는 소비자에게 삼성전자 휴대폰을 판매하는 상황을 가정한다. 이 가정에서 삼성디스플레이나 삼성SDI, 삼성전자 반도체 사업부가 삼성전자 휴대폰 사업부를 합병하거나 삼성전자 휴대폰 사업부가 롯데하이마트를 합병한다면 이것이 전방통합이다. 반대로 삼성전자 휴대폰 사업부가 삼성디스플레이나 삼성SDI, 삼성전자 반도체 사업부를 합병하거나 롯데하이마트가 삼성전자 휴대폰 사업부를 합병한다면 이것이 후방통합이다. 만약 삼성전자 휴대폰 사업부가 같은 휴대폰 사업을 하는 애플(Apple)이나 중국의 화훼이(Hwawei), 샤오미(Xiaomi)를 합병한다면 수평적 통합이다. 3가지 통합적 성장 전략을 정리한 것이 [그림 2-10]이다.

[그림 2-10] 통합적 성장 전략

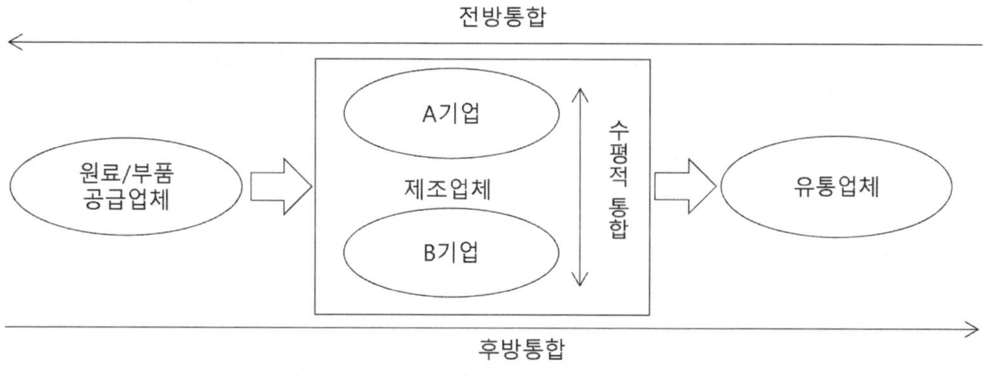

기업의 사명과 비전이 정해지고 기업을 둘러싼 환경을 분석하고 나면 이를 바탕으로 기업의 목표를 설정한다. 이러한 목표는 설정 기간에 따라 **장기 목표**(3년이상)과 **단기**

목표(1년이하)로 구분하는 것이 가장 일반적이다. 또한 측정하려는 성과에 따라 **전략적 성과목표**(예, 시장 지위 강화)와 **재무적 성과목표**(예, 수익성 개선)로 나누기도 한다. 목표 설정의 일반적인 지침은 보통 SMART라고 표현한다. 이는 목표는 구체적(specific)이어야 하고, 측정 가능(measurable)하여야 하며, 달성 가능(achievable)하여야 하고, 관련성이 있어야(relevant) 하며, 시간을 고려(time-bound)하여야 한다는 것이다. 이러한 목표 계층별 설정 사례는 [그림 2-11]과 같다.

[그림 2-11] 목표 계층별 설정 사례]

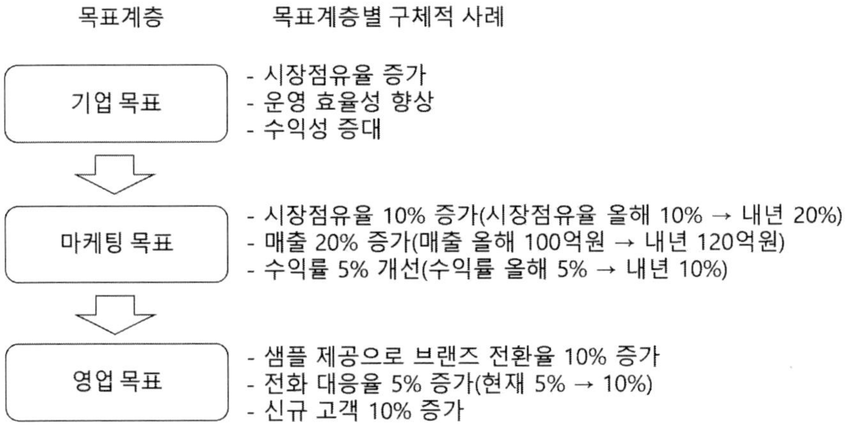

목표 설정 이후에는 구체적인 마케팅 전략을 선택하는데 마케팅 전략에는 여러 가지 전략이 있지만 여기서는 가장 흔히 활용하고 있는 표적시장 마케팅 전략(STP 전략) 및 마케팅 믹스 전략(4P)에 대하여 설명하도록 하겠다. **표적시장 마케팅 전략**(STP 전략)은 시장 세분화(market segmentation), 표적시장 선택(market targeting) 및 제품 포지셔닝(product positioning)으로 만들어진 용어이다. **시장 세분화**(market segmentation)는 전체 시장을 고객의 욕구나 특성이 동일한 몇 개의 작은 시장으로 나누는 것을 말한다. **표적시장 선택**(market targeting)은 세분화된 시장 중에서 자신의 기업이 공략하고자 하는 시장을 하나 또는 그 이상 선정하는 것을 말한다. **제품 포지셔닝**(product positioning)은 자사 제품이 소비자의 지각 속에서 차지할 위치를 선정하는 것으로 경쟁사와 비교하여 차별화된 우월성을 소비자에게 인식시키는 것이다. 여기서 주의할 것은 시장 세분화, 표적시장 선택 및 제품 포지셔닝이 차례로 이루어져야 한다는 것이다. 다시 말해서 가장 먼저 시장을 세분화하고, 그 세분화된 시장 중에서 표적시장을 선택하여야 하며, 선택된 표적시장을 상대로 포지셔닝을 하여야 한다는 것으로, 시장 세분화 → 표적시장 선정 → 제품 포지셔닝의 순서대로 이행하여야 한다는 것이다. [그림 2−12]는 표적시장 마케팅 전략(STP 전략)을 정리한 것이다. 표적시장 마케팅 전략(STP 전략)에 대해서는 제3장 표적시장 마케팅 전략(STP 전략)에서 상세하게 다시 설명하겠다.

[그림 2-12] 표적시장 마케팅 전략(STP 전략)

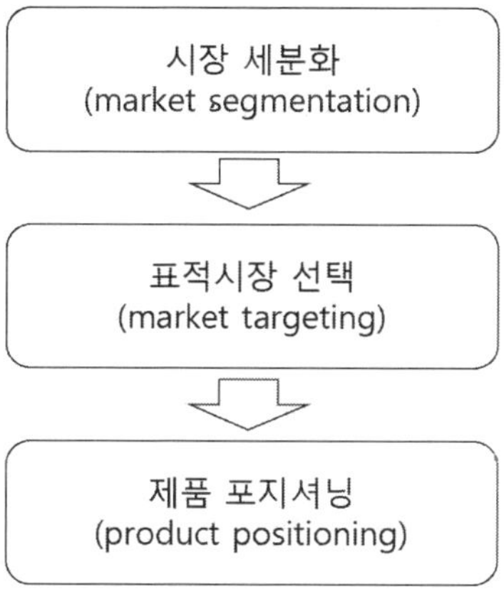

마케팅 믹스(marketing mix)에 대해서는 이미 제1장 마케팅의 이해에서 설명하였다. **마케팅 믹스**(marketing mix)란 마케팅 활동에서 방법들을 조정하고 구성하는 것을 말하는 것으로 지금도 가장 흔히 활용되는 마케팅 믹스는 4P이다. 마케팅 믹스 4P에 대해서도 제1장 마케팅의 이해에서 이미 설명하였다. 간단히 말하면 마케팅 믹스 전략은 어떤 마케팅 활동으로 기업의 목표를 달성할 것인지를 확인하는 것이다. 마케팅 믹스 전략(4P)를 정리한 것이 [그림 2−13]이다. 이 책에서는 기본적으로 4P를 바탕으로 마케팅 믹스를 포함한 마케팅 활동을 설명하겠다.

[그림 2-13] 마케팅 믹스 전략(4P)

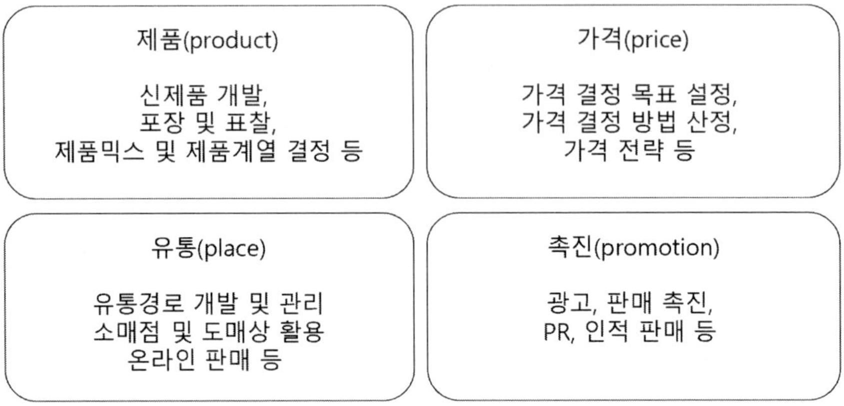

앞에서 설명한 마케팅 전략, 즉 표적시장 마케팅 전략(STP 전략)이나 마케팅 믹스 전략(4P)을 채택하여 이를 실제 마케팅 현장에 적용하기 위해서는 기업 내부의 여러 가지 영향 요인, 다시 말해서 조직 구조, 기업 문화, 인적 물적 자원, 그리고 의사 결정 구조 등과 같은 다양한 요인들을 고려하여야 한다. 결국 마케팅 전략은 이러한 기업 내부의 영향 요인들과 상호작용을 하고 그 결과로 마케팅 성과를 도출하게 되는데 이 과정이 **마케팅 전략의 실행**이다. 이를 정리하면 [그림 2-14]와 같다.

[그림 2-14] 마케팅 전략의 실행

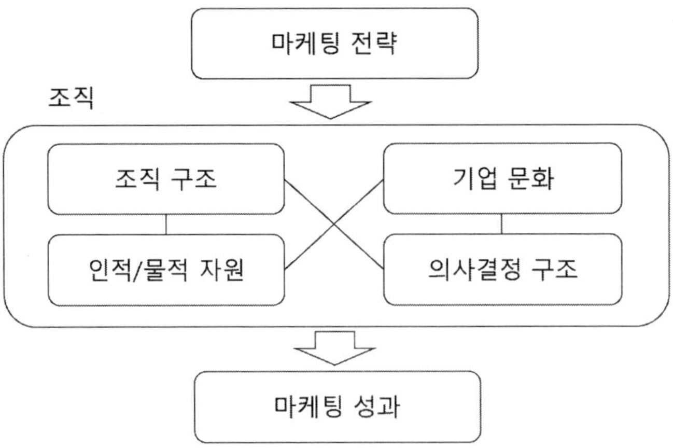

마케팅 전략을 실행한 후 설정했던 마케팅 목표와 비교하여 마케팅 성과를 측정하고 문제점이 있으면 이를 분석하고 그 결과를 피드백하는 성과 진단 작업을 하게 된다. 이러한 성과 진단 후에는 당연히 시정 조치를 취하고 시정 조치는 마케팅 목표 수정이나 재설정 등에 영향을 미치게 된다. 이러한 과정 전체를 **마케팅 전략의 통제**라고 한다. 이를 정리하면 [그림 2-15]와 같다.

[그림 2-15] 마케팅 전략의 통제

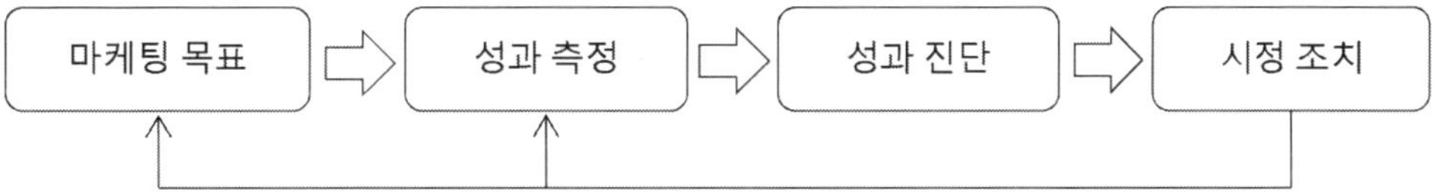

제 3 장

표적시장 마케팅 전략(STP 전략)

제 1 절 표적시장 마케팅 전략(STP 전략)의 개념

표적시장 마케팅 전략(STP 전략)은 제2장에서 잠시 설명하였지만, **시장 세분화**(market segmentation), **표적시장 선택**(market targeting), **제품 포지셔닝**(product positioning)을 의미하는 것으로, 세분화(segmentation), 표적 선택(targeting), 포지셔닝(positioning)의 영문 첫 글자를 따서 STP라고 한다. 이를 **표적 마케팅 전략**이라고도 한다. 표적시장 마케팅 전략(STP 전략)은 마케팅 전략에서 가장 핵심적인 전략으로 현재도 실제 현장에서 많이 활용되고 있는 전략이다. 표적시장 마케팅 전략은 기업이 보유하고 있는 제한된 자원과 역량으로 인하여 시장에 존재하는 수많은 소비자의 필요와 욕구를 전부 수용하고 충족시킬 수 없다는 현실적인 인식에 기초하고 있다. 그렇기 때문에 기업은 소비자의 필요 및 욕구, 구매 패턴 등을 상세하게 파악하여 세분된 특정 시장을 선정하고, 세분된 특정 시장 중에서 자신의 기업의 자원 및 역량 내에서 가장 많은 매출을 올릴 수 있고 가장 높은 수익률을 낼 수 있는 표적시장을 선정한다. 그 다음 단계로 선정된 표적시장에서 어떻게 자신의 기업의 제품이나 서비스를 다른 경쟁자와 차별화시킬 것인가에 대한 결정을 내리고 차별화를 위한 구체적인 마케팅 활동을 하게 되는 것이다. 기본적 표적시장 마케팅 전략(STP 전략)을 수립 과정을 표로 정리한 것이 [그림 3-1]이다.

[그림 3-1] 표적시장 마케팅 전략(STP 전략) 수립 과정

단계	정의
시장 세분화 (market segmentation)	잠재고객으로 이루어진 전체 시장을 비슷한 특성을 지닌 동질적인 여러 개의 하위시장으로 나누는 작업
표적시장 선택 (market targeting)	각 하위시장(세분시장)의 매력도를 평가하고 진입할 하나 또는 다수의 하위시장을 선택하는 작업
제품 포지셔닝 (product positioning)	구체적인 마케팅 활동으로 경쟁자와 차별화된 제품이나 서비스의 경쟁적 위치를 정립하는 작업

단계적 진행 ↓

시장 세분화(market segmentation)는 잠재고객으로 이루어진 전체 시장을 비슷한 특성을 가진 동질적인 여러 개의 하위시장으로 나누는 작업을 말한다. 이러한 시장 세분화가 이루어진 후에는 각 하위시장(세분시장)의 매력도를 평가하고 진입할 하나 또는 다수의 하위시장을 선택하게 된다. 이를 **표적시장 선택**(market targeting)이라고 한다. 표적시장을 선택하고 난 후에는 구체적인 마케팅 믹스 활동을 통하여 제품의 경쟁적 위치를 정립하는 작업이 필요한데 이를 **제품 포지셔닝**(product positioning)이라고 한다. 이러한 제품 포지셔닝은 실제 비즈니스 현장에서 경쟁적 위치를 차지하기 위한 활동이라기보다는 고객의 마음 속에 자리를 잡는, 즉 소비자의 인지 형성 활동이라고 할 수 있다. 따라서 포지셔닝을 마케팅 전략의 핵심이라고 하는 정의하는 경우도 있고, 마케팅 활동의 근간을 이루는 것이라고도 하는 경우도 있다. 표적시장 마케팅 전략(STP 전략)을 수립하기 위해서는 각 단계별로 보다 구체적인 활동이 필요하다. 우선 시장 세분화 단계에서는 세분화 기준 및 변수를 선정하고 각 세분시장의 대표적인 특성을 파악하는 것이 필요하다. 표적시장 선택 단계에서는 각 세분시장의 매력도를 평가하고 그 중에서 가장 매력있는 표적 세분시장을 선택해야 한다. 제품 포지셔닝 단계에서는 각 표적 세분시장에서 가능한 제품 포지셔닝의 개념을 파악하고 이를 바탕으로 각 표적 세분시장별로 가장 효과적인 마케팅 활동을 개발하여야 한다. 표적시장 마케팅 전략(STP 전략) 수립의 구체적인 과정은 정리하면 [그림 3-2]와 같다.

[그림 3-2] 표적시장 마케팅 전략(STP 전략) 수립의 구체적 과정

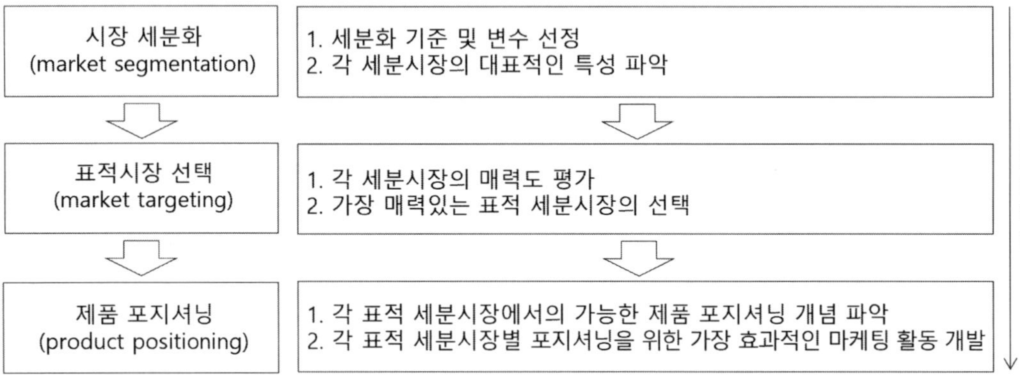

제 2 절 시장 세분화

앞에서 표적시장 마케팅 전략(STP 전략)에 대하여 개괄적으로 설명하였지만 이제부터는 표적시장 마케팅 전략(STP 전략) 각 단계별로 좀 더 구체적으로 설명하도록 하겠다. **시장 세분화**(market segmentation)는 하나의 전체 시장을 특정 기준에 따라 여러 개의 작은 세분시장으로 나누는 것을 말하는 것으로 이렇게 나누어진 각 세분시장은 서로 다른 기준으로 구분이 되는 것이다. 시장 세분화는 여러 가지 이점이 있다. 첫째 시장 세분화를 통해 시장구조를 파악하고 시장 기회를 발견할 수 있는데, 특히 **니치 마켓**(niche market, **틈새 시장**) 포착이 가능하다. 이는 시장 전체 구조를 파악함과 동시에 고객의 욕구도 상세하게 알 수 있기 때문에 시장 기회를 포착할 수 있다는 것이다. 둘째 각 세분시장별 차별화를 통하여 가격 경쟁을 완화하고 브랜드 충성도를 높일 수 있다. 셋째 각 세분시장에 적합한 제품 및 서비스를 제공함으로써 직접적인 가격 경쟁을 피할 수 있고 각 세분시장 고객의 욕구를 정확히 충족시킴으로써 자사 브랜드에 대한 충성심도 확보할 수 있다. 따라서 시장 세분화를 통해 고객 중심의 사고방식을 통한 기업의 경쟁력을 확보할 수 있다. 시장 세분화를 도식화한 것이 [그림 3-3]이다.

[그림 3-3] 시장 세분화의 개념

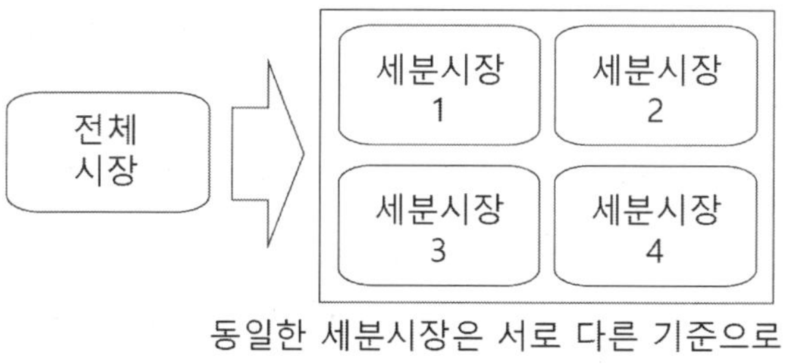

효과적인 시장 세분화를 위해서는 몇 가지 조건이 필요하다. 첫 번째 **규모성**이다. 이는 각 세분시장에 맞는 마케팅 활동을 개발하고 유지하기 위해서는 세분시장의 규모가 충분히 커야 한다는 것이다. 두 번째 **측정 가능성**은 각 세분시장은 식별이 가능하고 확인이 가능하여야 하며 각 세분시장의 규모도 측정이 가능하여야 한다는 것이다. 세 번째 **접근 가능성**은 각 세분시장의 시장 구성원들에게 마케팅 활동을 통하여 접근할 수 있어야 한다는 것이다. 네 번째 **차별성**은 각 세분시장을 시장 논리에 합당하다고 여겨지는 기준으로 세분하여 각 세분시장이 구별되어야 한다는 것이다. 다섯 번째 **실현 가능성**이란 각 세분시장에 효과적인 마케팅 프로그램을 실질적으로 실행할 수 있어야 한다는 것이다. 그 요건들을 정리한 것이 [그림 3-4]이다.

[그림 3-4] 시장 세분화의 조건

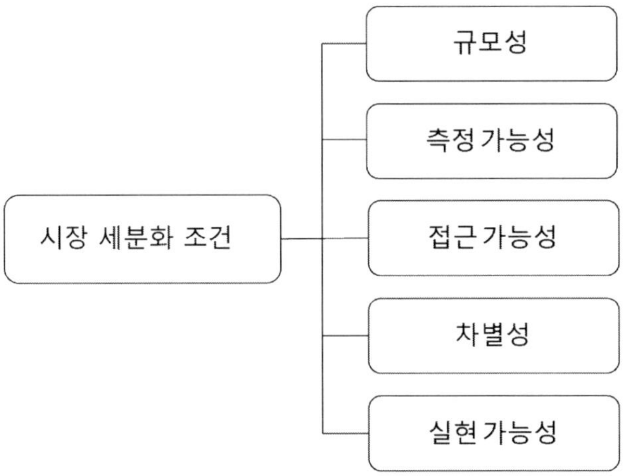

이러한 시장 세분화에는 다양한 기준들이 있는데 먼저 거주 지역이나 도시 규모, 인구밀도, 기후, 지형적 특성 등의 **지리적 기준**이 있다. 또한 나이, 성별, 가족 규모, 가족 생활주기(family life cycle), 소득, 직업, 종교, 교육 수준 등과 같은 **인구 통계적 기준**이 있으며, 라이프스타일, 개성, 관심사, 활동, 견해 및 태도 등과 같은 **심리 분석적 기준**도 있다. 그리고 구매 계기, 추구 편익, 사용 경험 여부, 제품 사용량, 브랜드 충성도, 가격 민감도, 제품에 대한 태도 등과 같은 **행동 분석적 기준**도 있다. 이러한 시장 세분화의 기준을 정리한 것이 [표 3-1]이다. 이러한 시장 세분화의 기준에 따른 구체적 시장의 예를 설명하면, 지리적 기준에 따라 중남미 시장, 미국 시장, 아열대 지역, 북반구, 도시

[표 3-1] 시장 세분화의 기준

기준	구체적 변수
지리적 기준	거주 지역, 도시 규모, 인구 밀도, 기후, 지형적 특성
인구 통계적 기준	나이, 성별, 가족 규모, 가족생활주기(family life cycle), 소득, 직업, 종교, 교육 수준
심리 분석적 기준	라이프스타일, 개성, 관심사, 활동, 견해 및 태도
행동 분석적 기준	구매 계기, 추구 편익, 사용 경험 여부, 제품 사용량, 브랜드 충성도, 가격 민감도, 제품에 대한 태도

지역, 산악 지역 등으로 시장을 세분화할 수 있다. 지리적 기준에 따른 시장 세분화는 실제 마케팅에서 기업이 가장 일반적으로 채택하는 시장 세분화의 기준이다. 인구 통계적 기준에 따라 미취학 아동, 대학생, 1인 가구, DINK족(Double Income No Kids, 정상적인 부부 생활을 영위하면서 의도적으로 자녀를 두지 않는 맞벌이 부부), TONK족(Two Only No Kids, 자녀에게 부양받기를 거부하고 부부끼리 독립적으로 생활하는 노인 세대), 대졸자, 이슬람교(Halal), 베이비붐 세대, 4060 남성, OPAL세대(Old People with Active Lives, 적극적이고 활동적으로 사는 중장년층), 어번 그래니(Urban Granny, 도시적이고 세련된 50~60대 여성), 신중년(주된 일자리에서 퇴직하고 재취업 일자리 등에 종사하며 노후를 준비하는 50~60대) 등으로 시장을 세분화할 수 있다. 인구 통계적 기준 역시 실제 기업이 가장 일반적으로 채택하는 시장 세분화의 기준이다. 심리 분석적 기준에 따라 FIRE족(Financial Independence Retire Early, 40대 이전 조기 은퇴를 목표로 경제적 독립을 추구하는 사람), YOLO족(You Only Live Once, 현재 자신의 행복을 가장 중시하고 소비하는 태도), 레저족, 골프, 테니스, 수영 등 스포츠 애호가, 꽃꽂이, 자수 등 각종 취미 활동가, 사회 활동가, 비건(채식주의자) 등으로 시장을 세분화할 수 있다. 행동 분석적 기준에 따라 대량 소비자, 실용적 소비자, 잠재적 소비자, 비사용자, 애플빠(애플(Appple) 제품을 사랑하는 충성 고객), 미팬(Mi Fan, 중국 샤오미(Xiaomi) 제품을 사랑하는 충성 고객), 구매 결정자(구매자, 사용자, 구매 제안자 등) 등으로 시장을 세분화할 수 있다. [표 3-2]는 시장 세분화의 기준에 따른 구체적 시장의 예를 정리한 것이다.

[표 3-2] 시장 세분화의 구체적 시장의 예

기준	구체적 시장
지리적 기준	중남미 시장, 미국 시장, 아열대지역, 북반구, 도시 지역, 산악 지역
인구 통계적 기준	미취학 아동, 대학생, 1인 가구, DINK족, TONK족, 대졸자, 이슬람교(Halal), 베이비붐 세대, 4060 남성, OPAL세대, 어번 그래니(Urban Granny), 신중년
심리 분석적 기준	FIRE족, YOLO족, 레저족, 스포츠 애호가(골프, 테니스, 수영 등), 각종 취미 활동가(꽃꽂이, 자수 등), 사회활동가, 비건(채식주의자)
행동 분석적 기준	대량 소비자, 실용적 소비자, 잠재적 구매자, 비사용자, 애플빠, 미팬(Mi Fan), 구매 결정자(구매자, 사용자, 구매 제안자 등)

제 3 절 표적시장 선택

표적시장 선택(market targeting)이란 시장 세분화를 통한 세분시장 중에서 기업이 마케팅 활동을 집중적으로 수행하고자 하는 하나 또는 여러 개의 세분시장을 선택하는 것을 말한다. 이러한 표적시장을 선택하기 위해서는 표적시장 평가가 우선되어야 한다. 표적시장을 평가하는 기준은 고객, 경쟁 및 자사 측면에서 여러 가지가 있다. 먼저 고객 측면에서는 세분시장의 규모나 성장성, 수익성 등이 평가 기준이 될 수 있다. 경쟁 측면에서는 산업내 경쟁사간 경쟁의 정도, 신규 기업 진입의 위험 정도, 대체재의 위협, 공급자와 구매자의 교섭력 등이 평가 기준이 될 수 있는데, 이는 앞서 설명한 **마이클 포터**(Michael E. Porter)의 **5요인 분석**(Five Forces Analysis)을 활용하여 분석할 수 있다. 자사 측면에서는 기업의 목표, 전략, 자원, 기술 등이 평가 기준이 될 수 있다.

표적시장 선택 전략에는 마케팅 활동과 결합하여 몇 가지 선택 전략이 있다. 첫 번째 **비차별적 마케팅 전략**이다. 이는 각 세분시장간 차이를 무시하고 전체 시장을 대상으로 한 개 제품으로 표준화된 마케팅 활동을 하는 것을 말한다. 이는 **매스 마케팅**(mass marketing)을 의미하며 **대량 마케팅 전략**이라고도 한다. 두 번째 **차별적 마케팅 전략**은 각 세분시장에 서로 다른 마케팅 활동을 실행하는 것으로 다양한 제품을 각기 다른 세분시장에 공급하는 것으로 **세분시장 마케팅**(segment marketing)이라고도 한다. 세 번째 **집중적 마케팅 전략**은 한 개의 세분시장을 선정하고 해당 시장 고객의 욕구를 충족시키는 제품을 제공하는데 역량을 집중하는 것을 말한다. 이는 제한된 자원을 보유한 기업이 특정 시장, 즉 니치 마켓(틈새 시장)을 선정하여 집중하는 것으로 **니치 마켓**(niche market) **마케팅**, 또는 **틈새 시장 마케팅**이라고도 한다. 네 번째 **일대일 마케팅 전략**은 개별 소비자의 욕구를 충족시키는 제품 및 서비스를 제공하는 것으로 **개별 마케팅**(individual marketing)과 같은 의미로 사용한다. 이를 **미시적 마케팅 전략**, **마이크로 마케팅 전략**이라고도 한다. 개별 소비자 1인만을 대상으로 하던 일대일 마케팅이 최근에는 개별 소비자 1인을 개인적 상황이나 행동, 분위기 등을 감안하여 더욱 세분화하기도 한다. 예를 들어 **멀티 페르소나**(multi-persona) 또는 **다중 정체성**(trans-identity)으로 인하여 개인이 상황에 따라 다른 사람으로 변신하여 다양한 정체성을 표현하기도 하는데, '직장 내의 나'와 '직장 밖의 나'는 다르며, '화창한 봄 날씨의 나'와 '어둡고 비 내리는 여름의 나'는 다른 것이다. 아마존의 경우 개별 마케팅을 0.1명 단위로 전개하고 있다. 표적시장 선택 전략을 정리한 것이 [그림 3-5]이다.

[그림 3-5] 표적시장 선택 전략

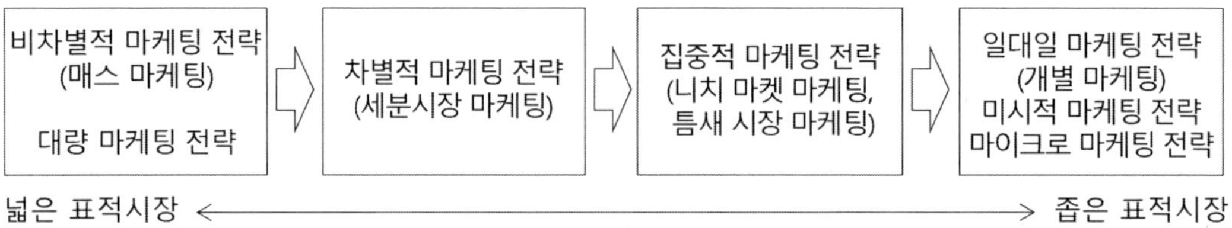

표적시장 선택 전략의 주요 내용, 장단점을 정리한 것이 [표 3-3]이다.

[표 3-3] 표적시장 선택 전략의 주요 내용 및 장단점

표적시장 선택 전략	주요 내용	장점	단점
비차별적 마케팅 전략	- 세분시장 차이 무시, 단일 마케팅 프로그램으로 시장 공략 - 대량 생산, 대량 유통, 단일 광고 등 통일되고 일관된 마케팅 - 세분화가 덜 진행된 도입기에 채택	- 전체 시장 단일 마케팅 활동 - 규모의 경제로 인한 각종 비용 절감	- 특징없는 제품 제공 - 가격 경쟁 초래 가능성 - 적용 분야가 제한적 - 경쟁사가 다양한 제품으로 시장 진출 시 사업 위험
차별적 마케팅 전략	- 각 세분시장별 차별적 마케팅 프로그램 사용 - 자원이나 역량 충분 기업이 채택	- 많은 소비자 확보 가능 - 매출 및 이익 증가 기대 - 사업의 위험 부담 감소	- 각기 다른 세분시장 대응으로 막대한 비용 발생 - 중소기업에 불리

집중적 마케팅 전략	- 단일 세분시장에 단일 제품 공급 - 기업 자원이나 역량이 한정된 경우 - 하나의 세분시장(틈새 시장)에 경쟁력 확보	- 중소기업에 적합 - 소비자 욕구 파악 및 충족 - 틈새 시장에서 강력한 지위 확보 가능	- 대기업의 시장 진입이 쉬움 - 시장의 불확실성, 소비자 기호 변화 등으로 사업의 위험이 높음
일대일 마케팅 전략	- 개별 소비자의 필요 및 욕구를 만족시키기 위한 제품이나 서비스를 제공 - 극단적 형태의 표적시장 선택 전략	- 중소기업이 채택하기 용이 - 소비자 만족도가 높아짐	- 대기업의 경우 일정한 한계 - 개별 고객의 필요 및 욕구 파악에 IT 기술 절대 필요 - 막대한 비용 부담

표적시장 선택에는 크게 단일 표적시장 선택, 복수 표적시장 선택 및 통합 표적시장 선택의 3가지 방법이 있다. 첫 번째 **단일 표적시장 선택**은 여러 세분시장 중에서 한 개의 세분시장을 선택하는 것을 말한다. 이는 세분시장의 매력도가 아주 높은 경우, 다른 경쟁사가 진입하지 않은 경우, 자사의 자원이 매우 제한적인 경우에 채택하는 방법이다. 예를 들어 삼성전자가 갤럭시S23 제품 1개로 중국 시장만을 표적시장으로 선택하는 것이다. 두 번째 **복수 표적시장 선택**이다. 이는 두 개 이상의 표적시장을 선택하는 것을 말하는데, 이는 다시 하나의 제품으로 여러 세분시장을 공략하는 **제품 전문화 전략**, 하나의 시장에서 다양한 제품을 제공하는 **시장 전문화 전략**, 위험 분산을 위하여 여러 세분시장을 선택하는 **선택적 전문화 전략**으로 나눌 수 있다. 제품 전문화 전략은 예를 들어 삼성전자가 갤럭시S23 제품 1개로 한국 시장, 중국 시장, 미국 시장 등 여러 세분시장을 표적시장으로 선택하는 것이다. 시장 전문화 전략은 예를 들어 삼성전자가 갤럭시S23, 갤럭시 탭(Tab), 갤럭시 와치(Watch) 등 자사가 생산하는 다양한 제품으로 중국 시장만을 표적시장으로 선택하는 것이다. 선택적 세분화 전략은 예를 들어 삼성전자가 갤럭시S23 제품으로 중국 시장을 표적시장으로 선택하거나, 갤럭시 탭(Tab)으로 미국 시장만을 표적시장으로 선택하거나 또는 갤럭시 와치(Watch)로 한국 시장만을 표적시장으로 선택하는 것이다. **통합 표적시장 선택**은 세분화된 전체 시장을 표적시장으로 선택하는 것을 의미하는데 중소기업보다는 자원이나 역량이 충분한 대기업이 취하는 경우가 많다. 통합 표적시장 전략의 대표적인 예로 코카콜라(Coka Cola)의 전 CEO 로베르토 고이

주에타(Roberto Goizueta)는 콜라의 표적시장을 콜라 시장만이 아니라 커피, 우유, 홍차, 식수 시장까지 확대하여 마케팅을 전개하면서, 시장 점유율이 아니라 **위 점유율**(share of stomach)이라는 개념을 제시하기도 하였다. 표적시장 선택 방법을 정리한 것이 [그림 3-6]이다.

[그림 3-6] 표적시장 선택 방법

제 4 절 제품 포지셔닝

제품 포지션과 제품 포지셔닝이란 개념을 구분하여 이해하여야 한다. **제품 포지션(product position)**이란 소비자가 자사 제품이나 브랜드를 경쟁사와 비교하여 어떻게 인식하고 있는지를 나타내는 것이다. 이에 대하여 **제품 포지셔닝(product positioning)**이란 소비자의 인식 속에 경쟁사 대비 자사 제품이나 브랜드의 바람직한 이미지를 만들어내고 유지하는 활동을 의미한다. 포지셔닝이라는 용어는 1969년 <인터내셔널 마케팅>에서 처음 사용하였다. 포지셔닝에서 가장 중요한 개념이 소비자의 '인식'이다. 즉 제품에 대한 사실이 중요한 것이 아니라 그 제품에 대한 소비자의 인식이 중요하다는 것이다. 대학생을 대상으로 한 '버거킹(Burgerking)의 햄버거가 맛있는가?', '맥도날드(McDonalds)의 햄버거가 맛있는가?'라는 질문에 응답자의 다수가 버거킹의 햄버거가 맛있다고 답했다. 같은 대학생을 대상으로 한 '패스트 푸드 1위는 어디인가?'라는 질문에는 절대 다수가 맥도날드라고 답했다. 즉 '맛'이라는 사실이 '패스트 푸드 1위'라는 인식을 이기지 못한다는 것이다. 또 다른 예로 대학생을 대상으로 한 '실제로 스타벅스(Starbucks) 커피가 맥(Mc) 커피(맥도날드 커피)보다 더 맛있는가?'라는 질문에 대다수 학생이 명확히 '예'라고 답하지 못하였다. 즉 스타벅스 커피가 실제 맥 커피보다 더 맛있는지 모르지만, 중요한 것은 스타벅스 커피가 더 맛있다고 대학생들이 인식하고 있다는 것이다. 이 역시 '커피 맛'이라는 사실이 중요한 것이 아니라 '스타벅스가 맛있다'고 느끼는 소비자의 인식이 더 중요하다는 것을 증명하고 있다. 제품 포지셔닝의 관점에서 중요한 것은 소비자의 인식이며, 사실로 인식을 이기려고 해서는 안되고 언제나 인식이 이기기 마련이다.

이러한 제품 포지셔닝에는 여러 가지 유형이 있다. 첫째 **제품 속성에 의한 포지셔닝**으로 이는 타사 제품에 대비한 자사 제품의 차별화된 속성을 강조하는 것이다. 다시 말해서 소비자에게 경쟁 제품과 구별되는 특징이나 자사 제품만이 제공하는 편익을 부각시키는 것이다. 저가와 실용성을 강조하는 경차, '안전'을 모토로 하는 볼보(Volvo) 자동차 등이 이 유형에 속한다. 둘째 **이미지에 의한 포지셔닝**은 자사 제품의 상징적이고 감성적인 편익이나 속성을 나타내는 독특한 이미지를 강조하는 것이다. 예를 들어 1983년 창설된 HOG(Harley Owners Group)는 할리데이비슨(Harley-Davidson) 오토바이 소유주의 모임으로 현재 전 세계적으로 백만 명이 넘는 회원을 가지고 있는 세계 최대의 모터사이클 동호회이다. 회원들은 단순히 할리데이비슨(Harley-Davidson) 라이더로서의 자부심뿐 아니라, HOG구성원으로서의 이미지에 어울리게 시계, 펜, 이용하는 레스토랑까지도 공유한다. 할리데이비슨(Harley-Davidson) 매출의 20%는 할리데이비슨 오토바이 소유주인 라이더의 소품(parts)에서 발생한다고 한다. 이러한 현상은 **디드로 효과(Diderot effect)**로도 설명할 수 있다. 이는 프랑스 철학자 디드로가 서재용 가운을 선물 받은 후 가운에 맞춰 책상을 교체한 데서 유래한 것으로, 디드로 효과란 하나의 물건을 사고 그 물건과 어울릴만한 물건을 계속 구매하는 소비성향을 말한다. 셋째 **경쟁 제품에 의한 포지셔닝**은 자사 제품과 경쟁사 제품을 비교하여 암시적으로 자사 제품의 우위성을 표현하는 것이다. 대표적인 예가 100년에 걸친 펩시콜라(Pepsi)와 코카콜라(Coke)의 콜라 전쟁(Cola Wars)이다. 넷째 **사용 상황에 의한 포지셔닝**은 자사 제품의 적절한 사용 상황을 설명함으로써 타사 제품과 차별화하는 것을 말한다. 대표적인 예로 갈증 해소 음료인 게토레이의 광고로 게토레이를 마시면서 갈증을 시원하게 해소하는 모습을 광고하여 소비자에게 강한 인상을 남겼다. 마지막으로 **제품 사용자에 의한 포지셔닝**은 자사 제품 사용자를 특정 시장이나 대상에 맞게 설정하여 제시함으로써 타사 제품과 차별화하는 것이다. 대표적인 예가 말보로 카우보이 모델로 말보로는 남성다움의 상징인 카우보이가 피우는 담배로 포지셔닝하였다. 제품 포지셔닝을 여러 가지 유형으로 설명하였지만 이를 다시 3가지 관점에서 이해할 수 있다. 첫째 제품상의 선도성으로 자사 제품이 다른 경쟁사 제품과 비교하여 뛰어나거나 우월한 속성을 지니고 있다는 것이다. 둘째 운영상의 탁월성으로 제품 관리를 포함한 기업의 전반적인 운영 능력이 경쟁사에 비해 뛰어나다는 것이다. 마지막으로 고객 친밀성으로 자사 제품이 경쟁사 제품과 비교하여 소비자에게 더욱 친숙하고 편안한 제품이라는 것이다.

제품 포지셔닝을 위하여 다양한 기법이 활용되고 있는데, 여기서는 앞에서 설명한 바 있는 스토리텔링과 기업의 사회적 책임, 대의 마케팅에 대해서만 간단히 설명하도록 하겠다. **스토리텔링(stroy-telling)**은 상대방에게 알리고자 하는 바를 재미있고 생생한 이야기로 설득력있게 전달하는 행위를 말한다. 이는 기억하기 쉽고 공감하기 쉽기 때문에 최근 다양한 용도로 활용되고 있다. 스토리텔링을 활용한 마케팅을 **공감 마케팅**(empathy marketing)이라고도 하는데 대표적인 예가 도브(Dove)의 Real Beauty Sketches 캠페인이다. 이는 보통 여성의 자연스러운 아름다움을 강조하는 광고로 특히 유명했는데, '당신은 당신이 생각하는 것보다 더 아름답습니다(You are more beautiful than you think)'라는 메시지로 여성 소비자들에게서 상당한 공감을 이끌어냈다. 우리나라의 경우 스토리텔링으로 성공한 대표적인 예가 드라마 '겨울연가' 촬영지로 유명한 남이섬이다. 남이섬은 원래 골프장이었으나 이후 자연 속의 동화 나라는 컨셉을 바탕으로 스토리텔링 공간으로 탈바꿈하였다. 남이섬을 나미나라공화국으로, 입장권은 입국비자로 명명하고 호텔 방 역시 모두 겨울연가 방 등 스토리가 있는 방으로 바꾸었다. 스토리텔링은 인간은 이야기하기를 좋아한다는 기본적인 본성에서 비롯되었다고 볼 수 있는데 이에 인간을 이야기하는 사람이라는 **호모 나랜스**(Homo Narrans)로 명명하기도 한다. 기업의 사회적 활동과 관련하여 이미 설명한 바 있는 **기업의 사회적 책임**(CSR, corporate social responsibility)은 복지 사회를 이루기 위하여 기업이 이윤 추구에만 집착하지 않고 사회의 일원으로서 사회적 책임을 자각하고 실천하여야 할 의무를 말한다. 이와 함께 **대의 마케팅**(cause-related marketing), **공익 마케팅**은 환경, 보건, 빈곤 등 다양한 사회적 이슈, 즉 코즈(cause)를 기업의 마케팅 활동에 활용하는 것을 말한다. 예를 들어 제1장에서 1983년 아메리칸 익스프레스(American Express)의 '자유의 여신상' 보수 비용 기부 마케팅, 탐스 슈즈(TOMS Shoes)의 신발 기부 마케팅인 BOGO(Buy One Get One) 및 일대일 기부(One for One)를 예로 들었지만 그 외에도 2개월간의 유급휴가를 얻어 환경단체에서 봉사활동을 하게 하는 파타고니아(Patagonia)의 환경 인터십 등이 있다. 우리나라의 경우 가장 성공적인 대의 마케팅 사례는 1984년부터 시작한 유한킴벌리(Yuhan-Kimberly)의 '우리 강산 푸르게 푸르게' 캠페인이며, CJ 제일제당의 '미네워터 바코드롭 캠페인'은 아프리카 어린이들에게 깨끗한 물을 공급하는 활동을 마케팅에 활용한 예이다.

제품 포지셔닝을 위해서는 자사 제품의 바람직한 포지션을 설정한 후 이에 맞춰 포지셔닝 전략을 실행하고 이후 자사 제품의 포지셔닝을 확인하고 필요 시에는 재포지셔닝을 하여야 한다. **재포지셔닝**(repositioning)이란 경쟁 환경이나 소비자 욕구의 변화에 따라 포지션을 새롭게 설정하는 것을 말합니다. 대표적인 재포지셔닝의 예는 아스피린(Aspirin)에 대한 타이레놀(Tylenol)의 사례이다. 두통약 시장에서 아스피린이 거의 독점하다시피 하던 시절, 고전을 면치 못하던 타이레놀은 아스피린이 위벽을 자극하고 천식, 알레르기, 위장 내 출혈을 유발한다는 사실을 강조하면서 '다행히도 여기 타이레놀이 있습니다'라는 광고 문구로 재포지셔닝에 성공하였다. 제품 포지셔닝 수립 시 특히 자사 제품의 포지셔닝을 확인하거나 재포지셔닝하는 단계에서 포지셔닝 맵이 중요한 도구로 활용될 수 있다. **포지셔닝 맵**(positioning map)이란 소비자의 마음 속에 있는 제품의 선택 기준과 자사 제품을 포함한 시장내 경쟁 제품의 위치를 2차원 또는 3차원 공간에 작성한 지도를 말한다. 자사의 포지셔닝 맵의 예는 [그림 3-7]과 같이 표현할 수 있다.

[그림 3-7] 자사의 포지셔닝 맵의 예

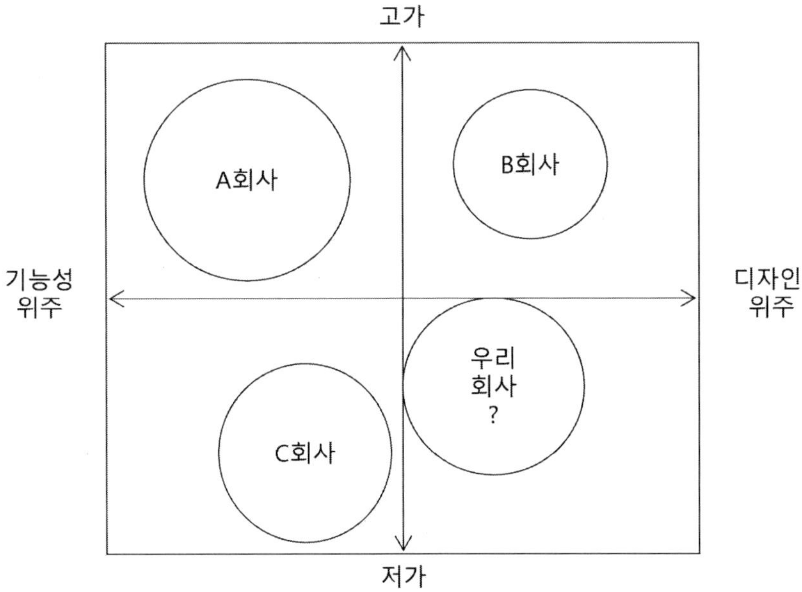

[그림 3-7]은 소비자의 제품 선택 기준을 '가격(고가-저가)'과 '기능성-디자인'이라는 2개의 기준으로 자사 제품의 위치를 표시한 것이다. 포지셔닝 맵은 마케팅 담당자에게 여러 가지 유용한 정보를 제공한다. 첫째 자사 제품이 소비자에게 어떻게 인식되고 있는지 알 수 있다. 둘째 자사 제품의 경쟁자가 누구이고 경쟁 제품이 무엇인지 파악할 수 있다. 셋째 제품 속성에 대한 소비자의 이상점을 파악할 수도 있으며 자사 제품의 현재 포지셔닝이 제대로 되었는지에 대해서도 확인할 수 있다. [그림 3-8]은 자동차 시장의 포지셔닝 맵을 예로 든 것이다. 이는 가격과 대중성이라는 2개의 선택 기준으로 작성한 포지셔닝 맵이다.

[그림 3-8] 포지셔닝 맵의 예; 자동차 시장

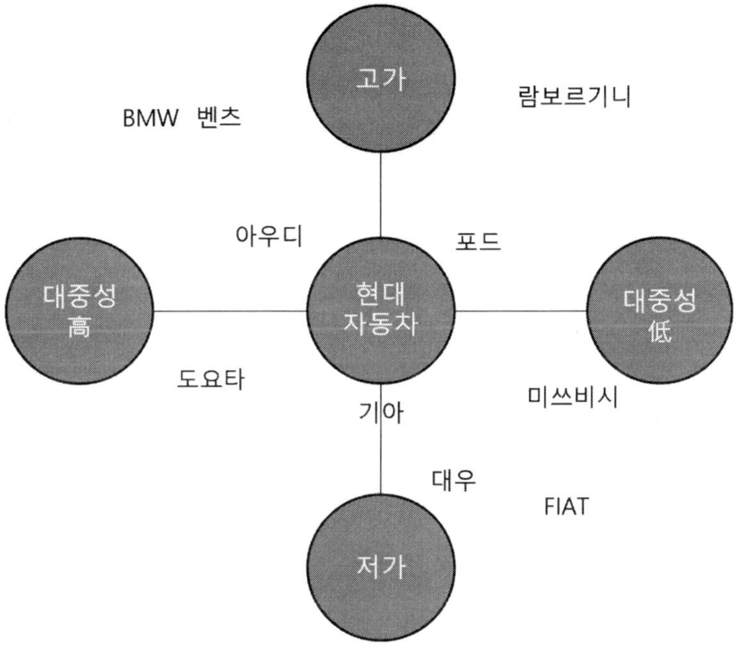

제 4 장

소비자 행동

제 1 절 소비자의 구매 행동

소비자의 구매와 관련된 의사결정 유형은 소비자의 관여 정도, 대안의 수, 정보 탐색 방법, 정보 탐색 비용, 정보 탐색 시간 등에 따라 3개 유형으로 구분할 수 있다. 첫째 **일상적 의사결정**이다. 이는 **습관적 의사결정**이라고도 하는데, 구매 빈도가 빈번하고 가격이 싼 제품, 예를 들어 화장지, 생수, 칫솔 등 생활필수품을 구매할 때의 의사결정 유형이다. 대안 탐색이나 의사 결정에 소요되는 시간이 길지 않은 소비자의 관여 정도가 낮은 제품을 구입할 때 나타나는 의사결정 유형이다. 둘째 **제한적 의사결정**이다. 이는 제품 구매 경험은 있으나 제품이나 브랜드에 친숙하지 않을 때 나타나는 의사결정 유형이다. 일상적 의사결정보다는 소비자의 관여 정도가 높지만 여전히 관여 정도가 낮은 제품을 구입할 때의 의사결정 유형으로, 대표적인 예가 유아용 샴푸나 비누 등이다. 셋째 **포괄적 의사결정**이다. 이는 친숙하지 않은 제품이나 가격이 비싼 제품, 구매 빈도가 낮은 제품, 예를 들어 자동차, 컴퓨터, 주택 등을 구매할 때 나타나는 의사결정 유형이다. 이는 소비자의 관여 정도가 높은 제품을 구매할 때 나타나는 의사결정 유형이다. [표 4-1]은 소비자의 의사결정 유형을 정리한 것이다.

앞서 소비자의 관여 정도가 소비자의 의사결정 유형을 구분하는 하나의 요소임을 설명하였다. 이러한 소비자의 관여 정도를 **관여도(involvement)**라고 하는데, 이는 개인의 관심 수준이나 지각된 중요성을 말하는 것으로 요약하면 소비자의 제품에 대한 관심 정도라 할 수 있다. 이러한 관여도는 여러 가지 영향 요인에 따라 다르게 나타날 수 있다. 우선 관심의 정도가 높으면 관여도가 증가하고 관심의 정도가 낮으면 관여도가 낮아진다. 사전 경험이 영향을 미칠 수 있는데 사전에 경험했을 경우 관여도는 감소한다.

[표 4-1] 소비자의 의사결정 유형

	일상적 의사결정	제한적 의사결정	포괄적 의사결정
관여 정도	낮음	보통	높음
대안의 수	한 개	소수	다수
정보 탐색 방법	내적	주로 내적	내적, 외적
정보 탐색 비용	적음	중간	많음
정보 탐색 시간	짧음	중간	긺

지각된 위험도 영향을 줄 수 있는데 위험이 증가한다고 인식하게 되면 관여도는 증가한다. 구매 상황에 따라, 예를 들어 시간적인 압박을 느낄 때나 그때 그때의 기분에 따라 관여도가 달라 질 수 있다. 또한 사회적 상황, 예를 들어 제품이나 서비스를 구매하고 소비하고자 하는 상황에 노출되어 있는 경우 관여도가 높아진다. 마케팅에서 관여도가 중요한 이유는 관여도 수준에 따라 마케팅 전략이 달라질 수 있다는 점이다. 예를 들어 소비자의 관여도가 높은 경우 마케팅 담당자는 포괄적이고 종합적인 정보를 소비자에게 제공하여 소비자가 폭넓은 정보 탐색을 할 수 있도록 하여야 하며, 소비자의 관여도가 낮은 경우 제품이 진열대에서 쉽게 눈에 띠게 하거나 시선을 끌 수 있도록 포장이나 디자인에 보다 중점을 두어야 한다.

소비자는 일상생활에서 많은 구매 행동을 하게 되는데 이러한 소비자의 구매 행동에 대한 이해는 자극-반응 모델에 대한 이해에서 시작한다. **자극-반응 모델**(stimulus-response model)이란 여러 가지 자극 요인들이 소비자의 블랙 박스(black box)로 들어와 처리 과정을 거쳐서 반응한다는 모델이다. 소비자의 블랙 박스는 인간의 뇌라고 상정할 수 있으나 명확하게 알 수 없기 때문에 블랙 박스라고 표현한다. 자극 요인에는 여러 가지를 상정할 수 있으나 여기서는 환경적 자극과 마케팅 자극으로 구분한다. 환경적 자극 요인에는 정치적, 경제적, 기술적, 사회문화적 요인들이 있으며, 마케팅 자극에는 제품, 가격, 유통, 촉진과 같은 4P의 마케팅 믹스 자극이 있다. 소비자의 블랙박스에서 이루어지는 자극의 처리 과정은 크게 정보 처리 과정과 구매 의사 결정 과정으로 나누어진다. 정보 처리 과정은 소비자들이 자극에 대하여 지각하고 반응하는 과정을 말하며, 구매 의사 결정 과정은 이러한 정보 처리 과정을 거친 후 실제 구매 행동에 영향을 미치는 과정을 말한다. 블랙박스에서 정보 처리 과정과 구매 의사 결정 과정을 거친 결과로 소비자의 반응이 나오는데, 소비자의 반응은 제품 선택, 점포 선택, 구매 시기 및 구매량 선택 등의 형태로 나타난다. [그림 4-1]은 자극-반응 모델을 정리한 것이다.

[그림 4-1] 자극-반응 모델

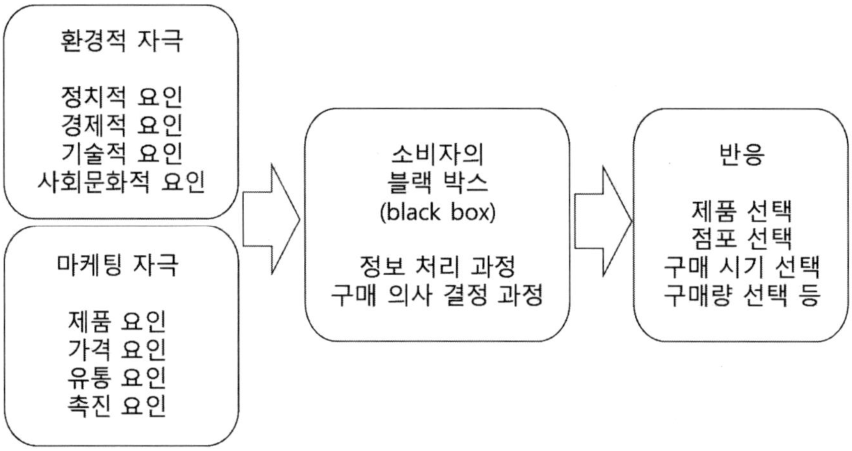

제 2 절 구매 행동의 영향 요인

소비자가 구매 행동을 결정하는데 영향을 미치는 요인들과 이런 영향 요인에 따라 실제 구매 의사 결정이 이루어지는 과정을 설명하는 모델이 **소비자 구매 행동 모델**이다. 앞에서 설명한 자극－반응 모델에서처럼 소비자의 구매 행동에 영향을 미치는 요인도 외적 영향 요인과 내적 영향 요인, 마케팅 활동에 의한 영향 요인으로 구분할 수 있다. 외적 영향 요인은 사회문화적 요인, 개인적 요인이 있으며, 내적 영향 요인은 개인의 심리적 요인이 있다. 마케팅 활동에 의한 영향 요인은 마케팅 믹스 4P(제품, 가격, 유통, 촉진)에 의한 영향을 의미한다. 이러한 영향 요인들이 소비자의 구매 의사 결정 과정에 다양한 형태로 영향을 미치게 되고 결국 소비자의 구매 행동으로 이어지게 되는 것이다. 이번 장에서는 마케팅 믹스 요인을 제외한 외적 영향 요인과 내적 영향 요인 다시 말해서 사회문화적 요인, 개인적 요인, 심리적 요인에 한하여 설명한다. 마케팅 믹스 요인은 제6장 제품 관리, 제7장 가격 관리, 제8장 유통경로 관리, 제9장 마케팅 커뮤니케이션 관리에서 자세히 설명한다. [그림 4－2]는 소비자 구매 행동 모델을 그림으로 정리한 것이다.

소비자 구매 행동에 대한 영향 요인으로 사회문화적 요인이 있으며 이에는 문화, 사회계층, 준거집단, 가족 등이 있다. 첫 번째 **문화**(culture)는 사회구성원들이 공유하는 의미, 가치관, 신념, 언어, 신화, 관습, 상징, 의례, 법률, 전통 등을 포괄하는 총체적 의미를 지칭한다. 이러한 문화는 타고나는 것이 아니라 사회화를 통해 후천적으로 배워서 습득하는 것이며 상징체계를 통해 다음 세대로 전승되면서 점차 풍부해지고 발전한다. 또한 문화는 고정된 것이 아니라 시간이 지나면서 새로운 요소가 추가되거나 사라지는 등 끊임없이 변화한다. 문화는 인구 통계적 특성, 지리적 위치, 인종 등의 기준으로

[그림 4-2] 소비자 구매 행동 모델

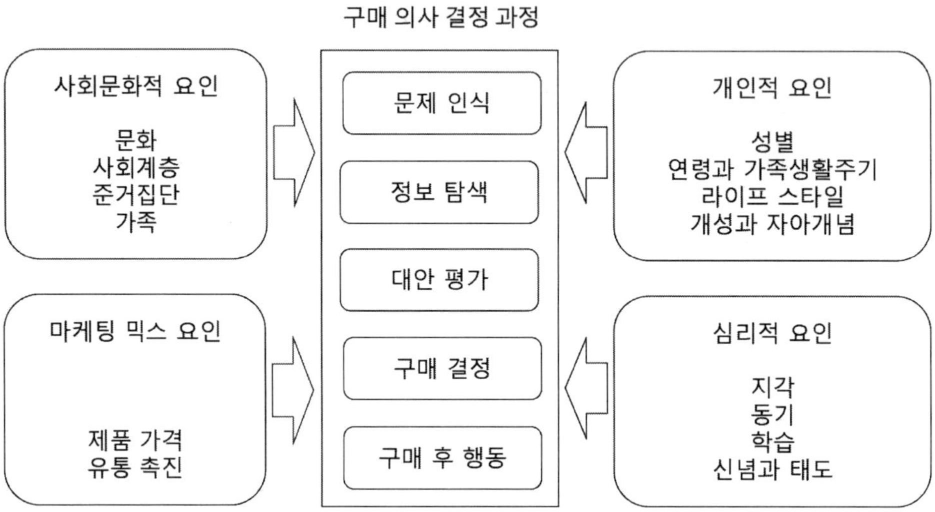

다시 **하위문화**(subculture)를 구분할 수 있다. 예를 들어 미국의 경우 히스패닉 문화, 흑인 문화, 히피 문화, 아시아 문화 등 수많은 하위문화가 있다. 문화를 언급할 때 많이 등장하는 것이 할랄이다. **할랄**(Halal)은 아랍어로 '허용된 것'이라는 뜻으로 이슬람 율법하에 먹을 수 있고 쓸 수 있는 제품을 총칭하는 것이다. 이에 반대되는 것이 **하람**(Haram)으로 이슬람에서 금지된 음식을 말하며 이에는 술, 돼지고기, 도살된 가축 등이 해당한다. 할랄(Halal)로 대변되는 문화적 요소가 마케팅적 관점에서 중요한 이유는 2조 달러에 이르는 시장 규모 때문이다. 문화와 관련된 유사한 용어가 많이 있는데 이를 정리하면 다음과 같다. **마이크로 트렌드**(micro trend)는 단기간 소수의 소비자가 동조하는 작은 변화로 소비자의 일상에서 일어나는 아주 작은 변화를 지칭하는데, 트렌드의 개성화를 위한 움직임을 주된 특징으로 한다. 하지만 일부 열정적인 사람들에게는 큰 변화를 일으키기도 하고 트렌드처럼 다소 긴 시간 지속되기도 한다. 미국의 경우 인구의 1% 약 300만명 정도가 동조하는 변화를 지칭하며 대표적인 예가 **사커 맘**(soccer mom)이다. 사커 맘은 전형적인 미국의 중상류층이면서 여유롭게 사는 백인 엄마를 지칭하는 것으로 초기에는 미니밴에 자녀를 태워 학교와 스포츠 클럽에 등하교시키는 열성적인 엄마만을 뜻하였으나 지금은 자녀의 조기 교육에 열심인 엄마의 의미로 쓰인다. **패드**(fad)는 마이크로 트렌드보다 동조범위가 넓고 비교적 짧은 시간 지속하는데 보통 1년이내 변화로 일시적 유행을 의미한다. 패드(fad)의 대표적인 예가 2018년 평창 올림픽 개최와 동시에 '롱패딩 신드롬'으로 많은 소비자들이 롱패딩을 구입하였던 사례이다. **트렌드(trend)**는 1년에서 5년 정도 지속하며 좁은 의미의 트렌드, 학술적 의미의 트렌드를 의미하며 가장 일반적인 의미로 사용되는 용어이다. **메가 트렌드(mega trend)**는 10년이상 장기간 지속되는 것으로 존 나이스비트(John Naisbitt)가 만든 용어이다. 사회적, 경제적, 문화적 측면에서 거시적인 변화가 일어날 때 사용한다. 문화(culture)는 30년이상 세대를 넘어 지속되는 것으로 넓은 의미에서는 트렌드의 범위를 벗어나는 것이다. 두 번째 사회문화적 요인으로 사회계층이 있다. **사회계층(social stratum)**이란 사회의 같은 계층에 속하여 유사한 가치관과 행동규범을 공유하고, 생활양식, 교육, 소득 등의 측면에서 거의 유사한 사람들의 집단이다. 일반적으로 사회계층을 결정하는 요소로는 재산, 소득, 직업, 교육수준, 거주지역, 사회적 유대관계 등이 있으며, 일반적으로 상류층, 중류층, 하류층의 3개 계층으로 구분하지만 보다 더 엄밀하게 구분하는 경우도 있다. 보통의 경우 사회계층을 결정하는 3대 요소는 교육 수준, 직업, 수입이며, 7대 요소는 교육 수준, 직업, 수입, 부, 가족 위상, 주거 형태, 주거 지역이다. [표 4-2]는 미국의 사회계층으로 7개 계층으로 구분되어 있다.

[표 4-2] 미국의 사회계층 구분[1)]

구분		특징
1	상상층 (1% 미만)	유산을 상속받고 유명한 가정배경을 가진 사회적 엘리트집단, 다른 집단의 준거집단 역할
2	상하층(2%)	직업과 사회영역에서 특수한 능력을 발휘하는 집단, 보통 중산계급 출신
3	중상층(12%)	경력에 관심이 많고, 전문가, 독립 사업가, 기업 경영자로서의 지위 보유 집단
4	중간층(32%)	평균 소득의 사무직 및 기술직 종사자 집단, 유행에 높은 관심, 자녀 대학 교육에 많은 지출
5	노동층(38%)	평균소득 수준의 근로직 노동자 집단, 친척 등으로부터 경제적 도움, 성적 역할이 분명
6	하상층(9%)	미숙련 근로직으로 생활수준이 빈곤 수준보다 약간 상위 집단, 교육 거의 전무
7	하하층(7%)	빈곤, 무직 상태의 복지 혜택 대상 집단, 직업에 관심이 없고 공적 지원과 자선에 의존

1) 필립 코틀러, 마케팅관리론(Marketing Management 11판), 도서출판 석정, 2004년, p.260. 필립 코틀러는 리처드 콜먼(Richard P. Coleman)의 분류를 인용하였는데 이를 재인용하여 수정함.

세 번째 사회문화적 요인은 준거집단이다. **준거집단**(reference group)은 소비자의 구매행동에 영향을 주는 공식적, 비공식적 모든 집단을 지칭하는데, 소비자는 준거집단의 구성원들이 어떻게 소비하는지를 배우고 관찰함으로써 그들과 동일한 기준으로 구매행동을 하는 경우가 많다. 따라서 준거집단은 소비자의 지각에 영향을 미치는 중요한 정보원으로 다른 사람에 영향을 미치는 집단의 리더인 **의견 선도자**(opinion leader)를 포함하고 있다. 이러한 준거집단도 다시 동경그룹, 상징그룹, 소속그룹으로 분류할 수 있는데, **동경그룹**은 소비자가 속하고 싶거나 합류하려는 그룹으로 소비자에 대한 영향력이 일방적이다. **상징그룹**은 소비자가 속하고 있지 않으며 합류하려는 계획도 없지만, 소비자에게 영향력은 행사하는 그룹이다. **소속그룹**은 현재 소비자가 속하고 있고 다른 구성원과 접촉하면서 상호작용을 하는 그룹이다. 네 번째 사회문화적 요인으로 **가족**(family)은 가장 중요한 사회집단으로 소비자의 가치관, 태도 등에 가장 큰 영향을 미치는 집단이다. 가족은 자녀들에게 가치관과 규범을 물려주는 사회화 과정을 담당하며, 자녀들이 소비의 주체가 되었을 때 부모와 유사한 소비행태를 보이는 경향이 있다. 가족 구성원들이 구매 의사 결정 과정에서 수행하는 역할은 제품 유형에 따라 구매 제안자, 영향자, 의사결정자, 구매자, 사용자 등 다양하다. 예를 들어 자동차 구매 시 구매 제안자는 형이나 누나, 어머니가 될 수 있으며, 의사결정자는 아버지, 구매자는 어머니, 사용자는 가족 구성원 모두가 될 수 있다.

개인적 요인으로 첫 번째 **성별**(sex)은 남성과 여성간의 생리적 차이를 의미한다. 성별은 문화적, 사회적, 경제적 역할 차이에 중요한 요인으로 작용하며 이러한 역할 차이가 구매 행동에 영향을 미치게 된다. 특히 여성이 소비의 주체로 주목을 받고 있는데 여성이 전세계 소비재의 80%를 구매하고 미국 전체 상품의 50%를 구매한다. 이에 **여성경제학**(Womenomics)이란 용어도 등장했는데, 여성경제학의 방정식은 W = 2(C + I)로 표현한다. 즉 여성 시장의 크기는 중국 시장(C)과 인도 시장(I)을 합친 것의 2배가 된다는 것인데 실제는 2배가 훨씬 넘는다[2]. 페이스 팝콘(Faith Popcorn) 또한 **이브올루션**(EVEolution)이라는 신조어로 마케팅에서 파워를 갖게 된 여성의 변화에 대해 주목하였다. 여성이 이제 '단순한 소비자' 이상으로 마케팅 전반에 걸쳐 마케팅 담당자들이 주목해야 할 타겟이라는 것이다. 이와 관련하여 모든 면에서 남성에게 뒤지지 않는 여성을

---

2) 톰 피터스, 리틀빅씽(The Little Big Things), 더난출판, p.419. 톰 피터스는 여성 경제학, 즉 우머노믹스(Womenomics)를 활용하라고 주장함과 동시에 구매 결정권이 여성의 손에 달려있다고 하면서 여성 경제학 방정식 W = 2(C + I)을 제시함.

의미하는 **알파족**(α족), 탄탄한 직장과 경제력을 보유한 싱글 여성을 의미하는 **골드 미스**(Gold Miss), 소비성향이 강한 40~50대 기혼 여성을 의미하는 **루비족**(RUBY, Refresh Uncommon Beautiful Young) 등의 용어도 등장하였다. 또한 구체적인 쇼핑 행동에서 성별 간의 차이는 확연히 나타난다. 대부분의 경우 여성들은 쇼핑을 즐기는 데 반하여 남성들은 장시간의 쇼핑을 싫어하는 경향을 보이며 여성들이 쇼핑할 때 매장의 주차장 차 안 등에서 기다리는 경우가 많았다. 하지만 이러한 과거의 일반적인 경향이 최근에는 외모를 중시하는 사회적 분위기가 확산함에 따라 소비에 적극적이고 자기 취향이 확실한 남성 소비자, 즉 **맨슈머**(mansumer, man + consumer)의 등장으로 약화하고 있다는 시각도 있다. 또한 여성들의 관심과 소비의 주 대상이던 미용과 패션에 관심을 가지고 아낌없이 투자하는 남성들 즉 **그루밍족**(Grooming)도 등장하였다. 두 번째 개인적 요인으로는 연령(age)과 가족생활주기(family life cycle)가 있다. 동일한 연령층은 가치관이나 생활태도 등이 유사하여 제품에 대한 기호도 유사하다. **가족생활주기**(family life cycle)란 나이, 결혼, 자녀 유무 등에 따른 일련의 단계들로 이루어져 있으며, 일반적인 단계는 미혼생활, 신혼 부부 생활, 자녀가 있는 젊은 부부 생활, 자녀가 있는 중년 부부 생활, 부양 자녀가 없는 장년 부부 생활, 노년 부부 생활, 독신 노인 생활 등으로 구분할 수 있고 각 단계별로 구매 행동이 달라질 수 있다. [그림 4-3]은 가족생활주기를 예를 들어 정리한 것이다.

[그림 4-3] 가족생활주기의 예

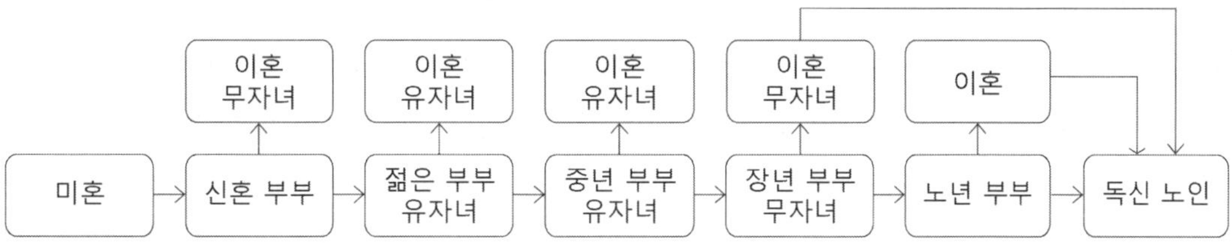

가족생활주기와 관련하여 최근 새로이 등장한 용어들이 많이 있다. **딩크족**(DINK, Double Income No Kids)은 자녀가 없는 맞벌이 부부, **통크족**(TONK, Two Only No Kids)은 자녀에 의존하지 않고 독립적으로 살아가는 노인 부부를 의미한다. **여피족**(Yuppie, Young Urban Professional)은 고등교육을 받고 도시 근교에 살며 전문직에 종사하는 고소득 젊은 부자를 지칭한다. **보보스족**(BOBOS, Bourgeois Bohemian)은 부르주아의 물질적 실리와 보헤미안의 정신적 풍요를 동시에 누리는 젊은 부자를 말한다. **싱커스**(THINKERS, Two Healthy Income No Kids Early Retirement)는 맞벌이를 하면서 자녀가 없고 일찍 정년퇴직해서 여유로운 노후 생활을 즐기는 사람들을 지칭한다. 인간 기대 수명이 늘어나면서 중장년층에 대한 인식 및 시각도 많이 변화하고 있고 새로운 용어도 등장하고 있다. **OPAL 세대**(Old People with Active Lives)는 58년 개띠 중심으로 적극적이고 활기찬 인생을 살아가는 중장년층을 말한다. **어번 그래니**(Urban Granny)는 도시를 나타내는 'Urban'과 할머니를 뜻하는 'Granny'의 합성어로 가정과 자녀라는 족쇄를 벗고 제2의 전성기를 맞이할 준비를 하는 도시적이고 세련된 50~60대 여성을 지칭하는 용어이다. **신중년**이란 주된 일자리에서 퇴직(50세 전후)하고 재취업 일자리 등에 종사하며 노후를 준비하는 과도기 세대(5060세대)를 지칭하는 용어로, 노동시장에서 은퇴해야 하는 연령대로 인식되는 경향이 있는 고령자나 노인을 대신하여 자기 자신을 가꾸고 인생을 행복하게 살기 위해 노력하며 젊게 생활하는 활력있는 생활인이라는 긍정적 의미를 담은 정책용어로 활용되고 있다. 이러한 신중년에게는 생애 주된 일자리에서 퇴직한 후 노동시장에서 완전히 은퇴할 때까지 경험하는 일자리인 **가교 노동** 또는 **가교 일자리**가 필요하다. 세 번째 개인적 요인으로서의 **라이프 스타일**(life style)은 개인의 생활양식으로 개인의 활동이나 관심, 의견 등을 표현하는 것을 말한다. 활동에는 직업, 취미활동, 사회적 행사 참여 등이 있으며 관심에는 음식, 패션, 운동 등에 대한 것이 있다. 예를 들어 최근 하루 몇 시간 동안 일회성으로 이루지는 수업인 **원데이 클래스**(One-Day Class)를 통하여 관심 있는 강좌, 다양한 취미나 체험 활동을 직접 선택하여 듣는 직장인들이 늘고 있다. 또한 20세기의 청바지를 대신하는 21세기의 패션인 **레깅스**가 젊은 세대뿐만 아니라 다양한 연령층에서 인기가 많다. 의견은 자신과 사회에 대하여 어떻게 생각하는가를 의미하는 것으로, 사회적 이슈, 제품 및 서비스에 대한 의견 등이 있다. 예를 들어 친환경이나 필환경 등 환경에 대한 의견을 적극적으로 표현하고 동물에 대한 인식이 변화하면서 동물 복지에 대한 의견도 점점 더 많아지고 있다. 인식미래학자이자 컨설팅회사 브레인 리저브(BrainReserve)의 CEO인 **페이스 팝콘**(Faith Popcorn)은 최근 새로이 등장한 라이프 스타일을 몇 가지 정의하였다. 소비자들이 건강을 위하여 채식을 선호하고 명상에 집중하는 현상을 **건강 장수**(being alive)로, 장년 소비자들이 젊음을 지향하는 현상을 **다운 에이징**(down-aging)으로, 자신만의 공간에서 안락함을 추구하는 현상을 **코쿠닝**(cocooning)으로 정의하였다. 또한 자기 위주의 가치관과 삶을 중시하는 철저한 개인주의를 표현하는 용어들도 많이 등장하고 있다. **FIRE족**

(Financial Independence Retire Early)은 경제적 자립(Financial Independence)과 조기 은퇴(Retire Early)의 합성어로, 정년까지 일해야 한다는 생각에서 벗어나 필요하지 않은 소비를 최대한 줄이고 가능한 재원으로 저축과 투자를 하여 경제적 자립을 최대한 빨리 달성하여 가치있고 풍요로운 삶을 목표로 하는 사람들을 지칭한다. **FISH족**(Financial Independence Sustainable Hobby)은 FIRE족에서 진화하여 확보한 경제적 기반으로 자신이 좋아하는 것과 취미를 지속적으로 누리며 살고자 하는 사람들을 말한다. **YOLO족**((You Only Live Once)은 인생은 한 번뿐이라는 의미로, 불확실한 미래를 대비하며 전전긍긍하기보다는 미래에 대한 대비를 그만두고 현재의 삶에서 최대한 즐거움을 누리겠다는 사람들을 지칭한다. **YOLY족**((You Only Live for Yourself)은 YOLO족이 더욱 진화한 형태로 자신을 위한 인생을 자신의 힘으로 살아가고자 하는 사람들을 말한다. 네 번째 개인적 요인은 개성과 자아 개념이다. **개성**(personality)은 환경에 대하여 비교적 일관성이 있고 지속적인 반응을 보이게 하는 개인의 독특한 심리적 특성을 말한다. 개성은 개인의 심리적 성격과 환경적 요인에 의해서 나타나는데 가장 지배적인 특성인 개인의 특질을 포함하고 있다. 개성과 관련하여 또 하나의 중요한 개념이 자아 개념이다. **자아 개념**(self-concept)이란 '자신이 자기 자신을 어떻게 보는가' 또는 '타인이 자기 자신을 어떻게 보는가' 하는 자아상을 말한다. 이러한 자아 개념은 개인이 바라는 이상적인 자기 모습을 나타내는 **이상적 자아 개념**(ideal self-concept)과 개인이 현재 자기 모습을 어떻게 생각하느냐를 나타내는 **실질적 자아 개념**(real self-concept)의 결합이라고 할 수 있다. 보통의 경우 사람들은 실질적 자아 개념을 이상적 자아 개념으로 높이려고 노력하며 이러한 자아 개념의 노력이 소비자의 구매 행동에도 영향을 미치게 되는 것이다. 개성과 자아 개념과 관련하여 새로운 용어들이 많이 등장하였다. **멀티 페르소나**(multi-persona)는 **다중 정체성**(trans-identity) 또는 **다중적 자아**라는 뜻으로 개인이 상황에 맞게 다른 사람으로 변신하여 다양한 정체성을 표현하는 것을 뜻한다. 예를 들어 '직장의 나'와 '퇴근 후의 나'는 완전히 다른 나인 것이다. **있어빌리티**는 '있어 보인다'와 'Ability(능력)'를 합친 용어로 국어사전에도 등록된 신조어다. 실상보다 있어 보이게끔 자신을 잘 포장하는 능력을 말하는 것으로 SNS의 멋진 사진, 희귀한 콘텐츠가 각광을 받으면서 있어빌리티가 점점 더 중요해지고 있다.

소비자의 구매 행동은 개인의 지각, 동기, 학습, 신념과 태도 등의 심리적 요인에 의해서 영향을 받기도 한다. 첫 번째 심리적 요인은 지각이다. **지각**(perception)이란 인간의 시각, 청각, 미각, 후각, 촉각 등의 오감에 영향을 미치는 요소를 자극이라고 하는데,

이러한 자극을 선택하고 의미를 해석하고 체계화하는 과정을 말한다. 인간은 일반적으로 자극에 대하여 선택적 노출, 선택적 왜곡, 선택적 보존 등 3단계의 지각 과정을 거친다. **선택적 노출**(selective exposure)이란 사람들이 어떤 자극에는 주의를 기울이고 어떤 자극에는 무시해야 하는지를 결정하는 것이다. **선택적 왜곡**(selective distortion)이란 사람들이 자신들의 느낌, 신념, 갈등과 관련된 정보를 의도적으로 변화시키거나 왜곡하는 것을 말한다. **선택적 보존**(selective retention)이란 자신의 느낌이나 신념과 일치하는 정보만을 기억하고 일치하지 않는 정보는 잊어버리는 것을 말한다. 선택적 보존과 관계되는 개념으로 많이 사용하는 용어가 **확증 편향**(confirmation bias)이다. 이는 흔히 자기가 보고 싶은 것만 보고 믿고 싶은 것만 믿는 현상을 가리키는 것으로, 자신의 선입관을 뒷받침하는 근거만 수용하고 자신에게 유리한 정보만 선택적으로 수집하는 것을 말한다. 두 번째 심리적 요인은 동기이다. **동기**(motivation)란 인간의 행동을 유발시키는 내적인 충동력을 말하는 것으로, 특정 욕구가 인간의 행동을 유발할 정도로 강한 수준에 이를 때 이러한 욕구가 동기가 된다. 동기 부여에는 강력한 믿음 2가지가 전제되어 있다. 하나는 지금보다 더 나아질 수 있다는 믿음이며, 또 하나는 더 나아지는 것이 자신의 책임이라는 믿음이다. 제1장에서 이미 설명한 바와 같이 욕구에 대한 고전적 이론으로 가장 유명한 **매슬로우**(Abraham H. Maslow)의 **욕구 5단계설**이 동기의 근거될 수 있다. 즉 인간의 욕구는 배고픔, 갈증과 같은 생리적 욕구, 물리적 안전, 경제적 안정과 같은 안전 욕구, 가족간의 애정, 소속감과 같은 애정 및 소속 욕구, 자존심, 사회적 인정과 같은 존경 욕구, 자아개발과 같은 자아실현 욕구 등 5단계의 욕구 계층으로 이루어져 있다는 것으로, 이러한 욕구들이 동기 유발의 원천이 될 수 있다는 것이다. 동기와 관련하여 또 다른 이론이 있는데 **허츠버그**(Frederick Herzberg)의 **동기 위생 이론**(motivation hygiene theory)이다. 이 이론은 인간의 욕구 중에는 만족을 주고 동기를 유발하는 **동기 요인**(motivator) 또는 **만족 요인**(satisfier)과 욕구가 충족되지 않을 경우 불만족을 초래하지만 욕구를 충족시키더라도 동기를 유발하지 않는 **위생 요인**(hygiene factor) 또는 **불만 요인**(dissatisfier)의 두 가지가 있다는 것으로, **2요인 이론**이라고도 한다. 동기 요인은 직업 만족도와 관련된 요인으로 일 자체, 성취감, 책임감, 성장성, 타인의 인정, 승진 등이 있으며, 위생 요인은 직업 불만족과 관련된 요인으로 급여, 근무 환경이나 작업조건, 직무의 안정성, 상사 및 동료와의 관계 등이 있다. [그림 4-4]는 허츠버그의 동기-위생 이론을 정리한 것이다.

[그림 4-4] 허츠버그의 동기-위생 이론

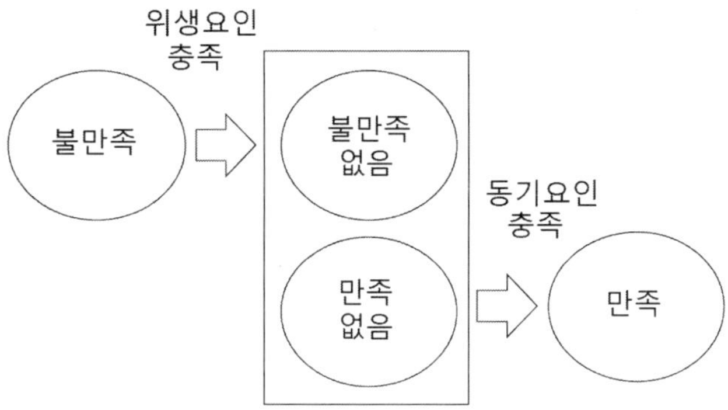

세 번째 심리적 요인은 **학습**(learning)이다. 소비자의 구매 행동은 경험이나 관행을 통한 학습에서 비롯되기도 한다. 이러한 학습에는 경험적 학습과 개념적 학습이 있는데, **경험적 학습**(experiential learning)은 어떤 경험이 행동을 변화시킬 때 일어나는 것이며, **개념적 학습**(conceptual learning)은 직접적인 경험을 통한 학습이 아니라 이차적으로 일어나는 학습이다. 개념적 학습은 예를 들어, 신제품이 출시되었는데 이미 구매한 사람들의 평을 보고 신제품을 구매하거나 구매하지 않는 경우를 가정할 수 있다. 네 번째 개인적 요인은 신념과 태도이다. **신념**(belief)이란 개인이 어떤 대상에 대하여 가지는 생각을 말하는 것으로, 특정 제품에 대한 신념이 특정 제품을 반복 구매하도록 하거나 특정 브랜드에 대한 충성심으로 표출되기도 한다. 예를 들어 중국 샤오미 제품에 대한 신념을 가진 **미팬**(Mi Fan), 애플(Apple) 제품에 대한 신념을 가진 **애플빠**, 특정 연예인에 대한 신념을 가진 ARMY와 같은 **팬덤**(fandom, **팬**(fan)과 **집단**(dom)의 **합성어**) 등이 있다. 신념과 관련하여 팬덤을 많이 설명하고 있지만 최근에는 팬덤과 팬슈머를 구분하여 이해하고자 하는 움직임이 있다. 팬덤은 단순히 연예인이나 브랜드에 대하여 동경하고 이를 지지하거나 후원하고자 하는 집단으로 정의하지만, 팬슈머는 팬덤보다 더 적극적으로 제품이나 브랜드를 견제하거나 상호 보완하는 파트너로서 제품이나 브랜드에 직접 관여하고자 하는 집단으로 정의한다. 이렇게 구분된 정의에 따르면 애플빠는 팬덤에 해당하고 미팬(Mi Fan)은 팬슈머에 해당한다고 할 수 있다. 샤오미의 미팬(Mi Fan)은 실제 샤오미 제품 개선이나 생산에 참여하기도 한다. **태도**(attitude)는 어떤 대상에 대한 지속적인 호의적 또는 비호의적 평가, 감정, 행동을 지칭하는 것으로, 개인의 가치 체계에 근거를 두고 있으며 신념보다 더 지속적이고 복잡한 경향이 있다.

제 3 절 구매 의사 결정 과정

소비자 구매 의사 결정 과정은 소비자 구매 행동 모델에서 본 바와 같이 문제 인식, 정보 탐색, 대안 평가, 구매 결정, 구매 후 행동 등의 5단계로 나누어진다. 물론 소비자들이 언제나 이러한 5단계의 소비자 구매 의사 결정 과정에 따라 구매를 결정하는 것은 아니지만, 대부분 이런 단계를 의식적 무의식적으로 밟으면서 구매 행동을 하게 된다. [그림 4-5]은 앞에서 언급한 소비자 구매 의사 결정 과정을 좀 더 단순화하여 표로 정리한 것이다. 앞서 설명한 소비자 구매 행동에 영향을 미치는 요인들이 구매 의사 결정 과정의 각 단계에도 영향을 미친다.

[그림 4-5] 소비자 구매 의사 결정 과정

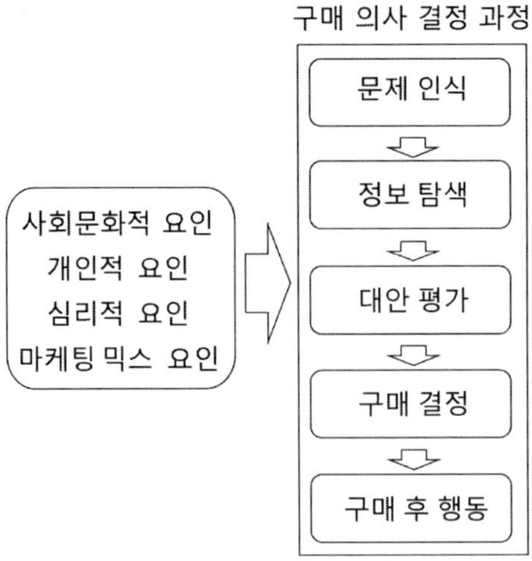

소비자 구매 의사 결정 과정의 첫 번째 단계는 문제 인식이다. 이 단계는 소비자들이 인식하는 실제 상태와 바람직하거나 이상적이라고 생각하는 상태 사이에 상당한 차이가 발생할 때 일어난다. 그러한 차이가 클 때 동기가 강하게 유발되고 충분한 동기 유발이 있어야 문제 인식 단계에서 소비자 구매 의사 결정 과정의 나머지 단계들을 거쳐서 실제 구매 행동이 일어나게 된다. 동기 유발과 관련하여 **티저**(teaser) **광고**라는 것이 있다. 이는 소비자의 호기심을 자극하기 위하여 일부러 상품이나 서비스 등에 대한 정보를 자세히 드러내지 않는 광고를 말한다. 가장 대표적인 티저 광고가 '선영아 사랑해!'로 유명한 여성 포털 마이클럽닷컴의 광고이다. 티저 광고가 효과가 있는 이유는 소비자는 정보가 제공된다고 하여도 이를 모두 쉽게 수용하는 것은 아니며 정보를 수용할 준비가 되어 있어야 하는데, 티저 광고는 소비자가 광고를 수용할 준비를 하게 하고 그 준비에 시간을 주는 효과가 있기 때문이다. 또한 티저 광고는 제품이나 서비스의 일부분만을 보여주거나 불완전한 정보만을 제공해 소비자들의 호기심과 기대감을 높여 최종 광고 효과를 극대화하는 것이다. 진짜 알리고자 하는 내용을 숨겨 궁금증을 불러일으킨 후 시차를 두고 조금씩 보여주는 기법이다. 티저 광고와 관련하여 **여키스-도슨**(Yerkes-Dodson) **법칙**이 있다. 이는 주의 환기 능력과 정보처리 능력의 관계는 역U자형의 관계라는 것으로, 즉 주의 환기 능력이 어느 정도 이상 올라가야 그 정보에 주의를 기울이고 처리한다는 것이다. 여키슨-도슨의 법칙에 따라 아무 준비가 없는 소비자에게 티저 광고로 주의를 환기시킨 후 정보를 제공하면 효과적이라는 것이다. [그림 4-6]은 여키슨-도슨 법칙을 나타낸 것이다.

[그림 4-6] 여키슨-도슨의 법칙

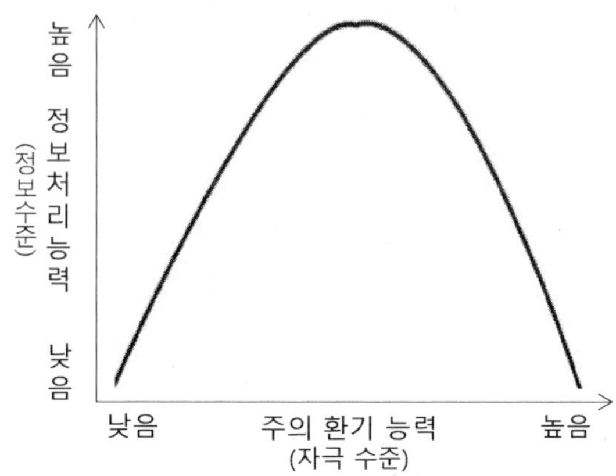

두 번째 단계로 소비자들이 문제를 인식하고 나면 인식한 문제를 해결하기 위하여 정보를 탐색하게 된다. 정보 탐색은 크게 내적 탐색과 외적 탐색으로 나눌 수 있다. **내적 탐색**(internal search)은 소비자의 기억 속에 저장되어 있던 정보를 회상하고 인출하는 과정을 말하며, **외적 탐색**(external search)은 광고, 친구, 판매원 등의 외부로부터 정보를 수집하는 과정을 말한다. 특히 외적 탐색은 문제 해결을 위한 충분한 정보가 부족하거나 보다 많은 정보가 필요한 경우, 시간이나 비용을 들여서 외부 정보원으로부터 정보를 수집하는 것이다. 이러한 외적 탐색은 다시 정보의 원천에 따라 가족, 지인이나 친구 등의 **개인적 원천**, 광고나 판촉물 등의 **상업적 원천**, 대중 매체, 소비자가 중시하는 조직체 등의 **공공적 원천**, 소비자의 직접적인 사용 경험의 **경험적 원천**으로 나눌 수 있다.

세 번째 단계로 소비자들은 정보 탐색을 통해 알게 된 내용을 바탕으로 구매 대상이 되는 여러 가지 대안을 살펴보고 평가하게 되는데, 이 때 소비자는 대안을 평가할 기준과 방식을 결정하고 고려 대안들을 평가하게 된다. 대안을 평가하는 방법은 다양하지만 여기서는 가장 많이 활용하는 방식인 **보상적 평가방식**(compensatory evaluation method)에 대해서만 설명하도록 하겠다. 보상적 평가방식은 각 제품이 가지고 있는 속성을 분류하고 이 속성들의 중요도를 고려한 가중 평점을 합산하여 가장 높은 점수를 받은 제품을 선택하는 방식이다. [표 4-3]은 디지털 카메라의 보상적 평가방식을 예로 든 것입니다.

[표 4-3] 디지털 카메라의 보상적 평가방식

속성	가격	디자인	선명도	크기	배터리수명	총점
중요도	40%	20%	20%	10%	10%	
A제품	10	9	9	9	8	9.3
B제품	8	10	9	7	8	8.5
C제품	8	7	8	8	8	7.8
D제품	7	8	8	9	7	7.6

[표 4-3]에서 디지털 카메라의 경우 각 속성의 중요도는 가격 40%, 디자인 20%, 선명도 20%, 크기 10%, 배터리 수명 10%이다. A 제품의 경우, 가격 10점, 디자인 9점, 선명도 9점, 크기 9점, 배터리 수명 8점을 받았고, 각 속성의 중요도를 고려하여 계산하면

(10 × 0.4) + (9 × 0.2) + (9 × 0.2) + (9 × 0.1) + (8 × 0.1) = 9.3점을 획득하게 된다. B 제품, C 제품, D 제품도 같은 방식으로 계산하면 각각 8.5점, 7.8점, 7.6점이 된다. 따라서 4개 제품 중 A 제품 9.3점으로 가장 높은 점수를 받아 A 제품을 선택하게 되는 것이다.

네 번째 단계로 소비자들은 대안 평가 후 가장 선호하는 제품, 즉 앞에서 설명한 보상적 평가에서 가장 높은 점수를 받은 제품을 구매하려는 의도를 가지게 되고 실제 구매 행동으로 이어지게 된다. 구매 의도의 형성과 실제 구매 결정 사이에는 주변인의 권유나 예기치 못한 상황 발생 등으로 실제 구매 행동이 일어나지 않을 수도 있다. 하지만 이러한 예측이 어려운 상황은 소비자 구매 의사 결정 과정에서는 제외하도록 한다.

마지막 단계로 소비자가 제품을 구매했을 때 구매 행위를 통하여 어떤 결과를 기대한다. 이러한 기대가 얼마나 충족되었는가에 따라 구매 결과에 대하여 만족 또는 불만족을 표현하게 된다. 소비자가 구매를 결정한 후 자신들의 다양한 인지, 신념, 태도 사이에 심리적인 갈등을 느끼는 경우가 가끔 있는데 이를 인지적 부조화라고 한다. **인지적 부조화**(cognitive dissonance)는 미국의 사회심리학자 리언 페스팅어(Leon Festinger)가 1957년 처음 제시한 용어로, 모순되는 두 가지 인지 요소를 가질 때 나타나는 인지적 불균형 상태를 지칭하는데 최근에는 여러 분야에서 많이 사용되는 용어이다. 인지적 부조화는 구매 결정이 심리적으로 금전적으로 중요하거나, 이미 알고 있는 대안들이 많이 있거나, 쉽게 구매할 수 있는 경우 더욱 커지는 경향이 있다. 구매 후 행동에서 마케팅 담당자가 특히 주의해야 할 것이 고객의 불만족이다. 고객의 불만족이 기업의 제품에 대한 불만족으로만 끝나는 것이 아니기 때문에 고객 불만족 관리에 주의를 기울여야 한다. [그림 4-7]은 고객 불만족의 확산 경로를 정리한 것이다.

[그림 4-7] 고객 불만족 확산 경로

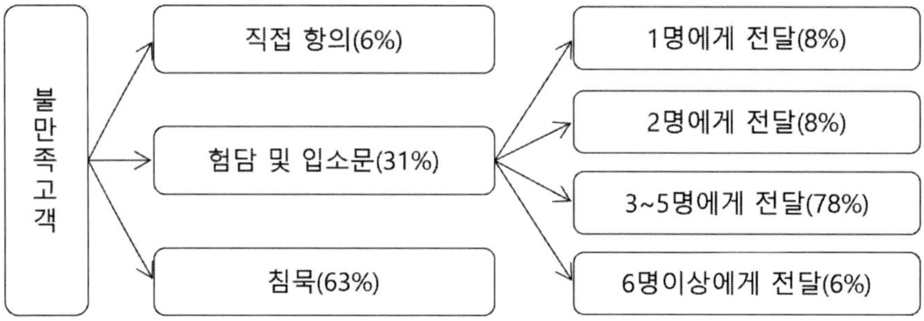

출처: 미국 펜실베니아대, 불만고객 연구보고서, 2006년 3월

[그림 4-7]에서 알 수 있듯이 불만족 고객의 37%가 불만족을 직간접적으로 표현하는데, 그 중 31%가 불만족에 대해 비판하고 이를 전파하며 보통의 경우 3~5명의 지인에게 제품에 대한 험담을 늘어놓는다는 것이다. 불만 고객이 마케팅 관점에서 중요한 이유는 불만 고객의 불만 사항을 적극적으로 해결함으로써 자사에 우호적인 고객 또는 충성스러운 고객으로 전환시킬 수 있기 때문이다. <초우량 기업의 조건>의 저자이자 세계적 경영 대가 톰 피터스(Thomas J. Peters)는 '가장 충성스러운 고객이 문제를 제기하는 고객'이라고 표현하고 있다. 실제 제품 구매 시 문제가 없는 경우 재구매 비율이 10%인데 반하여 문제 및 불만 해결 시 재구매 비율은 65%에 이른다. 이를 **존 구드만**(John Goodman)의 **법칙**이라고 하는데, 판매 사후 관리를 어떻게 하느냐에 따라 재구매율이 높아진다는 사실을 설명해 주는 이론으로 고객 불만과 고객 충성도 사이의 상관관계를 나타내는 것이다.

제 5 장

브랜드 관리

제 1 절 베스트 글로벌 브랜드

브랜드와 관련하여 최근에 가장 많이 언급되는 것이 **베스트 글로벌 브랜드**(Best Global Brands)이다. 이는 세계적인 브랜드 컨설팅 그룹인 **인터브랜드**(Interbrand)에서 매년 발표하는 세계 100대 브랜드 가치 순위를 지칭한다. 베스트 글로벌 브랜드는 미국 500대 기업의 CEO(chief executive officer, 최고경영자) 및 CFO(chief financial officer, 최고재무책임자)가 기업 운영 시 가장 많이 참고하는 순위 가운데 하나로 나타날 만큼 영향력 있는 브랜드 평가 순위이다. 인터브랜드는 1974년 설립되었으며 본사는 뉴욕이고 전 세계 17개국에 24개 지사를 두고 있는 세계 최대 규모의 브랜드 컨설팅 회사이다. 인터브랜드 코리아도 1994년 설립되었다. 인터브랜드의 베스트 글로벌 브랜드의 평가 기준은 7개로 알려져 있다. 첫째 브랜드의 시장 리더십으로 이는 브랜드의 시장점유율을 의미한다. 둘째 브랜드의 안정성으로 브랜드가 장기적으로 생존할 가능성이 있는가를 의미하는데 이에는 브랜드의 역사, 현재와 미래의 위치 등이 포함된다. 셋째 시장의 안정성 및 성장률로 브랜드가 속한 산업이나 시장이 현재는 어떠한 상황이고 미래는 어떠한 상황인가를 의미한다. 넷째 국제적 매력도로 브랜드가 지리적으로 확산하여 영향력을 행사하고 있는가를 의미한다. 다섯째 브랜드의 추세로 해당 브랜드의 개발 능력이나 기획 능력 등 시대 감각을 잃지 않고 관련성을 유지하는 능력을 보유하고 있는가를 의미한다. 여섯째 브랜드 지지도로 이는 소비자가 브랜드를 지속적으로 지지하고 응원하는가를 의미한다. 일곱째 법적 보호 강도로 이는 브랜드가 강력한 법적인 보호를 받고 있는가를 의미한다. [그림 5-1]은 2023년 베스트 글로벌 브랜드 100 중 1위에서 25위까지를 나타낸 것이다.

[그림 5-1] 베스트 글로벌 브랜드 2023, 1위 ~ 25위

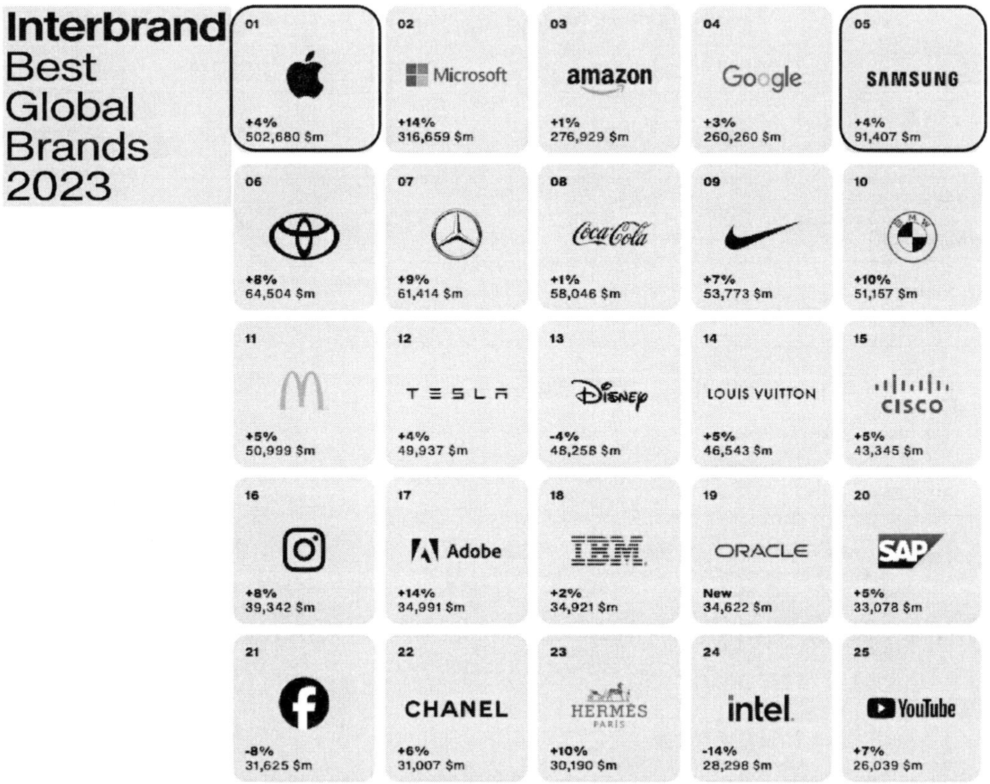

출처: Best Global Brands 2023, Interbrand

[그림 5-1]에서 알수 있듯이 2023년 베스트 글로벌 브랜드에서 1위 애플(Apple), 2위 마이크로소프트(Microsoft), 3위 아마존(Amazon), 4위 구글(Google), 5위 삼성이었다. 브랜드 가치는 애플(Apple) $5,027억, 마이크로소프트(Microsoft) $3,167억, 아마존(Amazon) $2,769억, 구글(Google) $2,603억, 삼성 $914억이었다. 2022년 베스트 글로벌 브랜드에서는 1위 애플(Apple), 2위 마이크로소프트(Microsoft), 3위 아마존(Amazon), 4위 구글(Google), 5위 삼성이었고, 2022년과 2023년 베스트 글로벌 브랜드 1위에서 5위까지의 순위는 변동이 없었다. [표 5-1]은 베스트 글로벌 브랜드 상위 5개 브랜드의 2022년 및 2023년 브랜드 가치를 나타낸 것이다.

[표 5-1] 베스트 글로벌 브랜드 2022년 및 2023년 브랜드 가치

브랜드명	브랜드 가치 (Brand Value)			브랜드 가치 순위	
	2022년	2023년	변화율	2022년	2023년
애플 (Apple)	$4,822억	$5,027억	4.3% ↑	1위	1위
마이크로소프트 (Microsoft)	$2,783억	$3,167억	13.8% ↑	2위	2위
아마존 (Amazon)	$2,748억	$2,769억	0.8% ↑	3위	3위
구글 (Google)	$2,518억	$2,603억	3.4% ↑	4위	4위
삼성 (Samsung)	$877억	$914억	4.2% ↑	5위	5위

[표 5-1]에서 알 수 있듯이 애플(Apple)과 삼성의 브랜드 가치 금액의 차이는 2022년 애플(Apple) $4,822억, 삼성 $877억으로 $3,945억, 약 5.5배였다. 2023년에는 양사의 순위 변동은 없었으나 브랜드 가치의 금액 차가 더 커져 애플(Apple) $5,027억, 삼성 $914억으로 금액 차이는 $4,113억으로 약 5.5배였다. 애플(Apple)과 삼성의 브랜드 가치가 어떻게 해서 이렇게 많이 차이가 나는가에 대한 의문이 든다. [표 5-2]는 애플(Apple)과 삼성전자를 비교 정리한 것이다. [표 5-2]에서 알 수 있듯이 애플(Apple)과 삼성전자는 재무적 성과 척도 부분, 즉 매출 및 순이익 부분에서 애플(Apple) 매출 $3,832억(약 498조 원) 및 순이익 $970억(약 126조 원), 삼성전자 매출 302조 원 및 순이익 56조 원으로, 양사간 매출은 1.7배, 순이익은 2.3배로 차이가 있다. 또한 자산의 경우 애플(Apple) $3,526억(약 458조 원), 삼성전자 448조 원으로 거의 같다. 직원 수는 애플(Apple) 161,000명, 삼성전자 121,404명으로 애플(Apple)이 삼성전자보다 약 1.3배 많다. 재무적 성과 척도 부분에서는 양사간 다소 차이가 있지만 5.5배의 차이가 나지는 않는다. 재무적 성과 척도 이외 양사의 사업구조(해외 운영 대상 국가, 최고경영자의 국적), 경영행태적 특성(최고경영자의 해외 관심, 범세계적 운영), 경영체계적 특성(2개국이상 다양한 글로벌 경영), 사업운영적 특성(일원적 관리 운영), 해외 및 신사업 확장(해외업체 M&A 진행) 등에서는 양사간 거의 차이가 없거나 동일하다. 그럼에도 불구하고 브랜드 가치는 거의 5.5배 차이가 난다. 보통의 경우 기업의 가치는 재무적 성과로 평가하는 것이 일반적이지만, 브랜드 가치는

[표 5-2] 애플(Apple) 대 삼성전자

구분		애플(Apple)	삼성전자
사업구조	해외운영 대상 국수	-	9개 지역 총괄 270개 해외종속기업
	최고경영자 국적	팀쿡(미국)	한종희(한국)
재무적 성과 척도	매출액	$3,832억('23년9월)	302조원('22년12월)
	순이익(2021년)	$970억('23년9월)	56조원('22년12월)
	자산(2021년)	$3,526억('23년9월)	448조원('22년12월)
	종업원수	161,000명('23년9월)	121,404명('22년12월)
경영행태적 특성		최고경영자의 해외 관심, 범세계적 운영	좌동
경영체제적 특성		2개국이상 다양한 글로벌 경영	좌동
사업운영적 특성		일원적 관리 운영	좌동
해외 및 신사업확장		해외업체 M&A 진행	좌동

출처: Apple Annual Report 2023, 삼성전자 2023년 사업보고서

재무적 성과 척도를 포함하여 기업의 사업구조, 경영 행태, 경영 체제, 사업 운영, 해외 및 신사업 확장 등을 넘어서는 보이지 않는 영향력을 의미한다는 것이다.

제 2 절 브랜드 자산 관리

브랜드(brand)에 대한 정의는 다양하다. 미국 마케팅 협회(American Marketing Association, AMA)는 브랜드를 판매자 개인이나 단체가 제품과 서비스를 만들고 이것을 경쟁자의 제품과 서비스로부터 차별화할 목적으로 만들어진 이름, 어구, 표시, 심벌, 디자인 또는 이들의 조합이라고 정의한다. 우리나라 상표법상의 브랜드는 자사 제품을 경쟁사의 제품과 구별하기 위한 문자, 기호, 도형 또는 그 결합으로 정의한다. 이러한 브랜드의 정의와 별도로 브랜드는 협의의 브랜드와 광의의 브랜드로 구별할 수 있다. **협의의 브랜드**는 단순히 상표나 표시를 의미하는 것이고, **광의의 브랜드**는 제품과 서비스를 식별하는 것으로 명칭, 기호, 디자인 등을 총칭하며 총괄적인 이미지와 경험을 중시한다. 이러한 브랜드도 다양한 구성 요소로 이루어져 있다. 첫째 **브랜드명**(brand name)이다. 이는 브랜드를 식별하는 문자, 단어, 숫자 등을 말하는 것으로, 대표적인 예로 삼성전자 스마트폰인 갤럭시(Galaxy), 미국 치킨 체인 상표인 KFC(Kentucky Fried Chicken) 등이 있다. 브랜드명을 정할 때 기준이 되는 것으로 기억의 용이성(memorability), 적합성(suitability), 구별성(distinctiveness) 등이 있다. **기억의 용이성**(memorability)은 이는 누구든지 쉽게 브랜드명을 기억할 수 있도록 쉽게 정하여야 한다는 것이다. **적합성**(suitability)은 브랜드명이 브랜드를 적절하게 표현할 수 있어야 한다는 것이다. **구별성**(distinctiveness)은 브랜드명이 자신의 브랜드를 다른 브랜드와 확연히 구별할 수 있어야 한다는 것이다. 브랜드명이 일반 명사화한 경우가 있는데 이는 브랜드명이 하나의 제품을 상징하는 경우를 의미한다. 예를 들어 크리넥스, 타이레놀, 다이얼이라고 메모에 적어서 구매하여 오라고 하면, 대부분 크리넥스 티슈, 타이레놀 해열진통제, 다이얼 비누를 사 오는데 이를 **쇼핑 목록 테스트**(shopping list test)라고 한다. 이는 브랜드명인 크리넥스는 티슈로, 타이레놀은 해열진통제로, 다이얼은 비누로 일반 명사화되어 있다는 것이다. 둘째 로고(logo)와 심벌(symbol)도 있다. **로고(logo)**는 이름을 시각적으로 디자인한 것으로 독특한 글자 형태를 말하며, 삼성전자의 SAMSUNG, 코카콜라의 Coca Cola, 루이비통의 LV 등을 예로 들 수 있다. **심벌(symbol)**은 복잡한 것을 단순하게 전달하기 위한 의사 전달 방법으로 특정 브랜드를 나타내는 종합적인 상징체계를 의미한다. 대표적인 예가 맥도날드의 심벌인 노란 아치, 나이키의 스우쉬(swoosh) 등이 있다. 셋째 **캐릭터(character)**는 특정 상표에 개성을 부여하여 친밀하고 긍정적인 느낌을 갖도록 만든 가공의 인물이나 동물 등 시각적 상징물을 말하는데, 대표적인 예가 카카오의 캐릭터 라이언(Ryan)이다. 넷째 슬로건(slogan)과 징글(jingle)도 있다. **슬로건(slogan)**은 제품의 독특한 특성이나 핵심 정보를 전달하기 위한 짧은 문장으로, 대표적인 예가 나이키의 'Just Do It'이다. **징글(jingle)**은 브랜드를 연상하게 만들기 위한 짧은 멜로디나 효과 음악을 지칭하는 것으로, 기업 광고 시 사용하는 CM 송의 후렴구가 이에 해당한다. 다섯째 **패키지(package)**도 구성 요소의 하나인데 이는 심미성과 기능성을 고려하여 제품의 용기나 포장을 디자인하고 제작하는 것을 말한다. 제품의 용기로 브랜드를 상징하고 브랜드의 가치를 증가시키는 대표적인 예가 샤넬(Chanel) N5 향수병, 코카콜라 병이다. 여섯째 타이포(typo)와 컬러(color)도 있다. **타이포(typo)**는 서체를 말하는데 브랜드의 일관된 이미지와 정체성을 형성하는데 도움이 된다. 대표적인 예가 국산 소주 '처음처럼'의 서체로 故 신영복 성공회대 사회학부 교수의 서예 작품 및 서체를 채용한 것이다. 타이포(typo)는 2개의 서체, 3개의 크기가 적당하며, 주변에서 중앙으로 향하게 배치하는 것이 주의를 더 끌 수 있고 시계 방향으로 곡선상으로 배치하는 것이 좋다. **컬러(color)**는 브랜드의 첫인상이나 호감을 결정하는 중요한 요소로, 삼성의 '삼성 블루(blue)', 콜라의 경우 코카콜라의 '레드(red)', 펩시콜라의 '블루(blue)' 등이 대표적인 예이다. 컬러는 산업에 따라 주로 사용하는 색상이 정해져 있기도 한데, 외식 산업이나 엔터테인먼트 산업 브랜드의 경우 붉은색을, 친환경 산업 브랜드의 경우는 초록색을, 주방용품 브랜드의 경우는 오렌지색을, 금융산업 브랜드의 경우는 파란색을 주로 사용한다. 마지막으로 **등록 상표(registered trademark)**이다. 이는 상표의 독점 사용이나 상표를 보호하기 위하여 특허청에 등록한 것을 말하는데, TM이라고도 하며 ®을 붙이기도 한다. 이러한 브랜드는 기업의 입장에서뿐아니라 소비자의 입장에서도 중요하다. 소비자의 입장에서 브랜드의 이점은, 먼저 특정 브랜드에 대한 지식은 제품 탐색 비용을 절감해 주며 특정 브랜드가 일관된 효용 가치를 제공해 준다는 신뢰감을 부여해 준다. 또한 브랜드는 문제 발생 시에 책임 소재를 분명히 해 주고 제품 선택의 위험도를 감소시킨다. 즉 특정 브랜드는 제품의 성능이 기대에 미치지 못할 가능성을 의미하는 **기능적 위험**(functional risk), 신체나 건강에 위협을 줄 가능성이 있는 **신체적 위험**(physical risk), 가격만큼 가치가 없을 가능성인 **재무적 위험**(financial risk), 제품을 구입한 후 자신에 대한 타인의 평가를 걱정하는 **사회적 위험**(social risk), 제품이 자신의 이미지와 어울리지 않을 가능성인 **심리적 위험**(psychological risk), 잘못된 상품 선택으로 기회비용을 유발 가능성을 의미하는 **시간적 위험**(time risk) 등의 다양한 위험을 감소시키는 역할을 한다[1]. 기업의 입장에서도 브랜드는 많은 장점이 있다. 먼저 제품 관리 과정이 단순화해진다. 또한 제품 특성에 대한 법적 권리를 부여하는 지적 재산권 확보가 가능하게 된다. 아울러 브랜드 이미지의 차별화를 통하여 높은 가격을 책정할 수 있고 따라서 높은 수익성도 실현할 수 있으며, 소비자의 자사 제품에 대한 브랜드 충성도를 확보하여 경쟁사와의 경쟁에서 우위를 확보할 수 있다.

브랜드 자산(brand equity)이란 일반적으로는 소비자가 특정 브랜드에 대하여 가지는 긍정적인 인식 및 연관성의 정도를 의미한다. 보다 구체적으로는 기업이 고객에게 제공하는 제품이나 서비스의 가치를 증가시키는 브랜드명, 심벌 등과 연계된 자산의 총합을 말한다[2]. 다시 말해서 브랜드 부착으로 브랜드가 없을 때보다 더 높은 매출액과 더 많은 이익을 실현할 수 있는데 브랜드 자산은 이러한 가치 증가분을 말하는 것으로, 어떤 제품의 가치에 브랜드가 가져다주는 추가적인 가치라고 할 수 있다. 이러한 브랜드 가치는 다시 재무적 관점의 브랜드 가치와 마케팅 관점의 브랜드 가치로 나눌 수 있다. **재무적 관점의 브랜드 가치**는 브랜드가 없을 때보다 브랜드를 부착했을 때 얻어지는 추가적인 가치의 현금 증가분을 말하며, **마케팅 관점의 브랜드 가치**는 소비자의 브랜드에 대한 호감의 증가로 브랜드 부착 제품의 가치가 증가한 부분을 말한다. 브랜드 자산은 다양한 구성 요소로 이루어져 있다. 대표적인 브랜드 자산의 구성 요소 분류는 **데이비드 아커**(David A. Arker)의 **브랜드 자산 모형**으로 [그림 5-2]는 이를 정리한 것이다[3].

---

1) 케빈 레인 켈러, 브랜드 매니지먼트, 비즈니스북스, 2010년, p.47. 케빈 켈러는 소비자의 위험을 기능적 위험, 신체적 위험, 재무적 위험, 사회적 위험, 심리적 위험, 시간적 위험으로 구분하여 설명함.

2) 데이비드 아커, 데이비드 아커의 브랜드 경영, 비즈니스북스, 2003년, p.31. 데이비드 아커는 브랜드 자산을 이와 같이 정의하고, 브랜드 자산의 주요 구성 영역으로 브랜드 인지도, 브랜드 로얄티, 지각된 품질, 브랜드 연상 이미지를 제시함.

3) 데이비드 아커, 데이비드 아커의 브랜드 경영, 비즈니스북스, 2003년, p.33. 데이비드 아커는 브랜드 자산의 모형을 이와 같은 표로 정리하여 설명하였는데 이를 수정하여 재정리함.

[그림 5-2] 데이비드 아커의 브랜드 자산 모형

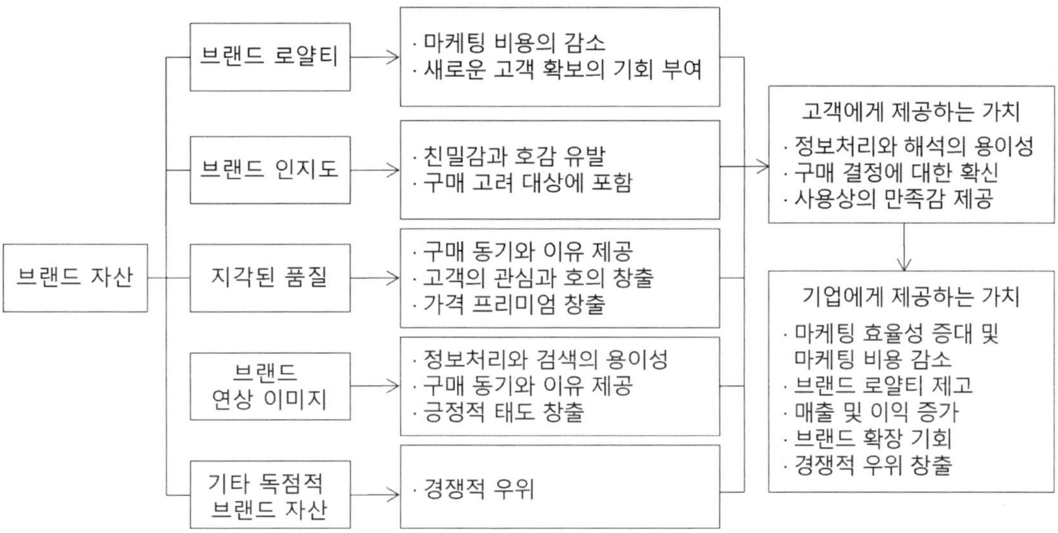

데이비드 아커는 소비자의 관점을 기반으로 브랜드 자산의 구성 요소를 분류하였다. 첫째 **브랜드 로얄티**(brand loyalty)이다. 고객이 오랫동안 가지고 있는 브랜드에 대한 애착 정도를 말하며 **브랜드 충성도**라고도 한다. **브랜드 인지도**(brand awareness)는 소비자들이 제품의 카테고리와 특정 브랜드를 연관시키는 정도를 말한다. **지각된 품질**(perceived quality)은 특정 제품에 대하여 소비자가 가지는 주관적 판단으로 제품에 대한 소비자의 기대를 지속적으로 만족시키는가 하는 신뢰성의 정도를 말한다. **브랜드 연상 이미지**(brand association image)는 브랜드와 관련된 모든 연상을 집합적으로 지칭한다. **기타 독점적인 브랜드 자산**은 경쟁사와 차별화하는 경쟁 우위 요소로 특허, 등록 상표 등을 의미한다. 또 다른 브랜드 자산의 구성 요소 분류로는 **케빈 켈러**(Kevin L. Keller)의 분류가 있다. [그림 5-3]은 케빈 켈러의 브랜드 구성 요소 분류를 정리한 것이다. 케빈 켈러는 브랜드 지식(brand knowledge)이 브랜드 자산을 만들어 내는 주요 요인이라고 강조한다. **브랜드 지식**(brand knowledge)이란 소비자의 기억 속에 존재하는 브랜드에 대한 다양한 지식이나 정보의 집합을 의미한다. 그는 브랜드 지식을 **브랜드 인지도**(brand awareness)와 **브랜드 이미지**(brand image)의 관점에서 설명하고 있다. 브랜드 인지도는 다시 **브랜드 재인**(brand recognition)과 **브랜드 회상**(brand recall)으로 나누고, 브랜드 이미지는 브랜드 연상 호감도, 브랜드 연상 강도, 브랜드 연상 독특성으로 구분하여 설명하고 있다[4].

[그림 5-3] 케빈 켈러의 브랜드 자산 구성 요소

필립 코틀러(Philip Kotler) 역시 브랜드 자산의 원동력으로, 품질 인식도, 브랜드명, 브랜드 연상, 브랜드 충성도를 들고 있다[5]. 케빈 켈러의 브랜드 자산의 구성 요소도 앞서 설명한 데이비드 아커의 브랜드 자산 모형과 큰 차이는 없으며, 필립 코틀러의 브랜드 자산의 원동력도 표현과 의미가 중복되거나 유사하다. 따라서 이를 전부 통합하여 브랜드 자산 관리를 설명하도록 하겠다.

브랜드 자산 관리를 크게, 브랜드 인지도 관리, 브랜드 이미지 관리, 브랜드 로얄티 관리, 지각된 품질 관리로 나누어 설명한다. 첫째 브랜드 인지도 관리이다. **브랜드 인지도**(brand awareness)란 어떤 제품 범주에 속한 특정 브랜드를 재인하거나 회상하는 능력을 말하는데, **브랜드 재인**(brand recognition)은 소비자가 특정 브랜드를 보았거나 들어본 적이 있는지 여부를 말하며, **브랜드 회상**(brand recall)은 제품의 범주, 구매 상황, 사용 상황 등 제공하였을 때 소비자가 특정 브랜드를 떠올리는 것을 말한다. 예를 들어 사이다라고 하면 '칠성 사이다'를, 스마트폰이라고 하면 '아이폰'이나 '갤럭시'를 떠올리는 것을 말한다. 브랜드 인지도는 소비자에게 제품에 대한 친숙성과 친밀감을 느끼게 하여 제품 구매로 연결하는 효과가 있다. 브랜드 인지도를 높이기 위해서는 반복 노출로 브랜드에 대한 친밀감을 향상시키는 것이 필요한데, 광고에서 독특한 소리나 슬로건, 로고송 등

---

4) 케빈 레인 켈러, 브랜드 매니지먼트, 비즈니스북스, 2010년, p.100－116. 케빈 켈러는 브랜드를 강하게 만들기를 위해 브랜드 지식을 제시하고 이를 근거로 브랜드 인지도 및 브랜드 이미지를 설명함.

5) 필립 코틀러, 발데마 푀르치, B2B 브랜드 마케팅, 비즈니스맵, 2007년, p.119. 필립 코틀러 등은 브랜드 자산의 원동력으로, 품질 인식도, 브랜드명, 브랜드 연상, 브랜드 충성도를 제시함.

청각적 정보를 활용하거나, 심벌 등 시각적 정보를 활용하는 방법이 있다. 둘째 브랜드 이미지 관리이다. **브랜드 이미지**(brand image)란 브랜드의 특성, 이름, 심벌, 포장, 서비스 등에 대해 소비자의 마음 속에 생성된 전반적 인상으로 특정 브랜드에 대해 형성된 브랜드 연상의 집합체라고 할 수 있다. **브랜드 연상**(brand association)은 브랜드와 관련하여 소비자가 떠올리는 모든 생각의 집합으로, 브랜드 자산을 구축하기 위해서는 강력하고(strong), 호의적이며(favorable), 다른 브랜드와 차별화되는 독특한(unique) 브랜드 연상이 필요하다. 브랜드 연상에서 성공한 사례는 수없이 많지만 대표적인 예가 페덱스(Fedex)의 Overnight으로 이는 '야간 배송 서비스'라는 강한 브랜드 연상을 만들어냈다. 또한 컴퓨터의 경우 IBM, 복사기의 경우 제록스(Xerox), 초콜렛의 경우 허쉬(Hershey), 콜라의 경우 코카콜라(Coca Cola) 등은 제품과 브랜드 연상의 대표적인 예이다. 브랜드 연상에는 호감도, 강도 및 독특성이 중요하다. **브랜드 연상의 호감도**(favorability)란 브랜드가 소비자의 필요와 욕구를 충족시켜 브랜드에 대한 소비자의 긍정적인 태도를 이끌어내는 것을 의미하는데, 이는 일차적으로 제품의 내재적 요인에 의해 결정되지만 사용자 또는 사용 상황과 관련된 비제품 관련 요인에 의해서도 결정된다. 브랜드 연상의 호감도와 관련하여 매력 방정식이라는 것이 있는데, 이는 '매력(M, magnetic) = 기능성(F, function) × 감성적 어필(F, feeling)'로 표현한다. **브랜드 연상의 강도**(strongness)는 브랜드와 관련된 정보간 형성된 연결 강도를 의미하는 것으로, 연상의 강도가 강하다는 것은 특정 브랜드와 관련된 연상이 즉각적으로 떠오르는 것을 말한다. **브랜드 연상의 독특성**(uniqueness)이란 다른 브랜드와 차별화되는 포지셔닝(positioning)으로 소비자가 자사 브랜드를 선택할 수밖에 없는 분명한 이유를 제공하는 것을 말한다. 이러한 브랜드 연상이 호의적이고 강력하며 독특하기 위해서는 반복 노출 메시지로 브랜드에 대한 메시지를 소비자가 장기간 기억할 수 있도록 해야 한다. 또한 소비자의 필요와 욕구를 충족시키는 자사 브랜드의 제품 속성을 부각하고, 경쟁 브랜드가 무시하거나 소홀히 다루었던 제품 속성을 발견하여 자사 브랜드의 차별적 특성으로 전환하여야 한다. 아울러 자사 브랜드만의 차별적인 브랜드 개성(brand personality)도 만들 수 있어야 한다. **브랜드 개성**(brand personality)이란 특정 브랜드가 마치 살아 있는 대상인 것처럼 브랜드에 인간적인 특성을 부여하는 것을 말한다. 그리고 자사 브랜드의 이미지와 잘 부합되는 특정 제품 사용자와의 연계도 고려하여야 한다. 나아가서는 기업과 관련된 연상으로 기업 문화, 사회적 책임, 혁신성, 일류 기업, 최고 품질 등을 통해 호의적인 기업의 이미지 구축에도 노력하여야 한다. 셋째 브랜드

로얄티 관리이다. **브랜드 로얄티**(brand loyalty)란 앞에서도 잠시 설명하였지만 특정 브랜드에 대한 애착 정도로, 특정 브랜드를 지속적으로 선호하고 만족하며 반복적으로 구입 및 사용하는 행동을 말한다. 이는 브랜드 자산의 결과이자 원천이며 브랜드 관리 활동의 최종 목표이기도 하다. 이러한 브랜드 로얄티 즉 **브랜드 충성도**는 특정 브랜드를 기존 고객이 향후 반복하여 구매할 의도가 있는지, 주변 사람들에게 특정 브랜드의 구매를 추천할 의향이 있는지 등으로 측정할 수 있다. 넷째 지각된 품질 관리이다. **지각된 품질**(perceived quality)이란 제품 사용 과정에서 제품에 대해 소비자가 가지게 된 특별한 형태의 브랜드 연상으로, 제품의 전반적인 우수성에 대한 소비자의 주관적 판단을 의미한다. 지각된 품질은 구매 동기와 이유를 제시하여 고객의 관심과 호의를 불러일으키고 가격 프리미엄을 만들어 낸다. [그림 5-4]는 브랜드 자산 관리를 정리한 것이다.

[그림 5-4] 브랜드 자산 관리

제 3 절 브랜드 의사결정

산업내 기술 수준이 평준화되고 경쟁 브랜드간 기능적 차별화가 어려워지고 있는 현재와 같은 초경쟁시대에는 브랜드 이미지 차별화를 통한 브랜드 자산 가치 증대로 경쟁력을 확보하는 것이 절실히 요구된다. 하버드대 문영미 교수는 자신의 저서 <디퍼런트(Different)>에서 카테고리가 성숙할수록 제품이 이종에서 동종으로 진화하고, 브랜드의 비슷한 성능이나 스펙으로 인하여 브랜드간 차이를 인지하기가 어려워진다고 지적하였다. 따라서 강력한 브랜드는 브랜드 이미지를 차별화할 뿐아니라 제품 가치를 향상시키고 이것이 소비자의 잠재적 구매 가능성 증가로 이어져 지속적인 매출 증가 및 수익 증가를 기대할 수 있게 된다. 또한 효과적 브랜드 의사결정 과정을 통해 마케팅 비용을 절감하고 소비자의 브랜드 충성도도 향상시킬 수 있다. 이것이 효과적인 브랜드 의사결정이 필요한 이유이다. **브랜드 의사결정** 과정을 정리한 것이 [그림 5-5]이다.

[그림 5-5] 브랜드 의사결정 과정

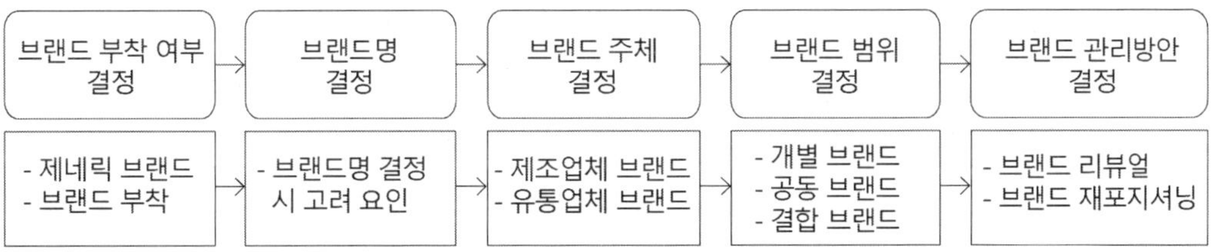

브랜드 의사결정의 첫 번째 단계는 **브랜드 부착 여부**를 결정하는 것이다. 모든 제품에 브랜드를 부착하는 것은 아니며 브랜드 부착 여부는 시장 상황, 구매자 욕구 등을 고려하여 결정하는 것이다. 브랜드 부착 여부 결정과 관련하여 **제네릭 브랜드**(generic brand)란 브랜드가 없는 제품을 말하는 것으로, No brand라고도 한다. 이는 휴지, 설탕, 생수 등과 같은 생필품에 많이 적용되는데 차별화할만한 특징이 없거나 미약한 제품에 많이 활용하며 제품의 품질은 판매자가 보증한다. 여기서 주의할 것은 신세계 이마트의 No Brand이다. No Brand는 2015년부터 이마트가 사용하기 시작한 이마트 자체 고유의 브랜드이다. 브랜드 부착에는 많은 장점이 있다. 구매자 입장에서는 제품 식별이 가능하여 구매에 도움이 되고 구매 결과에 대한 불안감을 감소시킬 수 있다. 판매자 입장에서는 차별적인 이미지 구축을 통해 판매 촉진 활동이 쉬워지고 제품 품질에 대한 신뢰 및 가치를 증가시킬 수 있다. 하지만 브랜드 부착에는 단점도 있다. 일정 수준의 품질을 유지하여야 하는 책임감이 증가하고 브랜드 개발비나 브랜드 촉진비와 같은 브랜드 관리 비용이 많이 든다. 두 번째 단계는 **브랜드명 결정**이다. 바람직한 브랜드명을 선정하여야 한다는 것은 너무도 당연한 얘기지만, 바람직한 브랜드명을 선정할 때 고려하여야 하는 요소들이 있다. 먼저 제품의 편익이나 기능 등 특성을 잘 표현할 수 있어야 한다. 또한 발음이 쉽고 기억하기 쉬워야 하며, 특히 외국어로 표현 시에는 긍정적 이미지를 가져야 한다. 예를 들어 맥주 카스(Cass)의 경우 발음이 유사한 단어(cuss, 욕하다), 음료인 쿨피스(Coolpis)는 영어 단어 표현(cool piss, piss는 오줌 누다)에 주의하여야 한다. 그리고 흥미를 유발할 수 있고 강한 인상을 주어야 하며 법적 문제가 없고 등록할 수 있어야 한다. 세 번째 단계는 **브랜드 주체 결정**이다. 브랜드 주체는 크게 제조업체와 유통업체로 나눌 수 있으며 이에 제조업체 브랜드와 유통업체 브랜드로 나눌 수 있다. **제조업체 브랜드**(manufacturers' brand)는 말 그대로 제조업체가 부착하는 브랜드로, NB(national brand)라고도 한다. 제조업체가 상대적 유리한 지위를 갖거나 자금이 풍부하고 시장에 대한 적응 능력이 뛰어난 경우에 채택할 수 있다. 삼성, 애플(Apple), 나이키(Nike) 등의 상품은 제조업체 브랜드인 경우가 대부분이다. **유통업체 브랜드**(distributors' brand)는 특정 유통업체에서만 판매하는 브랜드로, 브랜드의 개발 및 관리를 유통업체가 담당하는 것을 말한다. PB(private brand)라고도 하며 일반적으로 제조업체 브랜드보다 가격이 저렴하고 고정 고객을 확보할 수 있어 높은 이익 실현이 가능하다. 하지만 유통업체의 브랜드 개발 및 촉진 비용이 증가하고 제조업체의 견제 및 시장 주도권 확보를 위한 경쟁이 발생할 가능성이 있다. 앞서 설명한 이마트의 No Brand가 대표적인 유통업체 브랜드이다. 유통업체의 자체 브랜드 부착 경향은 세계적 추세로, '유럽판 다이소'로도 알려진 독일 대형 유통업체인 알디(Aldi)의 경우 자체 브랜드 비율이 95%에 이른다고 한다. 미국의 대형 유통업체인 월마트(Walmart)의 경우 자체 브랜드 비중이 30% 수준으로 알려져 있다. 네 번째 단계는 **브랜드 범위 결정**이다. 브랜드 범위 결정은 개별 브랜드로 하느냐, 공동 브랜드로 하느냐, 결합 브랜드로 하느냐의 문제이다. 첫째 **개별 브랜드**(individual brand)는 제품별 각각 다른 브랜드를 부착하는 것이다. 이는 브랜드별 차별적 이미지 구축에는 유리하지만 비용이 많이 드는 단점이 있다. 둘째 **공동 브랜드**(family brand)는 각 개별 제품에 동일 브랜드를 부착하는 것이다. 이는 제품간 공통된 연상으로 시너지 효과를 기대할 수 있고 기존 브랜드의 명성과 이미지를 그대로 활용하기 때문에 제품 수용 속도가 빠르고 마케팅 비용을 절감할 수 있다. 하지만 특정 제품에 문제가 발생했을 경우 다른 제품에도 부정적 영향을 끼칠 위험성이 있다. 셋째 **결합 브랜드**(co-brand)는 두 개 이상 브랜드를 하나의 공동 제품으로 결합하거나 특정 형태로 공동 마케팅을 하는 경우 활용하는 방법이다. 예를 들면 르노자동차와 삼성의 브랜드를 결합한 르노삼성자동차, 신세계와 시티은행 브랜드가 결합한 신세계시티카드 등이 있다. 이는 브랜드간 결합을 통하여 브랜드 파워를 강화하고 독특한 차별성을 부각할 수 있다. 브랜드 의사결정의 마지막 단계는 **브랜드 관리방안 결정**이다. 브랜드 관리를 위한 방안은 다양하지만 여기서는 브랜드 리뉴얼과 브랜드 재포지셔닝에 대하여 설명하도록 한다. **브랜드 리뉴얼**(brand renewal)이란 브랜드명의 변경을 포함하여 브랜드 로고, 슬로건 등 브랜드의 구성요소 중 하나 이상을 수정, 변경함으로써 진부화된 브랜드 이미지를 개선하거나 새로운 이미지를 부가적으로 만들어 내는 것을 말한다.

[그림 5-6] 롯데 카페의 브랜드 리뉴얼

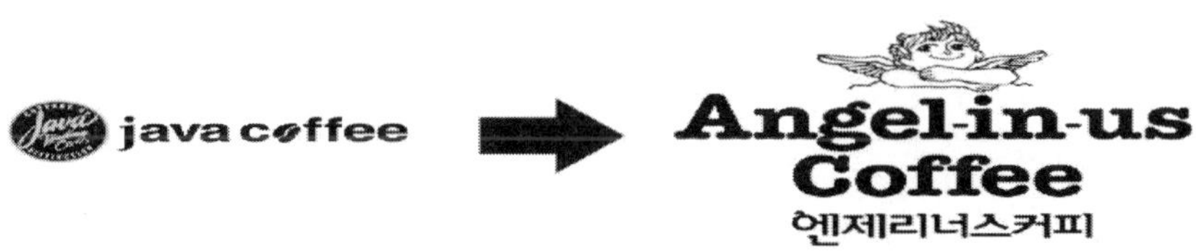

[그림 5-6]은 롯데 카페의 브랜드 리뉴얼 사례이다. 롯데는 '자바 커피'라는 이름으로 2000년 6월 롯데백화점 강남점 내에 첫 매장을 오픈하였으나 비슷한 이름인 자바 시티 커피와도 혼동하기 쉬웠고 상표 등록도 되지 않았다. '자바 커피'라는 단어가 원두의 한 종류이기도 하고 이미 시장에서 널리 쓰이는 이름이기도 하였기에 상표로 인정되지 못

하였던 것이다. 하지만 사업이 커지면서 문제가 발생할 우려가 있었고 이에 2006년 12월 커피 체인점 사업이 급부상하는 기류에 편승하여 롯데는 자바 커피를 엔제리너스 커피(Angel-in-us Coffee)로 브랜드 리뉴얼을 하고 현재에 이르고 있다. **브랜드 재포지셔닝(brand repositioning)**은 기존 브랜드가 경쟁력을 상실한 경우 브랜드 재활성화 방안으로, 기업이 원하는 방향으로 브랜드 포지션을 재구축하는 것을 말한다. 대표적인 사례로 리스테린(Listerine)을 들 수 있다. 리스테린(Listerine)은 원래 19세기에 발명된 강력한 외과 수술용 소독제였는데 이후 희석된 형태로 바닥 세척제와 임질 치료제로 이용되었다. 하지만 이 제품이 진정으로 인기를 누리게 된 것은 1920년대 구취(입냄새) 해결사로 재포지셔닝하고 시판하면서부터였다. 그 때까지 입냄새를 심각하게 여기지 않았던 사람들의 사회적 통념을 바꾸었던 것으로 리스테린은 구강 세척제를 만든 것이 아니라 '입냄새'라는 개념을 만들었던 것이다. 하지만 구강 청정제의 선두주자인 리스테린은 그 향이 독특하여 사람들이 입에 넣기를 꺼리자, '당신이 싫어하는 맛, 하루 두 차례'라는 광고로 독특한 향을 인정하고 오히려 몸에 좋다는 식으로 다시 재포지셔닝하고 소비자에게 다가가 성공하였다.

제 6 장

제품 관리

제 1 절 제품의 개념 및 분류

제품(product)은 좁은 의미의 제품과 넓은 의미의 제품으로 설명할 수 있다. **좁은 의미의 제품**이란 물리적 기능적 속성을 나타내는 유형의 제품을 말하며 **넓은 의미의 제품**은 좁은 의미의 제품 개념에 부가하여 부수적 서비스나 상징적 가치 등을 모두 포함하는 개념이다. 즉 물리적 기능적 제품에 포장, 상표, 브랜드, 배달 및 설치 서비스, 신용 제공, 쾌적한 쇼핑 분위기 등을 포함하는 개념이다. 이러한 제품을 구성하는 요소는 [그림 6-1]과 같이 표현할 수 있다.

[그림 6-1] 제품의 구성 요소

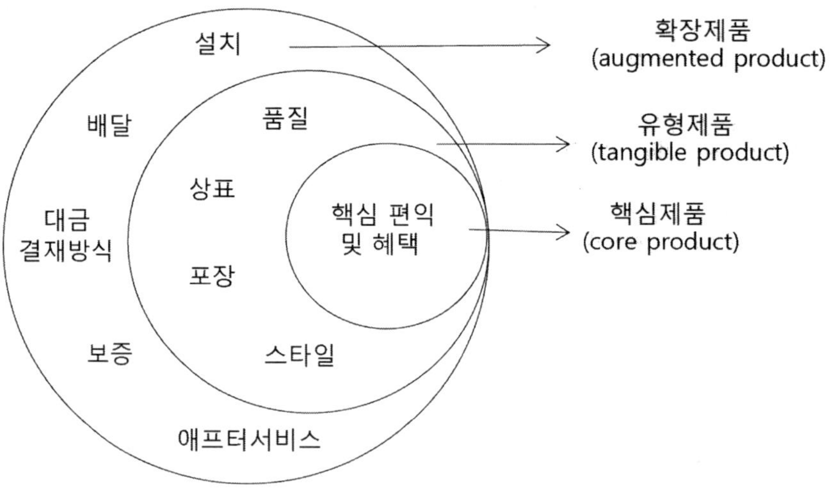

핵심제품(core product)은 고객에게 주는 핵심적인 편익 및 혜택을 말하며, **유형제품**(tangible product)은 핵심제품을 전달하기 위한 물리적 유형적 제품을 가리키는 것으로

고객이 기대하는 특성들을 포함하고 있다. 이에는 품질, 상표, 포장, 스타일 등이 포함된다. **확장제품**(augmented product)은 경쟁사의 제품과 차별화된 서비스 또는 부가적인 서비스를 지칭하는 것으로 제품 설치 및 배달, 대금 결재방식, 보증, 애프터서비스 등이 포함된다. 필립 코틀러(Philip Kotler)는 제품의 구성 요소를 핵심이점(core benefit), 기본제품(basic product), 기대제품(expected product), 확장제품(augmented product), 잠재제품(potential product) 등 5가지 제품의 차원으로 구분하고 있다[1]. 핵심이점은 위 그림의 핵심제품를 말하고, 기본제품은 핵심이점이 물리적으로 형상화한 것이며, 기대제품은 소비자들이 제품을 구매할 때 기대하는 제품의 속성과 조건을 말한다. 기본제품과 기대제품이 [그림 6-1]의 유형제품과 의미가 같다고 할 수 있다. 확장제품은 소비자의 기대를 넘어 소비자의 욕망을 충족시키는 제품을 말하는데 [그림 6-1]의 확장제품의 의미와 같다. 잠재제품은 미래에 일어날 모든 확장이나 변형을 포함하는 제품을 말하는 것으로, 기업이 완전히 새로운 방법으로 소비자를 만족시키고 차별화하기 위하여 만드는 제품을 의미한다. [그림 6-2]는 제품의 구성 요소를 자동차와 호텔에 적용하여 설명한 예이다.

[그림 6-2] 제품의 구성 요소의 예

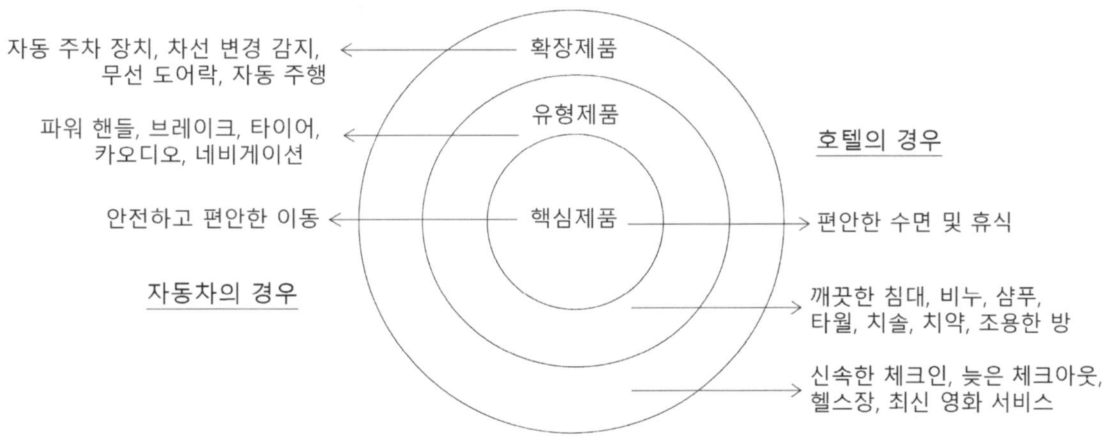

이러한 제품도 다양한 기준에 따라 나눌 수 있다. 우선 제품의 물리적 특성에 따라 분류할 수 있는데 이 경우는 유형제품과 무형제품으로 나눌 수 있다. **유형제품**(tangible

1) 필립 코틀러, 마케팅관리론(Marketing Management 11판), 도서출판 석정, 2004년, p.573. 필립 코틀러는 고객 가치 계층(customer value hierarchy) 관점에서 5가지 제품 차원을 설명함.

product)은 다시 내구재와 비내구재로 나누는데, **내구재**(durable goods)는 사용 기간이 긴 제품을 말하는 것으로 예로는 TV, 가구, 냉장고 등이 이에 해당한다. **비내구재**(nondurable goods)는 사용 기간이 짧은 제품을 일컫는데 음료수, 비누, 음식물 등이 해당한다. **무형제품**(intangible product)은 서비스를 말하며 **서비스**(service)란 사람, 설비, 시설 등이 제공하는 행위를 지칭하는 것이다. 특징으로는 무형적이고 표준화되어 있지 않으며 생산과 소비가 동시에 이루어지는 것으로 저장되지 못하고 즉시 소멸한다는 것이다. 소비자의 구매 목적에 따라 분류할 수 있다. 이 경우는 소비재와 산업재로 구분한다. **소비재**(consumer goods)란 최종 소비를 목적으로 구매하고 더 이상 가공하지 않고 사용하는 제품을 말한다. 이러한 소비재는 다시 편의품, 선매품, 전문품으로 나뉜다. **편의품**(convenience goods)은 구매 빈도가 높고 제품 비교나 구매 노력이 거의 없는 제품을 일컫는 것으로 예를 들어 치약, 비누 등이 해당한다. **선매품**(shopping goods)은 구매 빈도가 중간 정도로 가격, 스타일, 품질 등을 비교하고 구매하는 제품을 말한다. 대표적인 예로 가구, 의류 등이 있다. **전문품**(specialty goods)은 구매 빈도가 낮고 브랜드 충성도나 브랜드 선호도가 높은 제품을 말하는데 대표적인 예로 핸드백, 승용차 등이 있다. **산업재**(industrial goods)는 재생산 목적으로 구매하는 제품으로 소비재 매출에 따라 영향을 받는 파생적 수요의 성격을 가진 제품을 말한다. 이는 다시 생산재와 보조재로 나뉘는데 **생산재**(production goods)는 최종 생산물을 제조하기 위하여 사용되는 제품을 말하고 원재료, 부품 등이 해당한다. **보조재**(support goods)는 다른 제품이나 서비스를 생산하는데 지원하는 제품을 말하는 것으로 대표적인 예가 설비, 보조장비, 소모품, 유지 및 보수 등이다. 제품의 분류를 정리한 것이 [그림 6-3]이다.

[그림 6-3] 제품의 분류

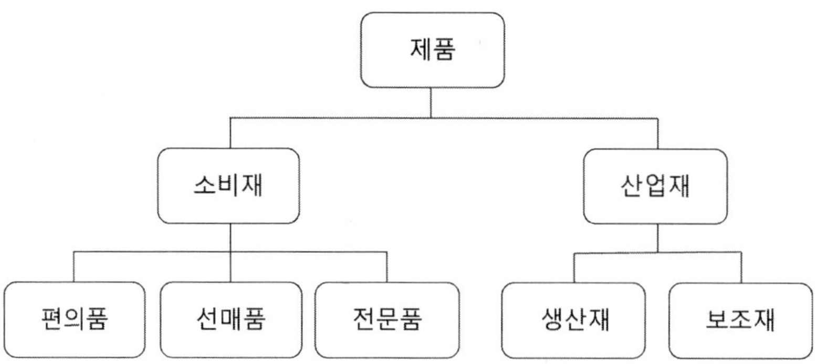

제 2 절 신제품의 개발

신제품(new product)이란 보통 새로 만들어진 제품을 의미하지만, 독창적 제품, 개량되거나 개선된 제품, 개발된 상표 등도 포함하는 개념이다. 신제품도 소비자나 기업의 관점에 따라 분류할 수 있는데 이를 정리하면 [그림 6-4]와 같다.

[그림 6-4] 신제품의 분류

		소비자에게 새로운 제품	
		예	아니오
기업에게 새로운 제품	예	혁신 제품	모방 신제품
	아니오	제품 확장	신제품 아님

혁신 제품(innovative product)이란 소비자 및 기업 모두에게 새 제품인 경우를 말하는데 대표적인 예가 애플(Apple)의 아이폰(스마트폰)으로 애플(Apple)은 세상에 없던 스마트폰이라는 제품을 최초로 만들었다. **모방 신제품**(new product duplication)은 이미 존재하여 소비자에게는 새로운 것이 아니지만 기업에게는 새로운 제품인 경우를 말하는 것으로, 대표적인 예가 코카콜라 생수 '다이아몬드'로 코카콜라는 다른 기업이 이미 생산하고 있던 생수를 자사 제품으로 새롭게 생산하였다. **제품 확장**(product extension)이란 기업에게는 이미 존재하는 아는 제품이지만 소비자에게는 알려져 있지 않은 제품인 경우이다. 이러한 제품 확장에는 제품 수정(product revision)이나 개선을 통한 제품 확장이 있는데, 예를 들어 우유의 경우 유기농 우유나 저지방 우유를 추가하는 형태이다. 또한 기존 제

품의 물리적 특성의 변화 없이 제품의 새로운 특징을 강조하는 **재포지셔닝**(repositioning)도 있는데 대표적인 예가 아모레퍼시픽의 샴푸 '려'를 들 수 있다. 아모레퍼시픽의 샴푸 '려'는 원래 탈모방지용 샴푸로 포지셔닝(positioning)을 하였으나 이후 인삼 샴푸, 한방 샴푸로 재포지셔닝(repositioning)을 하였다.

기업이 신제품을 개발하는 경우 정형화된 프로세스를 거치면서 신제품을 개발하는 것이 일반적인데 이를 정리한 것이 [그림 6-5]이다.

[그림 6-5] 신제품 개발 과정

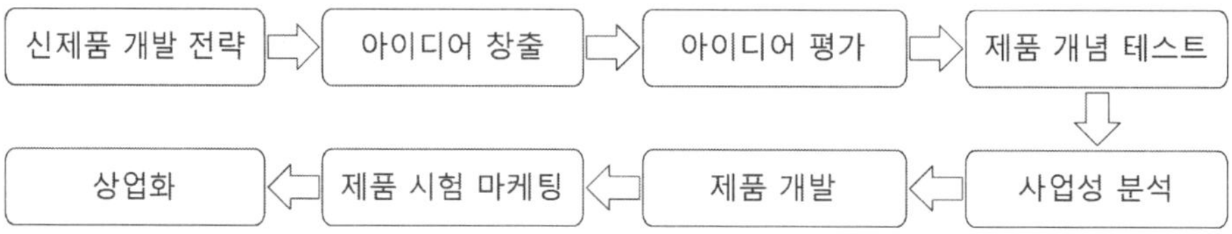

먼저 **신제품 개발 전략**이 필요하다. 이는 신제품에 대한 아이디어의 수집, 심사, 평가 등을 위한 지침을 명확히 제시하기 위함이다. 신제품 개발 전략을 수립할 때 다음 3가지의 질문을 하여야 한다. 즉 '신제품이 필요한가?', '신제품은 무엇이 다른가?', '소비자가 신제품에 그 가격을 기꺼이 지불할까?' 이다. 신제품 개발 전략이 정해지만 이에 근거하여 신제품 개발을 조직적이고 체계적으로 수행하기 위하여 **아이디어 창출**의 단계를 거친다. 아이디어의 원천에는 종업원, R&D 부서 구성원, 경영자, 고객, 유통업자, 공급업자, 전문 컨설턴트 등 다양한 원천이 있다. 가장 대표적인 아이디어 창출 방법으로는 **브레인스토밍**(brain storming)이 있는데, 이는 아이디어를 만들어 낼 때 다수가 모여 자유롭게 아이디어를 내놓는 회의 방식을 말한다. 브레인스토밍의 가장 이상적인 인원수는 6~10명으로 알려져 있다. 이렇게 나온 다수의 아이디어를 심사하고 선별하는 **아이디어 평가**의 단계가 있다. 다음으로 채택한 아이디어를 기반으로 **제품 개념 테스트**의 단계를 거치는데 이는 제품 개념이 적합한가를 표적 고객을 대상으로 시험해 보는 것이다. 특히 표적 고객을 대상으로 한 테스트를 **베타 테스트**(beta test)라고 한다. 참고로 내부 직원을 대상으로 한 테스트는 **알파 테스트**(alpha test)라고 한다. 제품 개념 테스트 후에는 제품의 사업성 분석이 필요하다. 사업성 분석을 위하여 신제품의 수요, 매출액, 수익성, 투자 비용 등을 고려하게 되는데 가장 많이 활용되는 방법으로는 투자수익률(ROI, return on investment) 방법이다. **투자수익률**(ROI, return on investment)은 말 그대로 투자액에 대한 수익의 비율을 지칭한다. 다음으로 **제품 개발** 단계로 신제품의 개념을 물리적 형태로 구체화하는 것을 말한다. 신제품의 개발이 끝나면 실제 시장 상황에서 잠재고객의 반응과 매출 가능성 등을 조사하게 되는데 이를 **제품 시험 마케팅**이라고 한다. 제품 시험 마케팅에는 표적시장과 유사한 시장을 선정하여 조사하는 표준시험 시장 마케팅, 유통과정의 몇 개의 유통업체를 대상으로 조사하는 통제시험 시장 마케팅, 모의 쇼핑환경을 만들어 놓고 조사는 모의시험 시장 마케팅 등이 있다. 최종적으로 신제품을 시장에 출시하게 되는데 이를 **상업화**라고 한다.

제 3 절 포장 및 표찰

포장(packaging)이란 제품을 보호하기 위해 제품의 용기, 포장지 등을 디자인하고 만드는 활동을 말한다. 포장은 몇 단계로 구분할 수 있다. 제1단계는 **일차 포장**(primary package)으로 제품을 직접 담는 용기에 넣는 과정을 말하고, 제2단계는 **이차 포장**(secondary package)이라고 하는데 사용 전에 폐기되는 포장을 말한다. 제3단계는 제품을 안전하게 저장하고 효율적으로 수송하는 **적송 포장**(shipping package)을 말한다. 이는 상자나 그 밖의 포장재를 사용해 제품을 보호하고 배송을 편리하게 하는 것을 말한다. 또한 제품 보호를 위하여 겉 포장과 제품 사이 공간에 채워 넣는 종이나 에어캡, 스티로폼 등의 포장재도 있는데 이를 **스타핑**(stuffing)이라고 한다. 20ml 스킨 로션을 예를 들어 설명하면 20ml의 스킨 로션을 담기 위하여 두꺼운 플라스틱 병을 사용하는 경우 이것이 일차 포장이다. 일차 포장 후 스킨로션이 든 플라스틱 병을 보호하기 위하여 종이 재질의 소형 박스에 스킨 로션 플라스틱 병을 넣는데 이것이 이차 포장이다. 이차 포장 후 소비자에게 스킨 로션을 배달하기 위하여 종이 널빤지나 비닐 봉투에 넣는데 이것이 적송 포장이다. [그림 6-6]은 포장의 단계를 정리한 것이다. 포장과 관련하여 과대 포장의 문제, 친환경 포장재의 사용 등이 최근 사회적 이슈화가 되고 있다. 하지만 문제는 이러한 포장의 3단계를 거치지 않고는 제품을 제대로 관리하고 보호하여 소비자에게 전달하기 어렵다는 것이다. 포장은 다양한 기능을 수행한다. 첫 번째 **제품 기능**으로 제품을 보호하고 저장하며 편리하게 사용하게 하는 기능이다. 두 번째 **커뮤니케이션 기능**으로 제품의 성분, 사용법, 특성 등의 정보를 전달하는 기능이다. 세 번째 **가격 기능**으로 가격을 표시하여 구매량을 조절하거나 대형 포장으로 대량의 제품을 한 번에 구매하도록 유도하거나 소형 포장으로 소량 제품을 자주 구매하도록 유도하거나 하는 기능이다. 이러한 포장에는 다양한 포장 정책이 있다. 첫 번째 **포장 변경**이다. 이는 디자인이나 이미지가 진부화하여 식상하게 된 경우, 소비자의 기호나 취향이 변화한 경우, 신기술 도입의 경우 등에 포장을 변경하는 것이다. 두 번째 **포장의 재사용**이다. 이는 제품을 소비한 후 포장재나 포장 용기를 재사용하기 위하여 디자인하는 것을 말한다. 앞서 언급한 과대 포장의 문제, 친환경 포장재의 사용 등이 사회적 이슈화됨에 따라 최근에는 자원 절약 및 환경 보호 차원에서 포장의 재사용(recycling)에 대한 관심이 고조되고 있다. 포장의 재사용의 대표적인 예가 2020년 도입된 쿠팡의 **프레시백**이다. 쿠팡은 신선식품 새벽 배송을 위한 재사용 적송 포장인 프레시백 사용으로 2021년 연간 1억개의 스티로폼 상자를 절약하는 효과를 거두었다. 세 번째 **복수 포장**으로 이는 한 개의 용기에 여러 제품을 포장하는 것을 말하는데 주로 선물 포장의 경우가 해당한다.

[그림 6-6] 포장의 단계

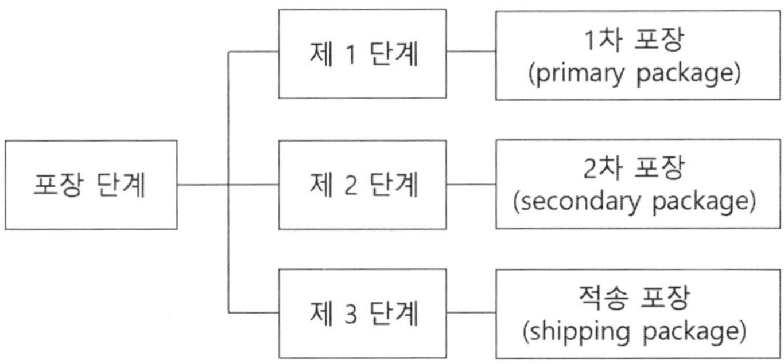

포장과 관련하여 **표찰**(labeling)도 있다. 표찰도 포장의 일부로서 제품에 대한 추가 정보를 제공한다. 표찰에는 단순히 상표만을 표현하는 **상표 표찰**, 단어, 문자, 숫자 등으로 제품의 품질이나 등급을 표시하는 **등급 표찰**, 제품의 용도, 구성, 보관, 성능 등을 표시하는 **설명 표찰** 등이 있다. 예를 들어 최근에 기능성 스포츠 웨어에 방수 및 발수 기능, UV 차단 기능 등 특수 기능을 표시하는 표찰을 부착하거나, 제품의 성분이나 재질을 표시하는 라이크라(lycra), 쿨 맥스(coolmax) 등과 같은 표찰을 부착하기도 한다. 이러한 표찰을 부착함으로써 제품에 대한 추가 정보를 제공하는 것에 더하여 제품의 고급스러운 이미지나 고기능성을 부각시키기도 한다.

제 4 절 신제품의 수용 및 확산

새로운 제품을 소비자가 인지하고 구매하여 사용하기까지는 여러 단계를 거치게 되는데 이를 신제품의 수용 과정이라고 하며 이 수용 과정을 정리한 것이 [그림 6-7]이다.

[그림 6-7] 신제품의 수용 과정

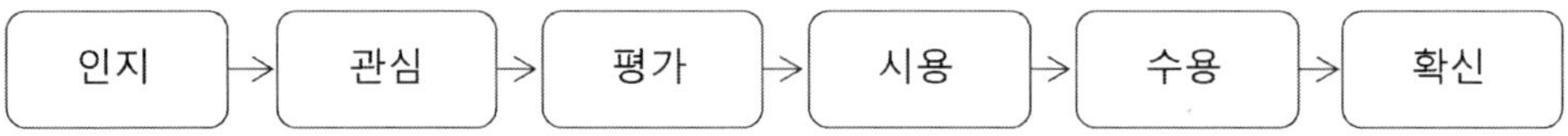

인지(awareness)란 신제품이 광고나 구전 등에 의하여 소비자에게 노출되는 것을 의미하는데 이 때 소비자는 신제품에 대한 정보 탐색에는 별로 관심이 없다. 하지만 반복되는 광고나 구전 등으로 노출된 신제품에 대하여 소비자가 **관심**(interest)을 가지게 되고 소비자가 신제품의 가치를 **평가**(evaluation)하여 사용 여부를 고려하게 된다. 신제품을 평가한 후 시연이나 샘플 등을 통하여 신제품을 실제로 경험해 보는 것이 **시용**(trial)이다. 신제품을 시용해 본 후 신제품의 사용 여부를 결정하게 되고 실제 구매가 일어나게 되는데 이 단계가 **수용**(adoption)이다. 수용한 이후 구전 효과 등으로 소비자가 수용한 제품에 대하여 호의적인 경험을 하게 되고 이런 경험을 바탕으로 충성 고객으로 전환되기도 하는데 이를 **확신**(conviction)이라고 한다.

신제품의 확산과 관련하여 많이 인용되는 것이 에버렛 로저스(Everett M. Rogers)가 1962년에 제시한 **혁신 확산 이론**(Innovation Diffusion Theory)이다. [그림 6-8]은 혁신확산 이론을 정리한 것이다. 이 이론은 개인이나 조직 차원에서 정보 기술의 수용 현상을 설명하는데 유용한 관점을 제공하고 있어 여전히 많은 연구의 준거 이론이 되고 있다.

[그림 6-8] 혁신 확산 이론

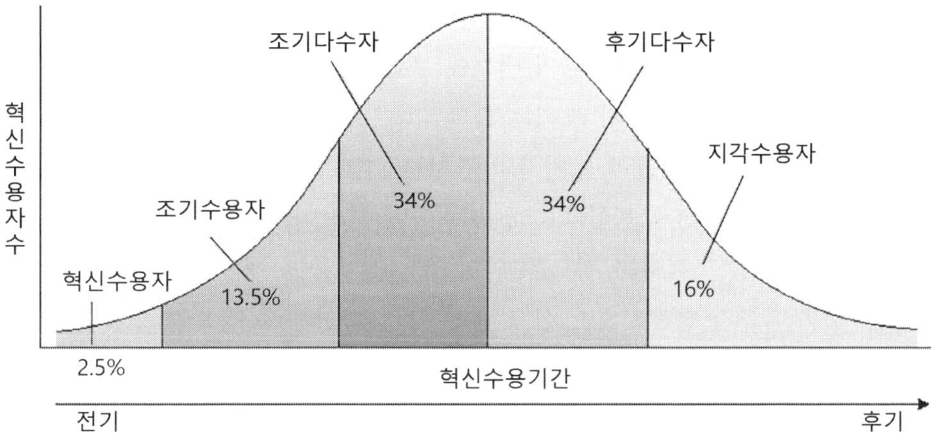

혁신 확산 이론은 혁신을 수용하는 시간의 흐름에 따른 혁신 성향을 기준으로 사회 구성원들을 범주화하여 5개 집단, 즉 혁신수용자(innovators), 조기수용자(early adopters), 조기다수자(early majority), 후기다수자(late majority), 지각수용자(laggards)로 구분하고 있다. **혁신수용자**(innovators)는 모험심이 강하고 혁신의 위험을 감수하여 누구보다 먼저 혁신을 받아들이는 집단으로 대략 전체의 2.5%를 차지한다. **조기수용자**(early adopters)는 의견 선도자라고도 하는데 새로운 아이디어를 선별적으로 조기에 수용하는 집단을 말한다. 전체의 13.5%를 차지하며 새로운 전자기기, 특히 스마트폰의 새로운 버전이 나오면 가장 먼저 구입하는 계층이 이에 해당한다. **조기다수자**(early majority)는 리더는 아니지만 신중하며 일반 소비자보다 앞서 혁신을 수용하는 집단으로 전체의 34% 정도를 차지한다. **후기다수자**(late majority)는 일반 소비자가 이에 해당하는데 제품 사용 후 혁신을 수용하며 전체의 34%를 차지한다. **지각수용자**(laggards)는 전통 지향적 성격으로 유행에 둔감하여 혁신을 마지막에 수용하는 집단으로 전체의 16%를 차지한다. 혁신을 받아들이는 정도, 즉 혁신 성향에 따라 혁신이 확산하지만 이와는 별개로 소비자가 신제품을 수용하는 데 영향을 미치는 요인은 다양하게 존재한다. 에버렛 로저스(Everett M. Rogers)는 혁신의 주요한 특징으로 상대적 이점(relative advantage), 적합성(compatibility), 복잡성 (complexity), 시행 가능성 (trialability), 관찰 가능성(observability) 등 5가지 요인을 제시하였다. 첫 번째 **상대적 이점**(relative advantage)이란 혁신(혁신적인 제품이나 서비스)이 이전의 것(이전의 제품이나 서비스)보다 낫다고 인식하는 정도를 의미한다. 상대적 이점이 있는 혁신은 소비자에게 경제적 이득이나 사회적 명성을 가져다주기도 하며, 기존 제품이나 서비스와 비교하여 신제품의 경제적 이득이나 사회적 명성이 클수록 혁신의 수용 속도는 빨라진다. 두 번째 **적합성**(compatibility)이란 혁신이 기존의 가치, 과거의 경험, 소비자의 필요에 부합한다고 생각하는 정도를 의미한다. 혁신의 적합성이 높을수록 소비자가 느끼는 불확실성은 줄어들고 개인의 상황에는 더 잘 부합한다고 할 수 있으며 신제품이 소비자의 가치관, 경험, 기호 등과 일치하는 경우 그 수용 속도는 빨라진다. 세 번째 **복잡성**(complexity)이란 혁신이 상대적으로 이해하기 어렵거나 사용하기 어렵다고 느껴지는 정도를 의미한다. 신제품에 대해 이해가 쉽거나 사용이 편리하다면 수용 속도가 빨라지지만 신제품이 복잡하다면 수용 속도가 느려진다. 예를 들어 복잡한 PC나 프린터 사용 설명서를 생각하면 이해가 쉽다. 네 번째 **시행 가능성**(trialability)이란 소비자가 혁신을 제한적으로 시험할 수 있는 정도를 의미한다. 시험해 볼 수 있는 혁신은 그렇지 못한 혁신보다 소비자가 더 빨리 채택할 가능성이 크다. 다시 말해서 샘플이나 시연 등으로 소비자가 신제품에 대한 시용 가능성이 클수록 신제품의 수용 속도가 빨라진다는 것이다. 다섯 번째 **관찰 가능성**(observability)이란 혁신을 채택한 결과가 혁신을 채택하지 않은 사람들에게 보여지는 정도를 의미한다. 즉 신제품을 사용한 결과를 다른 소비자가 쉽게 관찰할 수 있고 이해할 수 있다면 신제품 수용 속도가 빨라진다. [그림 6-9]는 혁신의 주요 특징을 정리한 것이다.

[그림 6-9] 혁신의 주요 특징

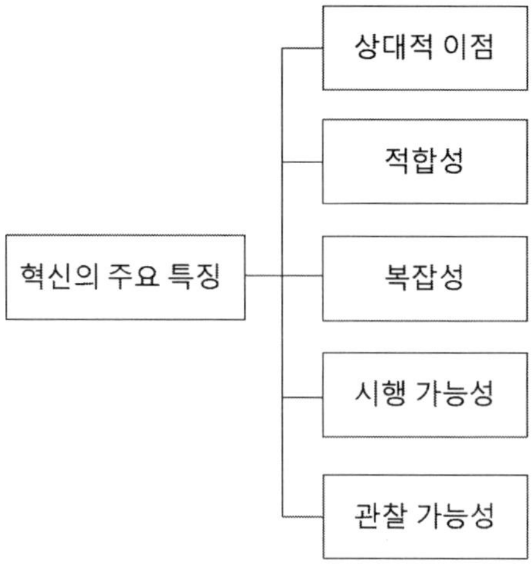

제 5 절 제품수명주기

제품도 일반 생명체와 비슷하게 일정한 수명이 있어 도입기에서 시작하여 성장기, 성숙기를 거쳐 쇠퇴기에 이르게 되며 이러한 수명은 새로운 제품이 등장할 때마다 반복적인 형태로 나타난다. 제품의 수명, 즉 하나의 제품이 시장에 도입되어 폐기되기까지의 과정을 설명하는 이론이 제품수명주기(product life cycle)이다. **제품수명주기**(product life cycle)는 **마케팅 근시안**(marketing myopia)으로 유명한 하버드 대학의 **시어도어 레빗**(Theodore Levitt) 교수가 발전시킨 이론으로 제품은 대체로 도입기, 성장기, 성숙기, 쇠퇴기의 4단계 과정을 거치게 된다는 것이다. [그림 6-10]은 일반적인 제품의 제품수명주기와 제품수명주기에 따른 매출액 및 이익의 변화를 그림으로 정리한 것이다. **도입기**(introduction)는 제품을 출시하는 단계로 소비자가 신제품을 구매 가능한 시기이며 보통의 경우 매출액이 적고 이익을 내지 못하며 경쟁자도 소수인 단계이다. **성장기**(growth)는 신제품에 대하여 소비자의 만족도가 높아져 매출액이 늘고 이익도 급증하는 시기로 경쟁자도 증가하게 된다. **성숙기**(maturity)는 대부분의 잠재적 소비자가 제품을 구매하여 매출액이 극대화되고 이익도 늘어나는 시기이다. 하지만 이 시기는 매출액과 이익이 정점을 찍는 단계로 성장이 둔화하거나 정체되는 시기이기도 하며 경쟁자가 일부 감소하기도 한다. **쇠퇴기**(decline)는 판매량이 급속히 감소하는 단계로 매출액 및 이익이 감소하고 경쟁자도 감소하는 단계이다.

[그림 6-10] 제품수명주기에 따른 매출액 및 이익의 변화

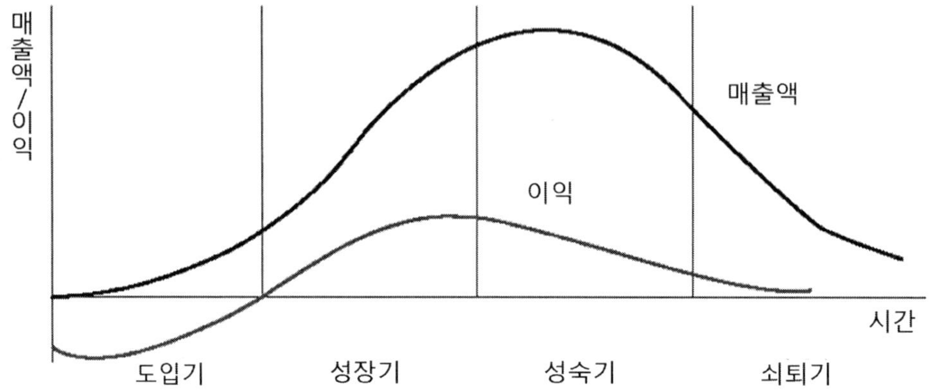

일반적인 제품수명주기는 [그림 6-10]과 같지만 제품에 따라 그 형태가 다양하게 나타난다. [그림 6-11]은 제품 유형별 제품수명주기를 간략하게 표시한 것이다. 유행제품은 앞에서 설명한 일반적인 제품수명주기의 형태를 보인다. 일시적 유행제품은 어느 시기에 급속하게 매출이 증가하였다가 급속하게 감소하는 형태를 보인다. 순환적 제품은 제품수명주기 내내 매출이 증가했다가 소폭 감소하고 다시 증가하는 형태를 보인다. 스타일 제품의 경우는 유행에 따라 매출이 영향을 받는 형태로 특정 시기에 매출이 증가했다가 감소하지만 다시 특정 시기에 매출이 증가하는 형태를 보인다. 장수 제품은 꾸준히 매출이 증가하는 형태를 보이며, 연속 성장 제품은 시간의 경과에 따라 매출에 큰 부침이 없이 안정적으로 매출이 증가하는 형태를 보인다.

[그림 6-11] 제품 유형별 제품수명주기

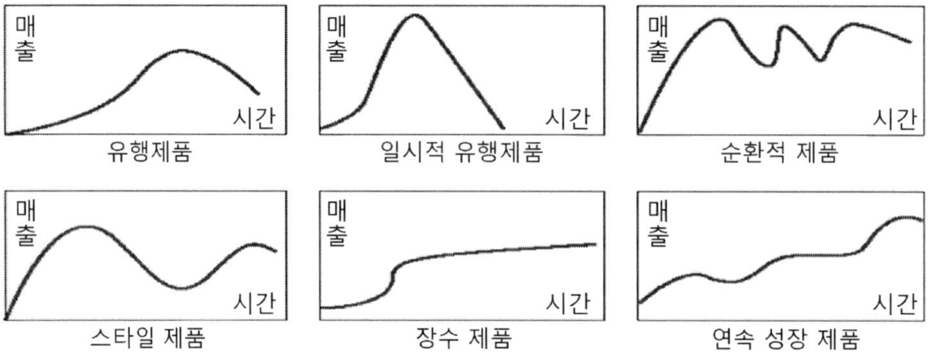

이러한 제품수명주기는 단순히 제품의 수명을 설명하고 장래성을 예측하는 이론에 그치지 않고 제품수명주기의 단계별로 효과적인 마케팅 전략이나 마케팅 믹스를 수립할 수 있는 유용한 지침을 제공하기도 한다. 제품수명주기의 단계별 특징과 마케팅 목표 및 전략을 정리한 것이 [표 6-1]이다.

[표 6-1] 제품수명주기의 단계별 특징과 마케팅 목표 및 전략1)

구분	도입기	성장기	성숙기	쇠퇴기
단계별 특징	낮은 매출액 적자 소수의 경쟁자	급속한 매출액 증가 이익 급증 경쟁자 증가	매출액 극대 이익 정점 경쟁자 일부 감소	매출액 감소 이익 감소 경쟁자 감소
마케팅 목표	제품 인지 시용 창출	시장점유율 극대화	시장점유율 방어 이익 극대화	비용 절감 제품 철수
마케팅 전략	제품 인지도 향상, 시용 유도를 위해 판매 촉진 확대	집중적 유통, 대량 소비자 대상 판매 촉진	광범위한 유통, 브랜드 차별화를 위한 판매 촉진	선택적 유통, 단계적 철수

1) Philip Kotler, Marketing Management, Prentice-Hall, Inc., 2001, p.172. 필립 코틀러는 Summary of Product Life Cycle Characteristics, Objectives, and Strategies를 도표로 정리하였는데 이를 인용하여 재정리함.

제 6 절 제품믹스 및 제품계열

제품믹스(product mix)란 소비자의 욕구 또는 경쟁자의 활동 등 마케팅 환경 요인의 변화에 대응하기 위하여 기업이 시장에 제공하는 모든 제품 및 품목 일체를 의미한다. 이는 제품계열(product line)과 제품품목(product item)의 집합을 말하는 것으로 **제품구색**(product assortment)이라고도 한다. **제품계열**(product line)은 기능, 고객, 유통경로, 가격 범위 등이 유사한 제품품목의 집단, 예를 들어 TV 계열, 세탁기 계열을 의미하며, **제품품목**(product item)은 규격, 가격, 외양 및 기타 속성이 다른 하나의 제품 단위로 제품계열 내의 단위를 말한다. 이러한 제품믹스의 구조는 넓이(width), 길이(length), 깊이(depth)로 표현할 수 있다. **제품믹스 넓이**(width)란 제품계열의 수를 말하며, **제품믹스 길이**(length)는 각 제품계열의 구성 제품의 수를 의미하고, **제품믹스 깊이**(depth)는 특정 제품계열 내의 각 제품이 제공하는 품목의 수를 말한다. [그림 6-12]는 스포츠용품업체의 제품믹스의 넓이, 길이 및 깊이를 예를 들어 정리한 것이다.

기업은 효율적인 마케팅을 위하여 기업의 실정에 맞는 최적화된 제품믹스를 유지하고 관리한다. **최적의 제품믹스**(optimal product mix)란 제품의 추가, 수정, 폐기 등을 통하여 마케팅 목표를 가장 효율적으로 달성하는 상태를 의미하는 것으로, 이를 정적인 최적화(static product mix optimization)와 동적인 최적화(dynamic product mix optimization)로 구분할 수 있다. **정적인 최적화**(static product mix optimization)란 가능한 여러 가지 품목들 가운데 일정한 제약조건 아래에서 매출액의 성장성, 매출액의 안정성, 제품의 수익성 등을 최선으로 하는 몇 개 품목을 선정하는 문제를 의미한다. **동적인 최적화**(dynamic product mix optimization)란 시간의 경과에도 불구하고 최적의 제품믹스 상태를 유지할 수 있도록 현재의 제품믹스에 대해 새로운 품목을 추가하거나 기존 품목을 수정하거나

[그림 6-12] 스포츠용품업체의 제품믹스의 넓이, 길이 및 깊이의 예

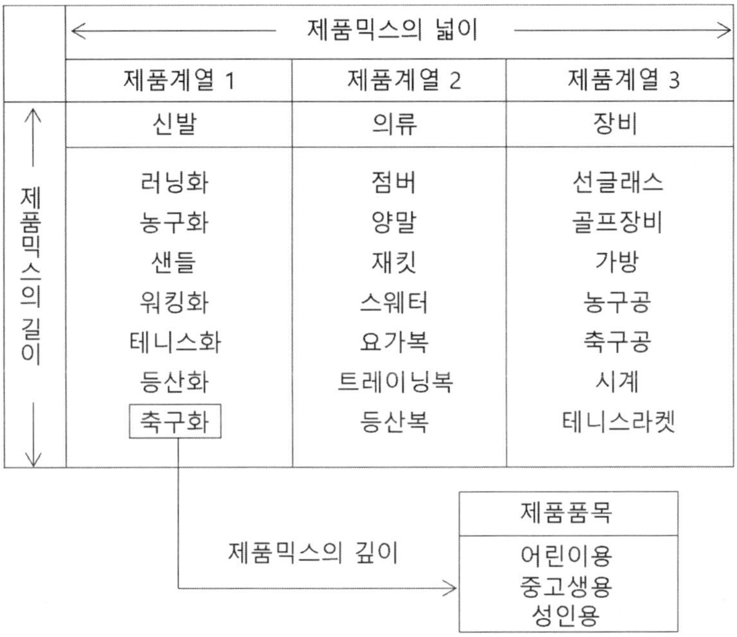

폐기하는 것을 의미한다. 결론적으로 최적의 제품믹스란 제품계열 내의 제품 품목 수를 적정하게 결정하는 것이라 할 수 있으며, 제품의 수익성, 시장점유율, 매출 증대 가능성 등 다양한 요인들을 고려하여 결정하여야 한다. 대표적인 제품믹스 관리의 예로 애플(Apple)과 삼성전자의 휴대폰 사업부문의 제품믹스 비교이다. 애플(Apple)의 경우 스마트폰에 집중하여 중저가 아이폰 SE를 출시하기도 하였으나 아이폰 단일 품목으로 새로운 버전을 출시하는 형태로 제품믹스를 아주 간결하게 관리한다. 반면에 삼성전자는 스마트폰의 경우 갤럭시S, 갤럭시A, 갤럭시E, 갤럭시F, 갤럭시J, 갤럭시M, 갤럭시Z, 갤럭시 퀀텀 등 갤럭시 시리즈가 많을 뿐아니라, 폴더형 휴대폰도 생산하는 등 품목이 너무 많아 한때 휴대폰 종류가 120여개에 이른 적이 있다. 삼성전자의 휴대폰 사업부문의 제품믹스 관리가 어려웠을 것임을 짐작할 수 있고, 이는 애플(Apple)과의 스마트폰 사업 경쟁에서 열세를 보이는 하나의 요인으로 작용할 수도 있다.

앞서 제품믹스 관리를 설명하였는데 그 연장선상에서 제품계열 관리도 필요하다. 제품계열(product line) 관리에는 길이 확장 전략과 넓이 확장 전략이 있다. **제품계열의 길이 확장 전략**은 가격, 품질, 크기 등에 따라 현재 제공하는 제품계열에 다른 제품 품목을 추가하는 것을 의미한다. 제품계열의 길이 확장 전략에는 하향 확장과 상향 확장이 있다. **하향 확장**(downward stretching)이란 기존 제품보다 가격 및 품질이 낮은 제품 품목을 추가하는 것을 말한다. 보통의 경우 고가 고품질시장을 지향하던 기업이 중저가 시장에 진출하는 형태로 나타나는데, BMW의 미니 쿠퍼 시리즈 출시가 대표적인 예이다. **상향 확장**(upward stretching)은 하향 확장의 반대로 기존 제품보다 가격 및 품질이 좋은 제품 품목을 추가하는 것이다. 중저가 시장 지향의 기업이 고급 브랜드 시장에 진출하는 형태로 나타나는데, 현대자동차의 기존 소나타 및 그랜저에 더한 제네시스 시리즈 출시가 대표적인 예이다. **양면 확장**(two way stretching)은 하향 확장과 상향 확장을 동시에 추구하는 형태로, GAP의 경우 청소년 계층을 타켓으로 한 Old Navy로 하향 확장을, 고소득 계층을 타켓으로 한 Banana Republic으로 상향 확장을 추구한 것이 대표적인 예이다. [그림 6-13]은 제품계열의 길이 확장 전략을 정리한 것이다. **제품계열의 넓이 확장 전략**은 제품계열의 수를 확대할 것인지, 축소할 것인지, 아니면 분할 및 통합할 것인지, 개선할 것인지를 결정하는 것을 의미한다. **제품계열 확대**는 매출액, 시장점유율, 수익률 등을 고려하여 새로운 제품계열을 추가하는 것을 일컬으며, **제품계열 축소**는 수익성이 낮거나 성장 가능성이 없는 제품계열을 제거하는 것을 말한다. **제품계열의 분할 및 통합**은 특정 제품계열이 너무 많거나 적어져 효율적인 관리가 어려운 경우 기존 제품계열을 나누거나 합치거나 하는 재편 형태를 말하며, **기존 제품 개선**은 신제품을 개발하는 것보다 기존 제품의 포장이나 디자인 등을 변경함으로써 새로운 제품의 포지셔닝을 확보하는 것을 의미한다.

[그림 6-13] 제품계열의 길이 확장 전략

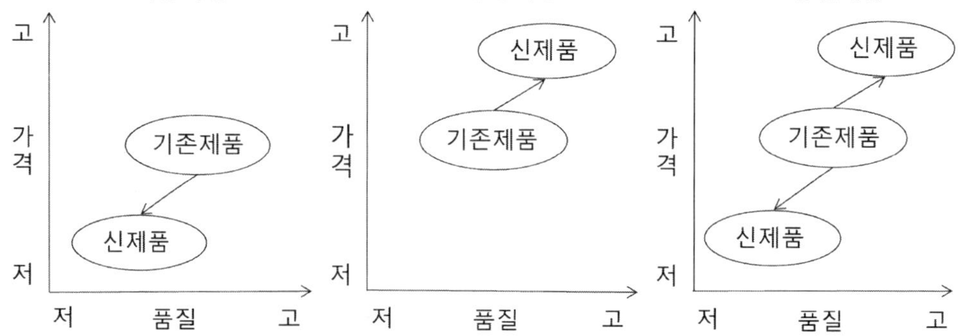

제 7 장

가격 관리

제 1 절 가격의 이해

가격(price)이란 제품 또는 서비스를 소유 또는 사용하기 위하여 소비자가 지불하는 모든 가치의 합을 말한다. 가격은 경제학 관점에서는 독점, 과점, 완전경쟁 등과 같은 시장구조에 의해 결정되고 제품이나 서비스의 실제 가치를 반영하고 있다고 가정한다. 마케팅 관점에서는 시장구조 이외에도 시장의 세분화 정도, 제품 포지셔닝, 마케팅 믹스 등 다양한 요인에 의해 영향을 받으며, 특히 제품 가치가 가격만이 아닌 마케팅 믹스에 의해서도 영향을 받는다고 가정하고 있다. 가격은 가격을 결정하는 주체에 따라 분류할 수 있다. 먼저 **판매자 가격**(seller's price)은 판매자가 가격을 결정하고 구매자는 그 가격에 제품을 구매할지 말지 여부만을 결정한다는 것이다. 일반적 경우의 가격을 의미하며 이에는 다시 출고가격과 소매가격이 있다. **출고가격**은 제조업자가 도소매업자에게 판매하는 가격을 말하며, **소매가격**은 최종 구매자가 제품을 사는 가격을 말한다. 판매자 가격의 반대인 **구매자 가격**(buyer's price)은 구매자가 가격을 결정하는 것을 말한다. 판매자는 그 가격에 제품을 공급할지 말지 여부만을 결정하는 것이다. 앞서 설명한 바와 같이 판매자 가격이 일반적이지만 구매자의 파워가 강한 경우, 예를 들어 애플(Apple)이 반도체를 대량으로 구매하는 경우 이 가격이 적용되기도 한다. 애플(Apple)의 경우 반도체 구매 단위가 수억 달러 단위이므로 경우에 따라서 구매자인 애플(Apple)이 제시한 가격에 반도체를 공급하는 경우가 있다. 가격 결정과 관련된 개념으로 **수요의 법칙**(law of demand)이 있다. 이는 경제학에서 다루는 분야인데 가격이 상승하면 수요량이 감소하고 반대로 가격이 하락하면 수요량이 증가한다는 것으로, 가격과 수요량의 역학 관계를 표현한 것이다. 이러한 수요의 법칙에 따라 판매가 부진한 경우 가격을 내려서 판매(수요)를 증가시키고자 하는 마케팅 활동이 이루어지는 것이다. [그림 7-1]은 수요의 법칙을 정리한 것이다.

[그림 7-1] 수요의 법칙

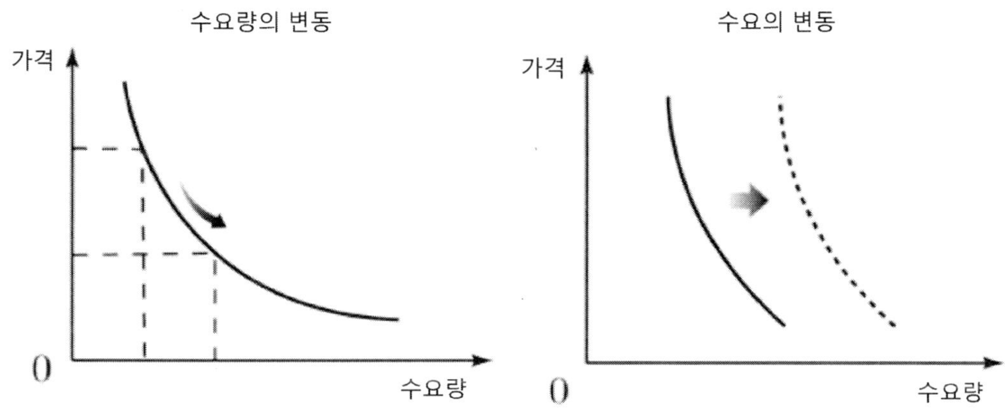

[그림 7-1]에서 **수요량의 변동**은 앞에서 설명한 수요의 법칙, 즉 가격이 상승하면 수요량이 감소하고 반대로 가격이 하락하면 수요량이 증가한다는 것이다. 이는 가격이 변동하면 수요량이 변동한다는 의미로 수요 곡선상의 점의 이동이 일어난다. **수요의 변동**은 가격이 일정하더라도 소비자의 소득 수준이나 기호가 변하는 경우, 대체할 수 있는 재화나 보완 관계에 있는 재화의 가격이 변하는 경우 수요량이 변할 수 있다. 이는 수요 곡선 자체가 이동하는 형태가 된다. 예를 들면 자동차 가격이 일정 수준을 유지하는데 소비자의 소득 증가로 자동차 구매량이 증가하는 경우이다. 수요의 법칙과 반대되는 개념이 **기펜의 역설**(Giffen's paradox)이다. 이는 가격이 하락하였는데도 오히려 수요가 감소하는 현상을 말하는 것으로, 이러한 재화를 **열등재**(inferior goods) 또는 **기펜재**(Giffen goods)라 한다. 이러한 현상이 나타나는 이유는 가격이 하락함으로써 실질적으로 소득이 늘어나고 늘어난 소득으로 더 나은 재화, 즉 **우등재**(superior goods)를 구입하기 때문이다. 대표적인 예가 19세기 아일랜드의 감자 사례이다. 당시 아일랜드는 감자가 주식이었으나 소득 증가로 감자 대신 빵을 선호하게 되고 감자의 수요는 감소하였고 이에 감자의 가격은 더 하락하였다.

수요의 가격 탄력성(price elasticity of demand)이란 개념도 있는데, 이는 가격 변화에 따라 수요량이 얼마나 변화하는가를 나타내는 것이다. 수요의 가격 탄력성이 클수록 가격 변화에 따라 수요가 민감하게 움직인다는 것이다. 첫째 **완전탄력적**이라는 것은 가격이 변하지 않아도 수요가 무한대로 증가하거나 감소하는 것이다. 이론적으로만 존재하는 상황이라 할 수 있다. 둘째 **탄력적**이라는 것은 가격 변화율에 비해 수요량 변화율이 크다는 것이다. 즉 가격이 조금만 변하여도 수요가 많이 변한다는 것이다. 마케팅 활동에서 가격을 내려 수요(판매)를 증가시킨다는 것은 이러한 수요의 탄력적 성격을 활용한 예이다. 셋째 **단위탄력적**이라는 것은 가격 변화율과 수요량 변화율이 같다는 것으로 가격이 변한 만큼만 수요가 변한다는 것이다. 넷째 **비탄력적**이라는 것은 가격 변화율이 수요량 변화율보다 크다는 것으로 가격이 많이 변하여도 수요는 크게 바뀌지 않는다는 것이다. 대표적인 예로 쌀, 밀가루, 비누 등 생필품이 이에 해당하는데 이러한 제품들은 가격이 많이 변하여도 없어서는 생활하기 어려운 제품들이다. 다섯째 **완전비탄력적**이라는 것은 가격이 아무리 많이 변하여도 수요는 변하지 않고 그대로 유지된다는 것이다. 이 역시 현실에서는 존재하기 어려운 상황이다. [그림 7-2]는 수요의 가격탄력성을 정리한 것이다. 수요의 가격탄력성은 대부분 1.3~3이고, 중간값은 2이다. 하지만 특별가 판매 시 그 수치는 훨씬 더 커지는 경향이 있다.

[그림 7-2] 수요의 가격탄력성

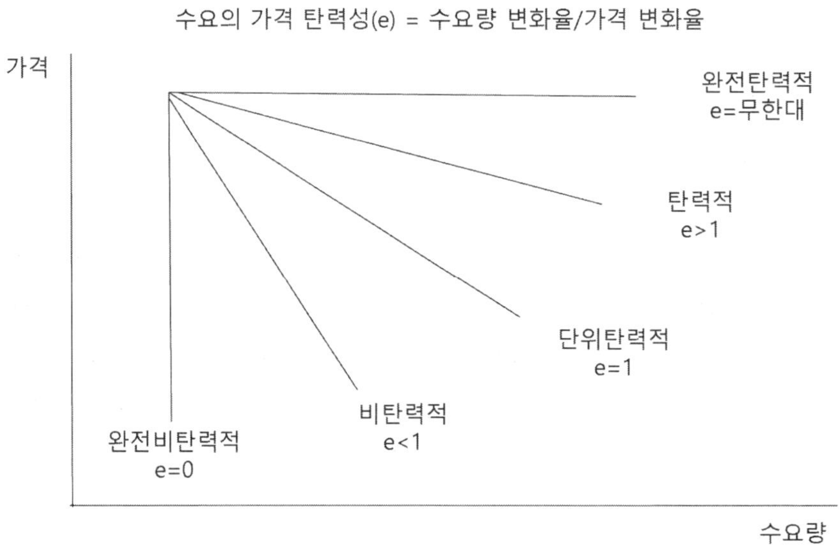

가격을 수식으로 표현할 수 있는데 가격은 기업의 이익을 결정하는 요소라는 전제를 바탕으로 이익을 가격, 판매량 및 비용의 함수로 표시한 것이다. 즉 **총이익 = 총수익 - 총비용 = (가격 × 판매량) - 총비용**으로 표현하는 것이다.

앞서 설명한 수요의 법칙의 예외도 많이 있다. 이는 주로 소비자의 심리적 요인에 기인한 것으로 첫째 **편승 효과**가 있다. 이는 **밴드웨건 효과**(bandwagon effect)라고도 하는데 주변 사람들이 특정 제품을 구매하는 경우 그 제품을 따라 구매하는 것을 말한다. 흔히 볼 수 있는 현상으로 대표적인 예가 고교생들의 평창 올림픽 겨울 패딩 집단 구매 사례로 평창 올림픽 당시 고교생들 사이에서 겨울 패딩 사기 붐이 있었다. 둘째 **스납 효과**(snob effect)가 있는데 이를 **속물 효과**라고도 한다. 특정 제품의 소비가 증가하는 경우 반대로 그 제품의 수요가 감소하는 현상이다. 이는 소비자의 희소성 또는 차별화 추구로 소비가 증가한 특정 제품이 아닌 다른 제품을 구매하는 것을 말한다. 스납 효과를 이용하여 일반 소비자와 차별을 원하는 특정 소비자를 위한 제품으로 대표적인 예가 아메리칸 익스프레스(American Express) 카드의 **센튜리온**(Centurion) **카드**이다. 이 카드는 일명 **블랙 카드**라고도 불리는데 보유 중인 현금자산이 200억원 이상이어야 발급이 가능하며 보유자에게는 자본주의 사회에서 고급 서비스로 통하는 다양한 분야에 대한 큰 혜택이 주어진다. 셋째 **베블런 효과**(Veblen effect)도 있다. 이는 **과시 효과**라고도 하는데 가격이 상승하는 경우 오히려 수요가 증가하는 현상을 말한다. **소스타인 베블런**(Thorstein Veblen)이 본인의 저서, <유한계급론(The Theory of the Leisure Class)>에서 비쌀수록 판매가 증가하는 현상을 **과시적 소비**(conspicuous consumption)라고 명명한 데서 비롯하였다. <히든 챔피언>의 저자인 헤르만 지몬은 이를 **가격의 품격 효과**(prestige effect)라고 설명한다[1]. 베블런 효과는 소비자의 과시적 욕구가 나타난 것으로, 대표적인 예로 최근 모 명품 브랜드 핸드백의 가격을 인상하였는데 오히려 구매자들이 새벽부터 핸드백을 구매하고자 백화점 앞에서 장사진을 친 사례가 있다. 넷째 **전시 효과**(demonstration effect)로 **시위 효과**라고도 한다. 이는 개인의 소비가 자신의 소득 수준에 따르지 아니하고 사회의 소비 수준의 영향을 받아 타인의 소비 행동을 모방하려는 성향을 말하는 것이다. 대표적인 예로 저소득국가의 소비자들이 선진국의 소비 행태를 모방하는 것, 본인의 소득 수준과 무관하게 무리한 대출로 아파트를 구입하는 것 등이 있다. 다만 이는 앞서 설명한 편승 효과와 구별되는데 편승 효과는 일종의 유행의 성격이 강하지만 전시 효과는 사회적 소비 수준과 연관성이 있다. 마지막으로 **톱니 효과**(ratchet effect)가 있는데 이는 **소비의 관성화**라고도 한다. 즉 소비를 늘리기는 쉬워도 줄이기는 어려운 것을 말한다. 100만원을

---

1) 헤르만 지몬, 프라이싱, ㈜쌤앤파커스, 2017년, p.74. 헤르만 지몬은 프리미엄 상품이나 사치재의 경우 이러한 품격 효과가 존재하는지 살펴보아야 한다고 주장함.

소비하던 사람이 어느 날 갑자기 20만원만 소비하여야 하는 상황을 가정하면 쉽게 이해할 수 있을 것이다.

가격은 다양한 대상에 대하여 영향을 미칠 수 있지만 크게는 경제, 기업, 소비자에게 영향을 미치는 요인이라고 할 수 있다. 또한 가격은 매우 중요한 마케팅 믹스의 요소 중 하나라고 할 수 있다. 첫째 가격이 경제에 영향을 미치는 영향으로, 가격은 노동, 토지, 자본 등 생산 요소의 분배에 영향을 미치기 때문에 경제 시스템을 규제하는 역할을 한다. 예를 들어 임금(노동의 가격)이 상승하면 노동시장이 활성화되고, 이자(빌린 돈에 대한 가격)가 높아지면 자본시장이 활성화된다. 둘째 가격이 소비자에 미치는 영향으로, 가격은 소비자의 품질에 대한 평가 기준, 제품에 대한 가격 이미지 형성 등에 영향을 준다. 대표적인 예로 소비자가 특정 제품에 대한 정보가 부족할 경우 그 제품의 품질을 결정하는 것은 가격이다. 즉 비싼 가격이 곧 높은 품질이라는 인식을 하게 되는데 이를 **가격-품질 연상**(price-quality association)이라고 한다. 셋째 가격이 기업에 미치는 영향으로, 가격은 기업의 제품, 유통, 촉진과 같은 다른 마케팅 믹스 요소와 달리, 변경이 용이하고 기업 이익에 직접적인 영향을 미친다.

제 2 절 가격 결정

가격은 일반적으로 몇 개의 단계를 거쳐서 결정된다. 가격 결정 과정을 도표로 정리한 것이 [그림 7-3]이다.

[그림 7-3] 가격 결정 과정

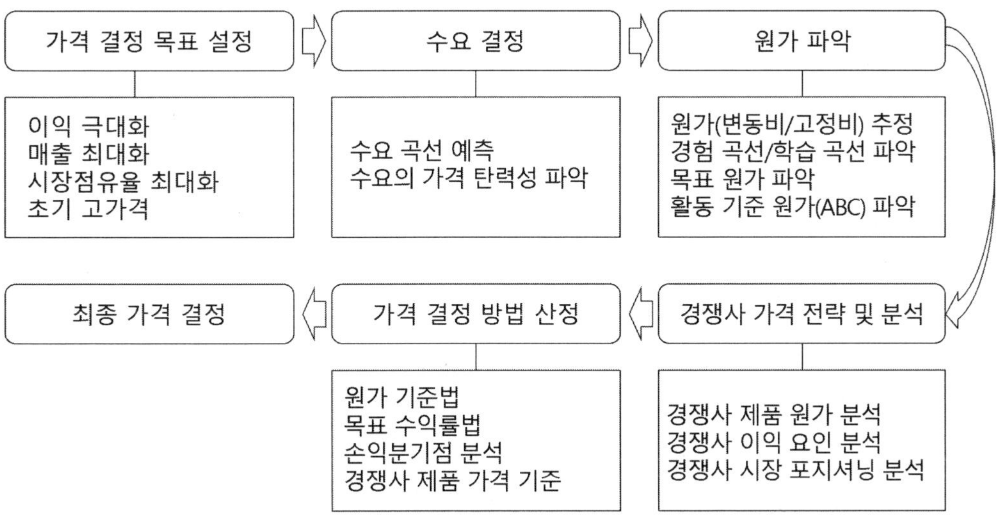

첫째 가격 결정 목표 설정 단계이다. 이는 가격 결정의 목표를 기업의 이익을 극대화로 할 것인지, 매출을 최대화할 것인지, 시장점유율을 최대화로 할 것인지, 초기 고가격 정책을 채택할 것인지 등을 결정하는 것이다. 둘째 수요 결정 단계이다. 이는 앞서 설명한 수요 곡선을 예측하거나 수요의 가격 탄력성을 파악하는 등의 활동을 하는 단계이다. 셋째 원가 파악 단계에서는 제품의 원가 유형인 변동비와 고정비를 추정하는 것으로, **변동비**(variable cost)는 생산량이 늘어나면 증가하는 비용으로 재료비, 부품비, 판매 수수료 등이 해당하고, **고정비**(fixed cost)는 생산량과 관계없이 일정하게 지출되는 비용으로 임금, 월세, 이자 등이 해당한다. 이 단계에서는 생산량이 증가함에 따라 제품당 평균 비용이 감소한다는 **경험 곡선**(experience curve) 또는 **학습 곡선**(learning curve)을 파악해 보거나, 목표 원가(target costing) 또는 활동 기준 원가(ABC, activity based costing)를 파악하는 활동 등도 하는 단계이다. **목표 원가**(target costing)는 제품이 이익을 낼 수 있도록 제품의 원가를 미리 정하고 이에 맞추어 생산 단계에서 발생하는 모든 원가를 관리하는 것을 말한다. **활동 기준 원가**(ABC, activity based costing)는 생산에 필요한 여러 활동(activity)에 따라 원가를 배분하여 각 제품별 활동량에 따라 원가를 산정하는 방식이다. 넷째 경쟁사 가격 및 전략 분석 단계에서는 경쟁사의 제품 원가, 이익 요인, 시장 포지셔닝 등을 분석하는 단계이다. 다섯째 가격 결정 방법 산정 단계인데, 가격 결정 방법에는 원가 기준법, 목표 수익률법, 손익분기점 분석, 경쟁사 제품 가격 기준 등이 있으며 이에 대해서는 다음에 설명하는 가격 결정 방법에서 설명하겠다. 이러한 각 단계를 거친 후 마지막 단계가 최종 가격 결정이다.

가격 결정 목표 및 방법을 알아보기 전에 먼저 가격 결정 시 고려하여야 하는 요인을 살펴보도록 하겠다. 가격 결정 시 고려 요인으로 소비자 요인, 기업 요인, 경쟁사 요인, 유통경로 요인, 정부 및 법적 요인 등이 있다. [그림 7-4]는 가격 결정의 고려 요인을 정리한 것이다.

[그림 7-4] 가격 결정의 고려 요인

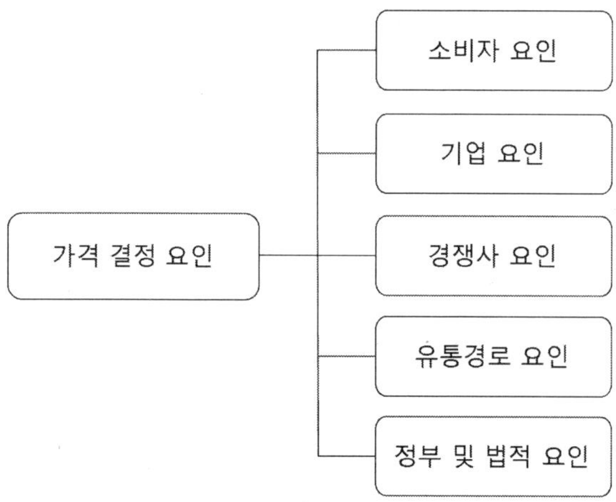

첫째 **소비자 요인**으로, 가격은 소비자가 지불하고자 하는 가격 범위 내에서 결정되는 것이며 이는 가격의 상한선이 되므로 가격 변화에 따른 소비자의 수요 변화를 잘 분석하고 파악하여야 한다. 앞에서 설명한 수요의 법칙, 즉 수요량의 변동, 수요의 변동 등을 고려하여야 한다. 둘째 **기업 요인**은, 가격 결정 시 마케팅 목표, 마케팅 믹스, 제품 원가 등을 고려하여야 한다는 것이다. 마케팅 목표는 기업의 생존, 이익 극대화, 시장점유율 극대화 등 다양하며 마케팅 목표에 맞는 가격을 결정하여야 하는데, 특히 제품의 원가는 가격 결정의 최저 하한선(가격의 하한선)이므로 가장 중요한 고려 요인이 된다. 셋째 **경쟁사 요인**으로, 소비자는 경쟁사 제품의 가격과 비교한 후 구매하므로 경쟁사 제품의 원가, 가격 등 가격 정보를 파악하는 것이 필요하다. 넷째 **유통경로 요인**으로, 유통업자는 자신의 제품 마진을 유지하면서 공급 제품의 가격 인하를 요구하는 경우가 일반적이므로 가격 결정 시 유통업자와의 관계를 고려하는 것이 필요하다. 마지막으로 **정부 및 법적 요인**으로, 정부는 법령을 근거로 경제 상황, 물가 안정 등의 이유로 가격을 규제하고자 한다. 예를 들어 생필품에 주류세, 유류세, 특별소비세 등 세금 부과를 통해 가격을 규제하고 있다. 일반적으로 가격 결정에서 정부의 개입은 바람직하지 않은 것으로 인식되는데, 이는 정부의 가격 개입이 시장과 관계없는 정치적 결정으로 초과 공급이나 공급 부족을 유발하는 경우가 있기 때문이다. 대표적인 경우가 최근 세입자를 위한 아파트 전세 가격 규제가 오히려 전세 가격 폭등 및 아파트 전세 매물 품귀 현상을 초래하였다. 이러한 가격 결정 시 고려 요인들을 검토한 후 다음은 가격 결정 목표를 정한다.

가격 결정 목표는 앞에서도 설명하였지만, 여기서는 이익 극대화 목표, 매출 최대화 목표, 현상 유지 목표 3개의 목표에 대하여 설명하겠다. [그림 7-5]는 가격 결정 목표를 정리한 것이다. 첫째 **이익 극대화 목표**는 투자 수익률을 확보하거나 제품의 이익을 극대화하는 것을 목표로 한다. 이에는 앞에서도 설명한 바 있는 **투자수익률**(ROI, return on investment) 확보가 있는데 이는 투자액에 대하여 얼마 만큼의 수익을 확보할 수 있느냐 하는 것이다. 예를 들어 투자 수익률 10%라고 하면 투자액 100억원에 대하여 10억원의 수익을 확보하느냐를 보는 것이다. 이외에도 이익을 극대화하는 방법으로 ROE, ROA 등이 있다. ROE(return on equity)는 자기자본에 대한 이익률을 나타내는 것이고, ROA(return on assets)는 자산에 대한 이익률을 나타내는 것이다. 둘째 **매출 최대화 목표**는 가격 결정 시 매출액 증대, 시장점유율 유지 또는 증가를 목표로 하는 것으로, 단위제품당 마진을 줄여서 판매량을 증가시키거나 상대적으로 낮은 가격을 책정하여 판매량을 늘리려는 목표를 말한다. 셋째 **현상 유지 목표**는 가격 결정 시 현재 상황을 유지를 목표하는 것으로, 경쟁사의 제품 가격과 균형을 도모하는 것이다. 이러한 가격 결정 목표를 정한 후 구체적인 가격 결정 방법을 선택하게 된다.

[그림 7-5] 가격 결정 목표

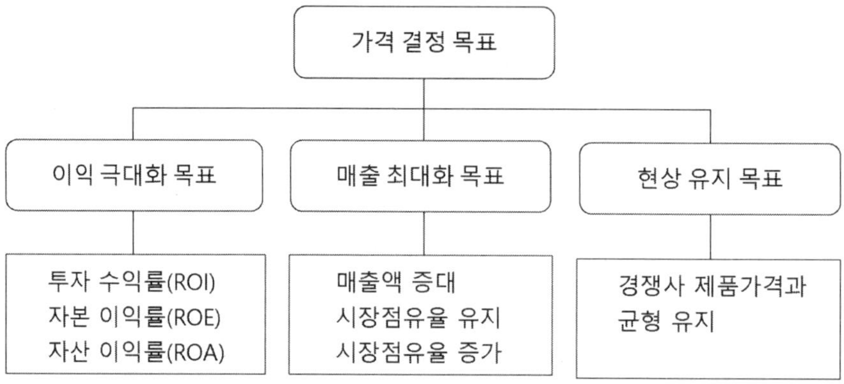

가격 결정 방법에는 크게, 원가 중심적 방법, 경쟁사 중심적 방법, 소비자 중심적 방법이 있다. [그림 7-6]은 가격 결정 방법을 정리한 것이다.

[그림 7-6] 가격 결정 방법

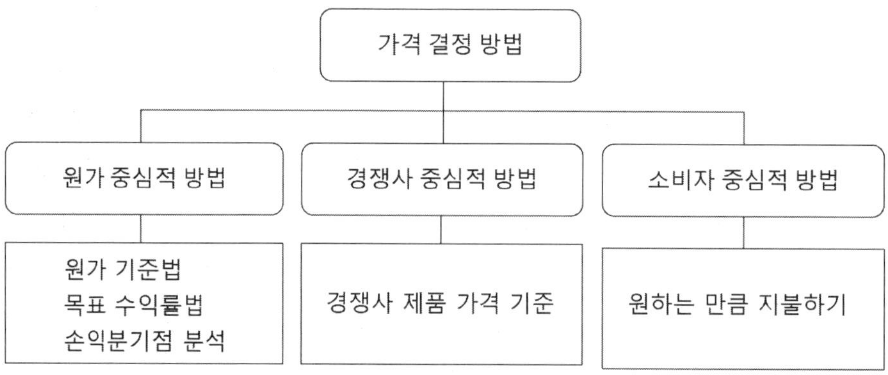

첫째 **원가 중심적 방법**으로 가장 기본적인 것이 **원가 기준법**이다. 이는 제품 원가에 일정 비율의 이익을 더하여 가격을 결정하는 방법이다. 이 방법은 가장 일반적인 가격 결정 방법으로 가장 단순하고 활용이 편리하지만, 소비자나 경쟁사의 정보를 고려하지 않는다는 단점이 있다. 이외에 앞서 설명한 투자 수익률 방법과 같은 **목표 수익률법**, 이익과 손실이 같아지는 손익분기점을 기준으로 가격을 결정하는 **손익분기점 분석** 등이 있다. 둘째 **경쟁사 중심적 방법**에는 **경쟁사 제품 가격 기준**이 있는데, 이는 경쟁사 제품의 가격을 가격 결정 기준으로 삼는 것으로 경쟁사 제품 가격과 동일한 수준으로 가격을 결정하거나 조금 높거나 낮도록 가격을 결정하는 것을 말한다. 이 방법 역시 가격 결정이 간단하고 비용 구조 분석이 불필요하며 경쟁사와 가격 경쟁을 최소화할 수 있는 장점이 있으나, 소비자의 입장을 고려하지 않는 단점이 있다. 셋째 **소비자 중심적 방법**은 소비자의 제품에 대한 평가, 즉 소비자가 제품에 대하여 지각한 가치를 기준으로 가격을 결정하는 것을 말한다. 이 방법은 자사의 제품과 비교할 **준거 제품**을 선정하고 이 준거 제품을 대신하여 자사 제품을 사용함으로써 얻게 되는 소비자의 혜택을 수치로 계산하는 것이다. 소비자가 중심이 되어 주도하는 가격 결정 방법의 하나로 **원하는 만큼 지불하기**(Pay as you wish)가 있다. 말 그대로 소비자가 지불하고 싶은 만큼 가격을 지불하는 것으로 박물관이나 동물원 등에서 이용하며 특히 일본 스시가게에서 많이 활용하고 있다. 2007년 6월 영국 록밴드 라디오 헤드(Radio Head)가 자신들의 앨범 <In Rainbows>를 발표하면서 팬들이 다운로드받게 하고 '원하는 만큼 지불하기'로 가격을 정하였다. 결과는 180만명 이상이 다운로드하였고 이 중 40%가 가격을 지불하였는데 평균 금액은 $2.26으로 대성공을 거두었다. 원하는 만큼 지불하기가 항상 성공적인 가격 결정 방법이 되는 것은 아니며 몇 가지 전제 조건이 있다. 첫째 한계 비용이 낮은 제품이어야 한다. 즉 제품 1단위를 추가하는데 드는 비용인 한계 비용(marginal cost)이 낮아야 한다는 것이다. 음반이나 소프트웨어와 같은 지적 자산을 기반으로 하는 제품은 한계비용이 낮다. 따라서 자동차나 식료품과 같은 제품에는 적합하지 않은 가격 결정 방법이다. 둘째 공정한 소비자가 존재하여야 한다. 음악이나 소프트웨어를 공짜로 다운로드받는 것을 불편하게 여기는 소비자가 있어야 한다는 것이다. 이는 곧 판매자와 구매자 사이에 강한 유대가 있어야 한다는 의미이기도 하다. 셋째 제품에 대한 지불용의 가격이 넓게 분포되어야 한다. 다시 말해서 제품의 생산 비용 구조를 모르는 소비자를 기반으로 소비자가 지불하는 가격대가 다양하게 분포되어야 한다는 의미이다. 원하는 만큼 지불하기(Pay as you wish)의 또 다른 예는 우리나라의 오마이 뉴스이다. 오마이 뉴스의 경우, 기자와 독자의 깊은 신뢰관계를 바탕으로 독자가 기사에 가격을 지불하는데, 최고가는 2004년 김용옥 교수가 쓴 '헌법재판소의 신행정수도 특별법 위헌'기사로 2,109만원이었다.

미국 마케팅 협회 학술지인 <Journal of Marketing> 2009년 1월호에 '원하는 만큼 지불하기'로 가격을 결정하는 기업을 실제 조사한 결과 이들 기업이 망하지 않음을 실험적으로 증명한 논문이 실리기도 하였다.

제 3 절 가격 전략

가격 결정 목표와 가격 결정 방법을 정한 후 구체적인 가격 전략을 실행하게 된다. **가격 전략**에는 신제품 가격 전략, 제품 결합 가격 전략, 가격 차별화 전략, 가격 조정 전략, 가격 변경 전략 등이 있다. 첫째 **신제품 가격 전략**이다. 이에는 시장 침투 가격과 초기 고가격이 있다. **시장 침투 가격** (penetration pricing)은 신제품 출시 시 소비자가 부여한 가치보다 낮은 가격을 책정하여 시장에 빠르게 침투하고 이에 따라 시장점유율을 신속하게 확보하는 전략이다. 시장성장률이 높아 단기 이익보다 장기 이익을 확보할 수 있는 경우, 소비자가 가격에 민감한 경우 등에 적합한 전략이다. 기본 서비스는 무료로 이용할 수 있고 부가 서비스나 고급 서비스는 유료화하는 **프리미엄**(freemium)도 시장 침투 가격 전략의 한 방법이다. **초기 고가격**(skimming pricing)은 신제품 출시 시 특히, 혁신적 제품의 경우 구매에 적극적인 고객에게 높은 가격을 책정하는 전략으로, 높은 수익을 확보하여 연구 개발비나 투자비를 조기에 회수할 수 있는 전략이다. 대표적인 예가 애플(Apple)의 iPhone으로 iPhone 1의 경우 출시가가 $599였으나 이후 가격을 $399로 내렸다. 가격 인하로 iPhone의 수요가 급증하였지만 초기 구매자의 반발이 거세어졌고 애플(Apple)은 초기 구매자들에게 $100 기프트 카드를 지급함으로써 이러한 반발을 무마하였다. 둘째 **제품 결합 가격 전략**으로 이에는 제품 라인 가격, 결합 제품 가격, 제품 묶음 가격 등이 있다. **제품 라인 가격**(product line pricing)은 동일 제품 라인에 가격대를 설정하고 그 가격대 안에서 개별 제품 가격을 결정하는 것입니다. 대표적인 예로 양복의 경우 고가, 중가, 저가로 구분하는 것이다. **결합 제품 가격**(captive product pricing)은 특정 제품을 저렴하게 판매한 후 해당 제품의 지속 사용을 위한 소모품이나 부품 등을 높은 가격에 판매하는 것이다. 대표적인 예가 프린터와 토너, 게임기와 소프트웨어의 판매이다.

제품 묶음 가격(price bundling)은 여러 제품을 묶음으로 판매함으로써 제품의 전체 판매량을 늘리는 것이다. 대표적인 예가 맥도널드의 세트 메뉴로 햄버거, 음료수, 포테이토를 각각 단품으로 판매할 때보다 저렴한 가격으로 한 세트로 묶어 판매하여 전체 판매량 및 매출을 늘리는 것이다. 셋째 **가격 차별화 전략**으로는 고객별 가격 차별화, 제품 형태별 가격 차별화, 입지별 가격 차별화, 시간별 가격 차별화 등이 있다. **고객별 가격 차별화**는 고객에 따라 가격을 다르게 결정하는 것으로, 어른과 어린이의 전철 요금 차이를 예로 들 수 있다. **제품 형태별 가격 차별화**는 제품 형태에 따라 가격을 다르게 결정하는 것으로, 튜브형과 펌프형 치약의 가격을 다르게 결정하는 것이 예이다. **입지별 가격 차별화**는 공간적 위치에 따라 가격을 다르게 결정하는 것으로, 야구장의 좌석 위치에 따른 가격에 차이를 두는 것이 예이다. **시간별 가격 차별화**는 시간에 따라 가격을 다르게 결정하는 것으로, 성수기 및 비수기에 따른 항공권 요금의 차이를 예로 들 수 있다. 이러한 가격 차별화는 높은 구매 의사의 소비자와 낮은 구매 의사의 소비자 사이를 확실하게 구별하는 울타리가 있을 때만 성공할 수 있다. 넷째 **가격 조정 전략**도 있다. 가격 조정 전략에는 다시 심리적 가격, 촉진 가격 등이 있다. **심리적 가격**(psychological pricing)은 소비자 지각을 반영하여 가격을 조정하는 것이다. 대표적인 것이 앞에서도 설명한 **가격-품질 연상**(price-quality association)으로 소비자가 '고가격 = 고품질'이라는 인식을 갖는 것을 일컫는다. 가격－품질 연상은 품질의 지표로서 가격을 중시하는 것으로 이는 고가품에 대한 소비자의 좋은 기억이 근본적 이유가 되지만, 비교가 편리하다는 것, 즉 가격이라는 수치로 품질을 단순히 비교할 수 있다는 것도 그 이유가 된다. 심리적 가격에는 **준거 가격**(reference pricing)도 있는데, 이는 구매자가 비싼지 싼지를 판단하는 기준이 되는 가격을 말한다. 이러한 준거가격을 활용하여 판매하는 대표적인 장소가 **아웃렛 몰**(outlet mall)이다. 준거가격은 소비자가 제품 구매 비용보다 절약 비용을 더 생각하게 만들기 때문에, 즉 소비자는 얼마에 샀는지는 모르지만 얼마를 절약하였는지는 기억하기 때문에 아웃렛 몰에서 효과적으로 활용한다. 또한 아웃렛 몰은 준거가격과 함께 판매 제품이 명품이라는 기법도 활용한다. 심리적 가격에는 **단수가격**(odd pricing)도 있는데, 이는 가격의 마지막 자리를 조정하여 소비자의 심리에 영향을 미치는 것을 말한다. 재미있는 것은 단수가격이 원래는 19세기말 미국에서 판매원들의 횡령을 방지하기 위하여 도입한 가격이라는 점이다. 매번 판매원이 제품 구매자에게 잔돈을 거슬러 주기 위해 돈을 들고 계산대로 오게끔 만든 것이었다. 예를 들어 제품 가격을 10,000원 대신 9,990

원을 책정하는 것이다. 실제 소비자들은 $10 가격보다 $9.99 가격에 5%를 더 구매하는 것으로 나타났으며, 단수가격(odd pricing)은 **'바로 아래 가격**(just-below price)'이라고도 한다. 심리적 가격에는 **푼돈**(pennies-a-day) **가격**도 있는데, 이는 예를 들어 휴대용 안마기 가격 30만원을 일시 지불가 30만원이 아닌 1일 850원으로 표시하는 것이다. 고객의 구매 행동을 쉽게 유도하는 가격 전략으로 TV 홈쇼핑에서 흔히 사용하고 있다. **촉진 가격**(promotional pricing)은 소비자의 구매와 중간상의 판매를 촉진하기 위하여 기본 가격을 조정하는 것을 일컫는다. 제품을 카드 대신 현금으로 지불하는 경우 할인해 주는 **현금 할인**, 대량으로 구매하는 경우 가격을 할인해 주는 **수량 할인**, 판매자가 해야 할 일을 중간상이 대신한 경우 보상해 주는 **거래 할인**, 계절이 지난 제품 가격을 할인해 주는 **계절적 할인**, 제품 교환 시 기존 제품 가격을 신제품 가격에서 깎아주는 **공제**, 특정 제품의 가격을 현저하게 낮게 책정하고 소비자를 끌어들여 구매를 촉진시키는 **미끼상품**(loss leader) 가격 등이 있다. 마지막으로 **가격 변경 전략**으로는 가격 변경 주도와 가격 변경 대응이 있다. **가격 변경 주도**는 과잉 생산 능력을 해소하거나, 시장점유율을 증대시키기 위하여 주도적으로 가격을 인하하는 것이다. 반대로 원가가 상승하거나 초과 수요가 발생하거나 자사 제품의 가치가 상승하는 경우 주도적으로 가격을 인상하는 것이다. 가격 인하 시에 경쟁자의 반응을, 가격 인상 시에는 소비자의 반응을 미리 예상하는 것이 중요하다. 특히 가격 인하 시에는 관리상 주의하여야 할 요인이 많이 있다. 먼저 앞서 설명한 가격－품질 연상으로 인해 가격을 내림으로써 품질에 대한 소비자 인식에 나쁜 영향을 미칠 수 있다. 또한 일시적인 가격 인하로 매출액 및 시장점유율이 상승할 수는 있으나 경쟁자의 가격 인하로 수익성이 악화할 가능성이 있다. 또한 특정 사유가 없는 단순 가격 인하는 고객의 불신을 초래할 수 있는데, 대표적인 예가 과거 맥도날드가 Big Mac을 99센트에 출시하여 소비자들의 거센 항의를 받았던 사례가 있다. **가격 변경 대응**은 경쟁자가 가격을 내릴 경우 이에 대응하는 것으로, 이에는 경쟁자가 내린 가격에 맞대응하는 가격 인하, 인지된 제품 가치 제고를 통한 현재 가격 유지, 품질 향상을 통한 가격 인상, 자사 제품간의 시장 잠식을 의미하는 **카니벌라이제이션**(cannibalization)을 방지하기 위한 **저가격 대체재**(LEA, less expensive alternative) 출시 등이 있다. 저가 대체재는 주로 세컨드 브랜드 제품을 출시하는 경우이다. 저가 대체재와 관련하여 **방패 브랜드**(flanker brand)란 개념이 있는데, 이는 후발 경쟁자가 가격 경쟁을 유도하거나 후발 경쟁자의 공세를 막아내기 어려운 경우 이에 대응하기 위하여 만드는 제품을 말한다. 대표적인 예가 필립 모리스(Philip Morris) 주력 제품인 말보로(Marlboro)의 방패 브랜드인 베이식(Basic), 인텔(Intel)의 주력 제품인 펜티엄(Pentium)의 방패 브랜드인 셀러론(Celeron)이다. [그림 7-7]은 가격 전략을 정리한 것이다.

[그림 7-7] 가격 전략

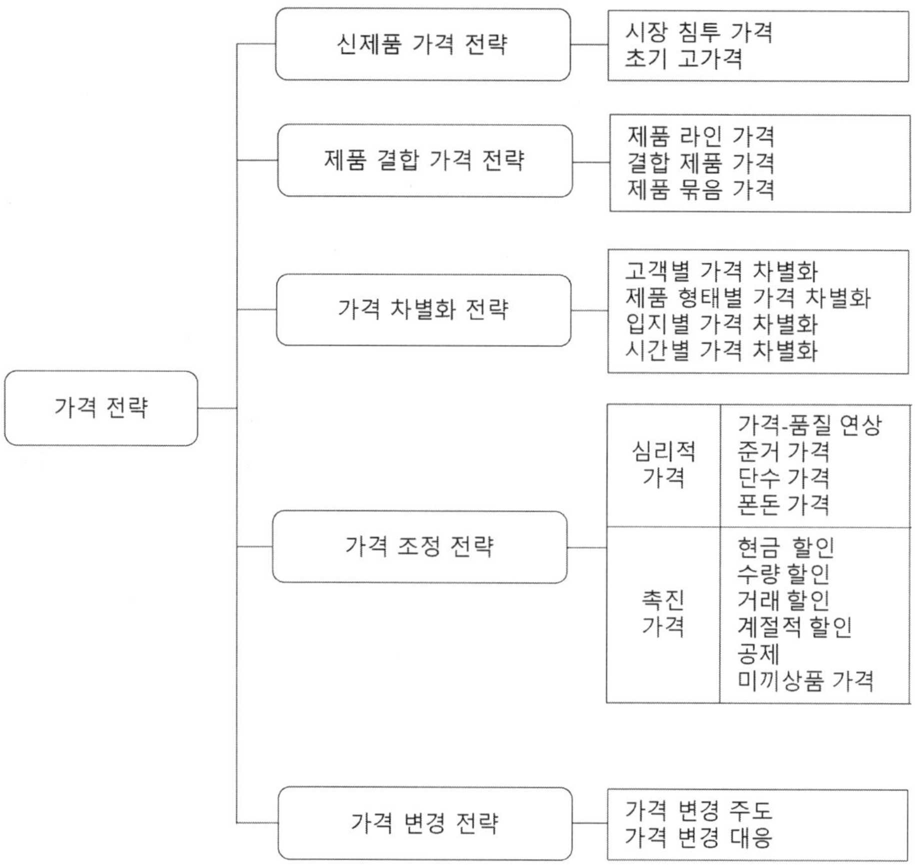

가격 전략 등을 포함한 가격 관리는 매우 빠르게 시행할 수 있는 마케팅 믹스로 경쟁자에게 신속하게 대응할 수 있고 어떠한 새로운 투자가 없이도 할 수 있는 마케팅 믹스이다. 하지만 이러한 가격 관리의 이점이나 장점이 기업의 존재 가치인 이익 추구를 아주 쉽게 손상할 수 있다는 점을 마케팅 담당자는 명심하여야 한다.

제 8 장

유통경로 관리

제 1 절 유통경로의 이해

유통경로(distribution channel)란 제품이나 서비스를 소비자가 사용할 수 있도록 전달하는 과정에 참여하는 개인이나 조직을 말하는 것으로 이러한 개인이나 조직은 유통경로에서 상호의존적인 관계를 유지한다. 유통경로의 궁극적 목적은 최종 소비자가 제품 및 서비스를 사용, 소비할 수 있도록 하는 것이다. 소비재의 유통경로는 유통경로의 길이에 따라 4가지 수준으로 구분할 수 있다. 첫째 **0수준 경로**(zero-level channel)는 제조업체가 직접 최종 소비자에게 판매하는 형태로 **직접 마케팅 경로**(direct marketing channel)라고도 한다. 둘째 **1수준 경로**(one-level channel)는 하나의 중간상, 즉 하나의 소매상이 포함되는 형태이다. 셋째 **2수준 경로**(two-level channel)는 2개의 중간상, 즉 도매상과 소매상이 포함되는 형태이다. 넷째 **3수준 경로**(three-level channel)는 3개의 중간상이 포함되는 것으로 일반적으로 도매상1과 도매상2(배급업체), 소매상이 포함되는 형태이다. [그림 8-1]은 소비재의 유통경로 수준을 정리한 것이다[1].

유통경로에는 [그림 8-1]에서 알 수 있듯이 제조업체, 도매상, 소매상, 소비자 등 다양한 구성원들이 존재한다. 제4절에서 다시 설명하겠지만, 소매상이란 개인적 혹은 비영리적 목적으로 구매하는 최종 구매자에게 제품이나 서비스를 판매하는 조직체를 의미하며, 도매상은 재판매 혹은 영리적 목적으로 구매하는 최종 구매자에게 제품이나 서비스를 판매하는 조직체를 의미한다.

---

1) 필립 코틀러, 마케팅관리론(Marketing Management 11판), 도서출판 석정, 2004년, p.718. 필립 코틀러는 소비재 마케팅 경로를 0수준 경로에서 3수준 경로로 분류하여 설명하고 있는데 이를 인용하여 수정함.

[그림 8-1] 소비재의 유통경로 수준

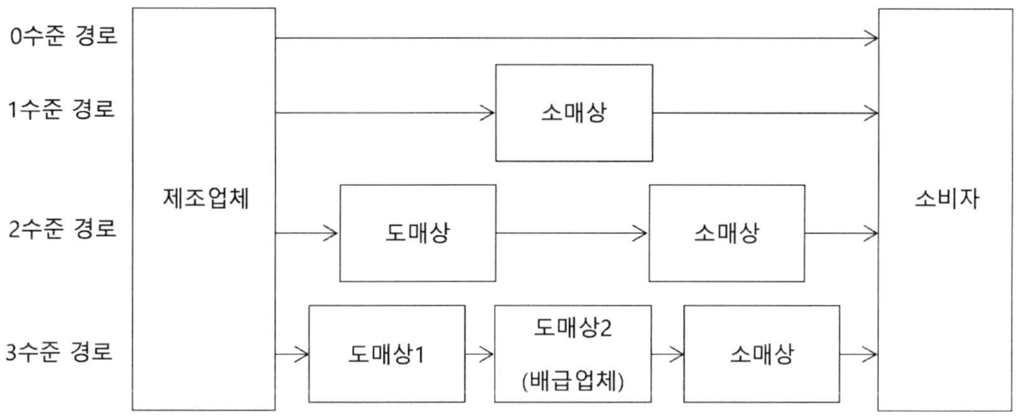

유통경로의 최종 목적은 앞서 언급한 바와 같이 최종 소비자가 제품이나 서비스를 사용, 소비할 수 있도록 하는 것인데, 이는 다른 표현으로 최종 소비자에게 가치를 제공하는 형태로 나타난다. 일반적으로 **가치**(values)는 **총혜택**(total benefits)에서 **총비용**(total costs)을 뺀 값을 의미하는데, 유통경로에서 얻어지는 가치 역시 유통경로의 총혜택에서 총비용을 제외하여 얻어진다. 총혜택은 유통경로가 제공하는 혜택이 증가하는 형태로 나타나고, 총비용은 유통경로가 발생시키는 비용을 절감하는 형태로 나타난다. [그림 8-2]는 유통경로가 제공하는 가치를 정리한 것이다.

[그림 8-2] 유통경로가 제공하는 가치

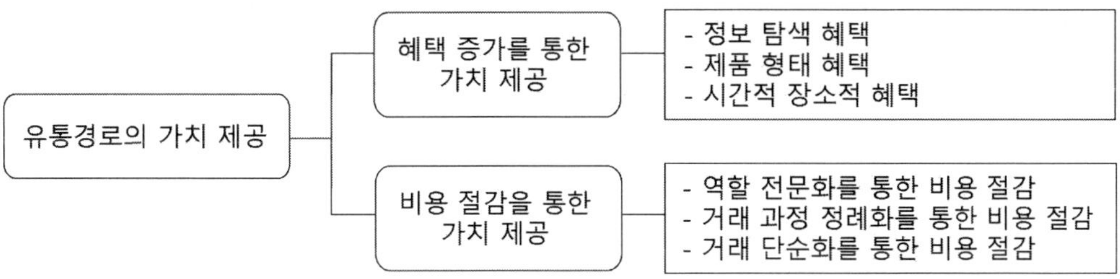

혜택 증가를 통한 가치 제공은 소비자의 정보 탐색 과정을 편리하게 하는 **정보 탐색 혜택**, 제품 분류 기능을 통하여 제조업체의 제품구색과 최종 소비자의 제품구색 사이의 불일치 조정하는 **제품 형태 혜택**, 시간과 장소의 불일치를 해결하는 **시간적 장소적 혜택** 등이 있다. 비용 절감을 통한 가치 제공으로는 제조업체에 대한 지원 업무를 전문화하여

비용을 절감하고 분업을 통해 규모의 경제를 실현하는 등 역할 전문화를 통한 비용 절감, 대금 지급 금액, 대금 지급 형태, 대금 지급 시기 등 거래 과정의 정례화를 통한 비용 절감, 소비자가 들러야 하는 소매상의 수를 줄임으로써 거래를 단순화하고 효율성을 달성하는 거래의 단순화를 통한 비용 절감 등이 있다. [그림 8-3]은 소매상을 경유한 거래 단순화를 예시적으로 표현한 것이다. [그림 8-3]에서 알 수 있듯이 제조업체가 4개이고 소비자가 4인일 때, 소매상이 없는 경우에는 총 16회의 거래가 발생하고 소매상이 있는 경우에는 총 8회의 거래가 발생한다. 즉 유통경로 상 소매상이 제조업체와 소비자를 연결함으로써 총 거래회수가 큰 폭으로 감소하여 거래의 단순화가 이루어지는 것이다.

[그림 8-3] 소매상을 통한 거래 단순화

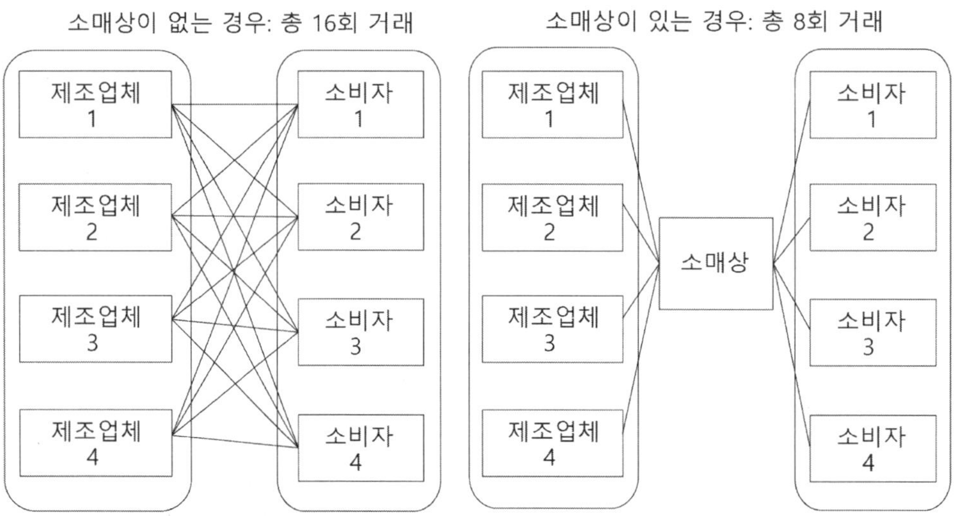

제 2 절 유통경로의 개발

유통경로는 다양한 요인의 영향을 받기 때문에 유통경로를 개발할 때는 그러한 다양한 요인을 고려하여야 한다. [그림 8-4]는 유통경로 개발에 영향을 미치는 요인을 정리한 것이다.

[그림 8-4] 유통경로 개발 시 고려 요인

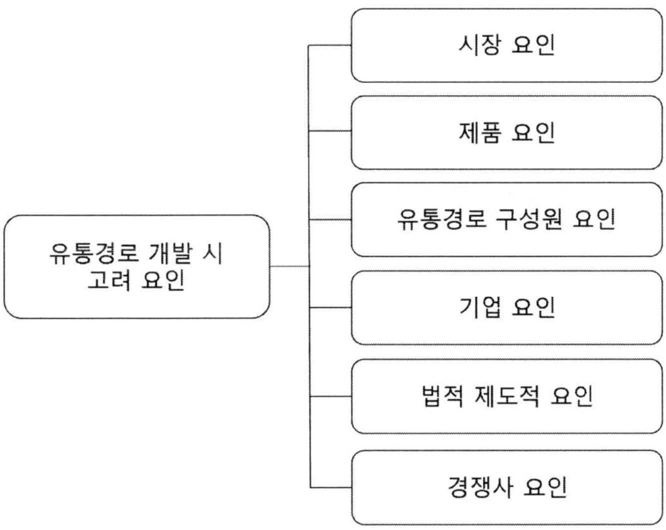

첫째 시장 요인으로는 시장 형태, 잠재고객 수, 시장의 지역적 집중 정도, 주문 규모 등을 들 수 있다. 둘째 제품 요인으로는 제품 가격, 제품 소멸성, 제품의 기술적 복잡성 등이 있다. 셋째 유통경로 구성원 요인으로는 구성원이 제공하는 서비스 유형, 원하는 유통경로 구성원의 이용 가능성 등이 있다. 넷째 기업 요인으로는 제조업체가 유통경로의 통제를 원하는 정도, 제조업체가 제공하는 서비스, 제조업체의 경영 능력, 재정적 지원 등이 있다. 다섯째 법적 제도적 요인으로는 유통경로에 관한 법률적 제도적 규제, 정부의 행정적 규제 등이 있다. 여섯째 경쟁사 요인으로는 경쟁사의 유통구조, 유통경로, 유통전략 등이 있다.

다양한 유통경로 개발 시 고려 요인을 검토한 후 유통경로를 개발하는데 몇 개의 단계를 거쳐서 유통경로를 개발하게 된다. [그림 8-5]는 유통경로 개발 단계를 정리한 것이다.

[그림 8-5] 유통경로 개발 단계

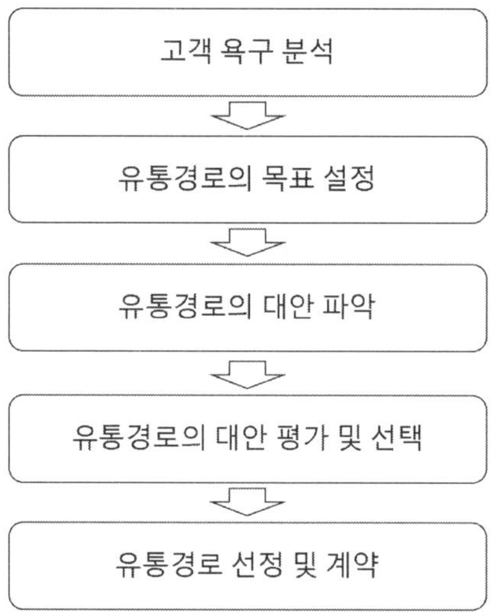

첫째 고객 욕구 분석 단계에서는 고객이 어떤 유통경로 서비스를 원하는가가 가장 중요한 고려 요인이다. 즉, 소비자가 원하는 유통경로 서비스의 유형과 수준을 결정하는 것이다. 둘째 유통경로의 목표 설정 단계에서는 유통경로의 효과성 및 효율성 달성을 동시에 추구하여야 한다. **효과성**(effectiveness)이란 원래 '제대로 된 일을 하는 것(Doing the right things)'이란 뜻으로 소비자가 원하는 유통경로의 서비스를 제대로 전달하는가의 문제이고, **효율성**(efficiency)이란 '일을 제대로 하는 것(Doing things right)'이란 뜻으로 그러한 유통경로의 서비스를 제공하는 비용을 얼마나 줄이는가 하는 비용 절감의 문제이다. 셋째 유통경로의 대안 파악 단계에서는 유통경로의 대안을 확인하고 결정하는데, 유통경로의 대안을 결정하는 요소로는 유통경로의 길이, 유통경로의 커버리지, 유통경로의 통제 등이 있다. [그림 8-6]은 이러한 유통경로의 대안을 결정하는 요소를 정리한 것이다.

[그림 8-6] 유통경로의 대안을 결정하는 요소

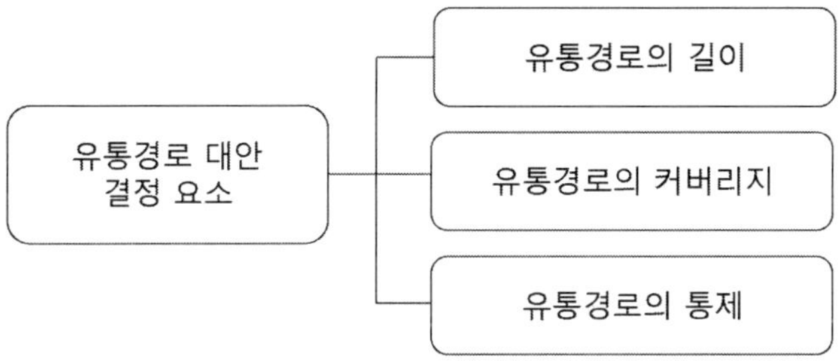

유통경로의 길이란 유통경로의 단계를 어느 정도로 할 것인지 결정하는 것을 말하는데, 유통경로의 길이가 짧은 경우(중간상 배제)와 긴 경우(다양한 중간상 개입)가 있다. 유통경로의 길이가 짧은 경우는 제조업체가 중간상을 완전히 배제하고 최종 소비자에게 직접 제품이나 서비스를 판매하는 경우이다. 이 경우는 제조업체의 유통경로에 대한 통제력과 융통성은 증가한다. 하지만 제조업체가 직접 유통경로의 기능을 수행하기 때문에 비용이 증가하게 되고 한정된 범위의 소비자만을 확보할 수 있다. 반면에 유통경로의 길이가 긴 경우는 다양한 중간상을 거치는 관계로 제조업체의 유통경로에 대한 통제력과 융통성은 약화되지만, 비용은 감소하고 보다 확장된 범위의 소비자를 확보할 수 있으며 중간상의 전문화된 서비스도 기대할 수 있다. 유통경로의 길이를 비교하여 정리한 것이 [표 8-1]이다.

[표 8-1] 유통경로의 길이 비교

유통경로	통제력	융통성	투자비	시장범위
짧은 경로	고	고	고	저
긴 경로	저	저	저	고

유통경로의 커버리지(coverage)란 유통경로 단계별로 자사 제품을 취하는 중간상의 수를 의미한다. 이에는 전속적 유통경로, 선택적 유통경로, 집중적 유통경로가 있다. **전속적**

유통경로(exclusive distribution)는 특정지역 내 단 하나의 중간상을 통하여 제품을 공급하는 것으로, **독점적 유통경로** 또는 **배타적 유통경로**라고도 한다. 하나의 중간상만이 존재하므로 제품에 대한 배타성 및 희소성 확보가 가능하고 가격 통제에 유리하며 유통경로 구성원과도 긴밀한 관계를 유지할 수 있다. 일반적으로 자동차나 산업용 장비의 경우 전속적 유통경로를 채택한다. **선택적 유통경로**(selective distribution)는 특정지역 내 소수의 중간상을 통하여 제품을 공급하는 것을 말한다. 가전제품이나 기계 부품의 경우 주로 선택적 유통경로를 채택한다. **집중적 유통경로**(intensive distribution)는 특정지역 내 가능한 많은 중간상을 통하여 제품을 공급하는 것을 말한다. 넓은 시장 범위를 확보할 수 있으나 중간상이 많은 관계로 가격 통제가 쉽지 않다. 일반적으로 편의품이나 타이어의 경우 집중적 유통경로를 채택한다. 이를 정리한 것이 [표 8−2]이다. **유통경로의 통제**는 유통경로의 기능을 수행하고 통제하는 주체가 누구인가 하는 문제이다. 즉 유통경로를 유통업체가 통제하는가, 제조업체가 통제하는가의 문제이다. 예를 들어 중국 시장에서 삼성전자 스마트폰 갤럭시S23의 유통을 중국 유통업체인 수닝(Suning)이 담당하는가 아니면 삼성전자가 담당하는가의 문제이다. 넷째 유통경로의 대안 평가 및 선택 단계에서는 경제성, 통제 가능성(정도), 시장 범위 등 다양한 기준으로 유통경로의 대안을 평가하고 선택하는 것을 말한다. 다섯째 선택한 유통경로의 구성원을 선정하여 계약을 체결함으로써 유통경로 개발은 완료된다.

[표 8-2] 유통경로의 커버리지에 따른 분류

구분	중간상 수	특징	예
전속적 유통경로	1개	- 제품에 대한 배타성 및 희소성 확보 가능 - 가격 통제 유리 - 유통경로 구성원과의 긴밀한 관계 유지 가능	- 자동차 - 산업용 장비
선택적 유통경로	소수	- 전속적 유통경로와 집중적 유통경로의 중간 형태	- 가전제품 - 기계 부품
집중적 유통경로	다수	- 넓은 시장 범위 확보 - 가격 통제 불리	- 편의품 - 타이어

제 3 절 유통경로의 관리

유통경로의 관리에 대해서는 다양한 설명이 가능하지만 여기서는 유통경로의 파워와 유통경로의 갈등에 대해서만 설명하겠다.

유통경로의 파워(power)란 유통경로의 구성원이 다른 유통경로의 구성원의 행동에 영향을 미치거나 행동을 변경시킬 수 있는 능력을 말하는 것으로, 유통경로의 파워는 의존이라는 개념으로도 설명할 수 있다. 제조업체가 유통경로의 중간상에 의존하는 경향이 강할수록 제조업체의 유통경로의 파워는 약해지고, 반대로 유통경로의 중간상이 제조업체에게 의존할수록 제조업체의 유통경로의 파워는 강해진다. 최근에는 유통경로의 파워가 크게 증가하고 있는 것이 사실인데, 예를 들어 한국의 롯데하이마트나 중국의 수닝(Suning)과 같은 유통업체는 자국 시장의 유통시장에서 막강한 영향력을 행사하고 있다. 제조업체가 도매상이나 소매상 등 중간상에게 행사할 수 있는 유통경로의 파워는 다양한 종류로 구분할 수 있다. 첫째 **보상적 파워**(reward power)는 제조업체가 중간상에게 보상할 수 있는 능력을 가지고 있기 때문에 발휘할 수 있는 파워이다. 구체적인 예로 제조업체가 중간상의 판매 및 영업활동을 직접 지원하거나 자금이나 시장 정보를 제공하는 것이다. 아울러 중간상에게 판매 리베이트를 제공하거나 광고를 지원하고 중간상에게 독점 판매권을 부여하는 것이다. 둘째 **강압적 파워**(coercive power)는 중간상이 제조업체의 요구대로 행동하지 않을 경우 처벌할 수 있는 능력을 가지고 있기 때문에 발생하는 파워이다. 구체적인 예가 제조업체가 중간상의 보증금을 인상하거나 중간상의 마진폭을 인하하거나 대금 결재일을 변경하는 것이다. 또한 인근 지역에 다른 중간상을 개설하거나 중간상의 독점 판매권을 철회하는 것이다. 셋째 **전문적 파워**(expert power)는 제조업체가 중간상이 가지고 있지 않은 특별한 지식이나 노하우를 가지고 있다고 인식하기 때문에 발생하는 파워이다. 구체적인 예로 제조업체가 중간상의 경영관리에 조언이나 상담을 하거나 중간상의 직원을 교육 및 훈련을 시키거나 전문지식이나 경영정보를 공유하는 것이다. 넷째 **준거적 파워**(referent power)는 중간상이 제조업체에게 일체감을 갖게 되기를 바라기 때문에 생기는 파워이다. 구체적인 예로 제조업체가 중간상과 상호간의 목표를 공유하거나 보람과 긍지를 가지도록 하거나 장기적 신뢰 관계를 구축하는 것이다. 다섯째 **합법적 파워**(legitimate power)는 제조업체가 중간상에게 어떤 행동을 요구할 수 있는 합법성이나 정당성을 가지고 있기 때문에 발휘할 수 있는 능력이다. 구체적인 예로 제조업체의 상표나 특허권을 중간상이 사용하도록 허용하거나 프랜차이즈 계약을 맺는 것이다. [표 8-3]은 이러한 제조업체의 유통경로의 파워의 종류를 정리한 것이다.

[표 8-3] 제조업체의 유통경로의 파워의 종류

종류	구체적인 예
보상적 파워	판매 및 영업 활동 지원, 자금 지원, 시장 정보 제공, 판매 리베이트 제공, 광고 지원, 독점 판매권 부여
강압적 파워	대리점 보증금 인상, 마진폭 인하, 대금 결제일 변경, 인근지역 다른 대리점 개설, 독점 판매권 철회
전문적 파워	경영관리에 대한 조언이나 상담, 중간상 직원 교육 및 훈련, 전문지식이나 경영정보 공유
준거적 파워	상호간의 목표 공유, 보람과 긍지 공유, 장기적 신뢰 관계 구축
합법적 파워	상표나 특허권 사용 허용, 프랜차이즈 계약 체결

유통경로의 갈등이란 한 유통경로 구성원의 목표 달성을 다른 유통경로의 구성원이 방해하는 행동을 한다고 생각하는 것을 말한다. 유통경로의 갈등의 종류에는 수평적 갈등과 수직적 갈등이 있다. **수평적 갈등**은 동일 단계의 유통경로 구성 간 갈등을 말하는 것으로, 서로 다른 업태 사이의 갈등, 대표적인 예로 대형마트와 전통시장의 갈등이다. 이러한 갈등을 회피하기 위하여 매월 2회 대형마트(이마트 등)가 정기 휴무를 하게 되었다. 업태 내 갈등도 있는데, 예를 들어 신세계백화점과 롯데백화점의 갈등이 있을 수 있다. **수직적 갈등**은 서로 다른 단계에 있는 유통경로 구성원 간의 갈등으로 제조업체와 도매상의 갈등, 또는 제조업체와 소매상의 갈등 등이 있다.

제 4 절 소매상과 도매상

소매상(retailer)이란 개인적 혹은 비영리적 목적으로 구매하는 최종 구매자에게 제품이나 서비스를 판매하는 조직체를 말하는 것으로, **소매업**, **소매업태**, **소매기관** 등으로도 불린다. 소매상의 기능을 [그림 8-7]로 정리하였다.

[그림 8-7] 소매상의 기능

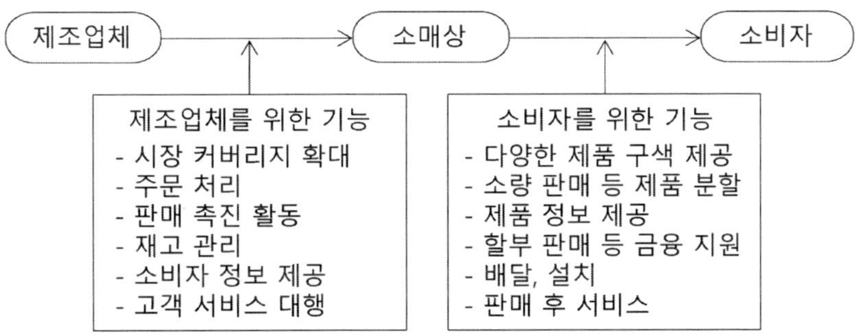

소매상의 기능은 크게 제조업체를 위한 기능과 소비자를 위한 기능으로 나누어 설명할 수 있다. 제조업체를 위한 기능으로는 판매 대행을 통해 시장 커버리지를 확대하고 주문을 처리하며 광고, 판촉 등 촉진 활동을 수행한다. 또한 제조업체의 재고를 관리하고 소비자의 다양한 정보를 제조업체에게 제공하며 고객 서비스도 대행한다. 소비자를 위한 기능으로는 소비자를 위하여 다양한 제품 구색을 제공하고 소량 판매를 위하여 제품을 분할하기도 하며 제품 관련 정보를 소비자에게 제공한다. 또한 소비자에게 할부 판매 등 금융 지원도 하고 제품의 배달, 설치, 판매 후 서비스 등 다양한 서비스도 제공한다. 소매상도 몇 가지 기준으로 구분할 수 있는데 [그림 8-8]은 이를 정리한 것이다.

[그림 8-8] 소매상의 구분

우선 **제품구색**에 따라 전문점이나 백화점으로 구분할 수 있고, **입지 및 크기**에 따라 대형마트나 소형 점포 등으로 나눌 수 있다. 또한 **가격 및 서비스 수준**에 따라 편의점, 대형마트, 백화점, 온라인 쇼핑 등으로 구분할 수 있고, **점포 유무 및 소유 형태**에 따라 독립적 소매상이나 체인으로 나눌 수 있다.

점포형 소매상이란 물리적이고 유형적인 점포를 기반으로 하는 소매상을 말하는 것으로 [그림 8-9]는 이를 정리한 것이다.

[그림 8-9] 점포형 소매상의 유형

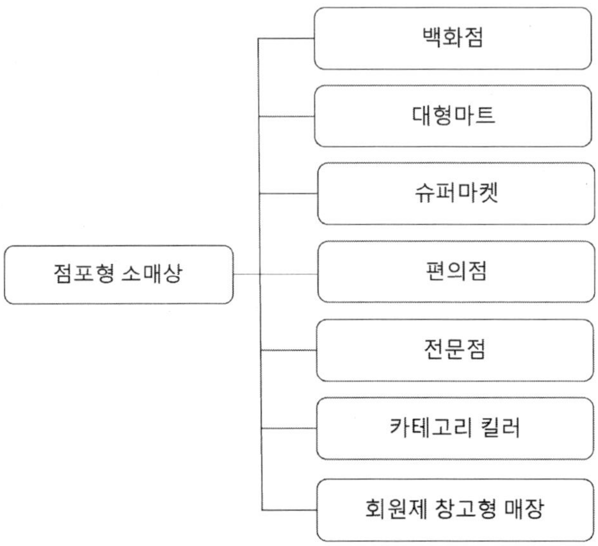

백화점(department store)은 제품을 편의품에서 전문품까지 부문별로 구성하여 일괄 구매할 수 있도록 운영하는 대규모 소매상을 말하는데, 소매상 중 가장 높은 수준의 서비스를 제공하고 가격도 비싸다. 세계 최초 백화점은 **프랑스 봉마르쉐 백화점**(1852년)이며, 우리나라의 최초의 백화점은 신세계백화점의 전신인 **일본 미쯔코시 백화점 경성지점**(1929년)이다. 이러한 백화점 업계의 최근의 추세는 몇 가지 특징을 띠고 있다. 첫째 고객층이 다양화하고 있다. 즉 백화점의 주 고객이 40~50대 중장년층 중심에서 20~30대 젊은 소비자가 증가하고 있고 여성 고객이 주된 고객이었으나 남성 고객의 비중도 점차 증가하고 있다. 둘째 대형화 및 복합화하는 경향이 있다. 백화점들이 복합 쇼핑몰을 지향하면서 문화센터, 카페, 영화관 등 각종 편의시설을 확대하고 있다. 대표적인 예가 신세계백화점 부산 센텀시티점인데 이 백화점은 현존하는 세계 최대의 백화점으로, 스파랜드, 아이스링크, 영어 유치원, 주라지 파크, 문화 아카데미, 면세점, 실내 골프장 등 다양한 시설을 구비하고 있다. 셋째 웰빙 붐과 함께 건강에 대한 관심도뿐만 아니라 지구 온난화 및 자원 재활용에 대한 관심도도 증가함에 따라 이러한 사회적 관심을 반영한 제품구색을 구축하고 있다. 넷째 디지털 시대의 도래에 따른 모바일 기기의 발전, 언택 기술의 발전에 따라 온라인 및 오프라인을 결합하는 판매 방안을 적극 모색하고 있다.

대형마트는 박리다매의 원칙으로 제품을 일반 상점보다 상시로 낮은 가격에 판매하는 소매상을 말한다. 미국 최초의 대형마트는 K－Mart(1957년)이고, 우리나라 최초는 이마트 창동점(1993년)이다. 대형마트로 가장 유명한 것은 역시 미국의 월마트(Walmart)인데, '연중 상시 저가'라는 EDLP(Every Day Low Price)로 유명하였지만 최근에 캐치 프레이즈를 '돈을 절약하면 삶이 나아진다(Save Money Live Better)'로 바꾸었다. **월마트 프리미엄**(Walmart premium)이라는 것도 있는데 이는 월마트 자체가 제품을 저가로 공급할 뿐 아니라, 월마트 주변의 업체도 저가로 제품을 공급하도록 유도하여 소비자가 저가의 효과를 누리는 것을 말한다. 최근 대형마트 업계는 소비자의 저가 일상용품 선호 경향에 따라 가격 경쟁이 심화하고 있고, 대형마트의 고유 PB(private brand) 제품이 증가하고 있으며, 온라인 및 오프라인을 결합하는 판매 방안을 모색하고 있다.

슈퍼마켓(super market)은 대량 매입, 셀프서비스 방식, 낮은 마진의 생필품, 편의품, 식료품 등을 취급하는 소매상으로, 장소의 편의성을 바탕으로 지역 밀착형 서비스를 제공한다. 세계 최초의 슈퍼마켓은 미국 킹컬렌(King Kullen)(1930년)이며, 우리나라의 경우 1964년 설립된 한국 슈퍼마켓이 최초이다. 이러한 슈퍼마켓 업계도 근거리 쇼핑센터가 확산하고 있고 대형마트 중심의 시장이 재편됨과 동시에 정체된 시장 수요로 업체 간 경쟁이 가속화하고 있다. 이에 따라 대형 슈퍼마켓과 소형 매장의 상생 방안 모색이 필요한 상황이다.

편의점(convenience store)은 소규모 매장으로 24시간 연중무휴로 영업을 하며 회전율이 높은 식료품, 편의품, 일용잡화 등을 소량으로 취급하는 소매상을 말한다. 미국 최초의 편의점은 7-eleven(1946년)이며, 우리나라의 경우 올림픽선수촌 7-eleven(1989년)이 최초이다. 편의점 업계도 최근 다양한 변화를 겪고 있다. 1인 가구 소비자의 급증에 따른 소량 구매 경향이 갈수록 심화하고, 라이프 스타일 변화에 따른 제품구색도 갖추어야 한다. 매출 성장 대비 너무 많은 점포가 난립하여 업체 간 경쟁도 심화하고 있다.

전문점(specialty store)은 제한된 제품계열을 보유하고 해당 제품계열에서 다양한 제품구색을 취급하는 소매상으로, 주로 신발, 전자제품, 의류, 침구, 속옷, 액세서리, 서적, 유아용품 등을 판매한다. 대표적인 예가 스포츠용품 매장인 나이키 매장, 아디다스 매장 등이다. 이러한 전문점 시장에서는 전문점의 다양화 및 세분화가 진행되고 있는데 특히 건강 및 미용에 관심이 증가하면서 이와 관련한 전문점의 성장이 두드러지고 있다. 또한 백화점업계의 최근 추세에서 보았듯이 친환경 관련 전문점의 성장이 두드러지고 있다.

카테고리 킬러(category killer)는 **전문할인점**(special discount store)이라고도 하는데, 전문점과 같은 한정된 제품계열을 취급하지만 제품계열 내 다양한 제품구색을 대형마트보다 저렴한 가격에 판매하는 소매상이다. 주로 장난감, 문구용품, 신발, 스포츠 의류, 가전, 생활용품, 가구 등의 제품을 판매한다. 카테고리 킬러라는 이름은 이러한 형태의 소매상 주변의 소규모 매장을 죽인다고 붙여졌다고 한다. 따라서 카테고리 킬러의 특징은 한정된 제품계열의 다양한 제품구색, 저렴한 가격, 체인화 및 대형화, 창고형식으로 규정할 수 있다. 대표적인 예가 장난감 전문할인점인 토이즈러스와 신발 전문할인점인 ABC 마트이다. 토이저러스는 2017년 파산하였으나 한국에서는 롯데쇼핑과 라이센스 계약을 체결, 롯데마트 내 매장을 운영하고 있다.

회원제 창고형 매장은 고객으로부터 일정한 회비를 받고 거대한 창고형식의 점포에서 한정된 서비스로 저렴한 가격에 제품을 판매하는 소매상이다. 주로 가공식품, 잡화, 가정용품, 가구, 전자제품 등 3~5천개 정도의 품목으로 한정하여 판매한다. 미국 최초는 프라이스 클럽(1976년)이며, 우리나라 최초는 한국 프라이스클럽(1994년, 현 Costco)이다. 회원제 창고형 매장의 특징은 회원제, 연회비, 대량 판매, 묶음 진열, 점포 시설 및 포장 최소화, 셀프서비스, 회전율 높은 제품 위주 등으로 정리할 수 있다.

무점포형 소매상에도 다양한 유형이 있다. 무점포형 소매상의 유형을 정리한 것이 [그림 8-10]이다.

[그림 8-10] 무점포형 소매상의 유형

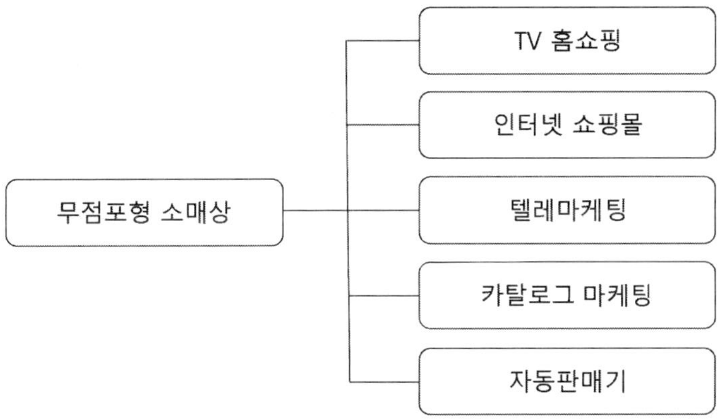

TV 홈쇼핑(TV home shopping)은 TV를 통하여 제품 정보를 제공하고 고객으로부터 주문을 받아 판매하는 방식으로 홈쇼핑 채널 방식과 TV 광고 방식이 있다. 홈쇼핑 채널 방식은 우리나라의 경우 홈쇼핑 전문 CATV 방송국인 CJ, GS, 롯데, 현대 등이 해당한다. 홈쇼핑 채널에서는 전문 프로그램 진행자인 **쇼호스트**(showhost)가 제품을 소개하고 시청자들이 전화나 모바일로 주문하는 방식이다. TV 광고 방식은 30초에서 1분 정도의 짧은 TV 광고를 통하여 제품을 소개하고 시청자의 주문을 받는 방식이다.

인터넷 쇼핑몰(internet shopping mall)은 인터넷상에서 제품을 진열하고 판매하는 방식으로 개인을 대상으로 한 B2C 온라인 쇼핑몰, 기업을 대상으로 한 B2B 마켓 플레이스(market place)가 있다. 또한 개인을 대상으로 한 인터넷 쇼핑몰에는 일반적인 **온라인 쇼핑몰**(online shopping mall)과 함께 개인 판매자가 인터넷에 직접 제품을 올려 판매하는 방식인 **오픈 마켓**(open market)이 있다. 현재 점포형 소매상이 여전히 유통경로의 많은 부분을 차지하고 있으나, 무점포형 소매상, 특히 인터넷 쇼핑몰, 온라인 쇼핑몰의 성장이 두드러지고 있다. 온라인 쇼핑몰의 대표적인 예가 미국의 아마존(Amazon)과 한국의 쿠팡(Coupang)이다. 아마존은 1994년 인터넷 서점으로 출발하여 현재 미국 온라인 쇼핑몰 매출 1위, 미국 전체 온라인 소매 시장의 약 절반을 차지하고 있는 미국 최대 인터넷 쇼핑몰이다. 아마존은 AI, 드론, 의료, 우주, 클라우드 컴퓨팅 등 다양한 사업을 전개하고 있으나 기본적으로 인터넷 플랫폼 기업이자 미국 최대의 인터넷 쇼핑몰이다. 아마존은 소비자와 판매자간 거래에서 발생하는 수수료 외에 소비자와 판매자에게 서비스를 제공하고 과금하는 비즈니스 모델을 채용하고 있다. 아마존의 비즈니스 모델을 지탱하는 2개의 축이 아마존 프라임(Amazon Prime)과 FBA 서비스이다. **아마존 프라임**(Amazon Prime)은 소비자를 위한 구독 서비스로 연회비 $139, 2일 내 무료 배송, 식료품 2시간 내 무료 배송 등 다양한 서비스를 받을 수 있다. 아마존 프라임 가입자의 평균 구매액은 연 $1,500으로 일반 구매자의 평균($600)의 2배 이상인 것으로 알려져 있다. **FBA(Fulfillment By Amazon) 서비스**는 판매자를 위한 서비스로 판매자가 일정 금액을 내면 제품의 입고, 재고 보관 및 관리, 배송, 교환 반품 등의 서비스를 대행하여 주는 것이다. FBA를 위하여 반드시 물류 유통 시스템 구축이 필요한데 아마존은 물류 유통 시스템인 **풀필먼트 센터**(Fulfillment Center)를 미국 내 94개를 구축하였고 전 세계 14개국에서 자체 풀필먼트 센터를 구축하고 있다. 아마존의 FBA 서비스는 기존의 유통경로 및 유통구조를 완전히 바꾸어 놓았는데 [그림 8-11]은 전통적 유통경로와 아마존의 FBA를 비교하여 정리한 것이다.

[그림 8-11] 전통적 유통경로와 아마존의 FBA

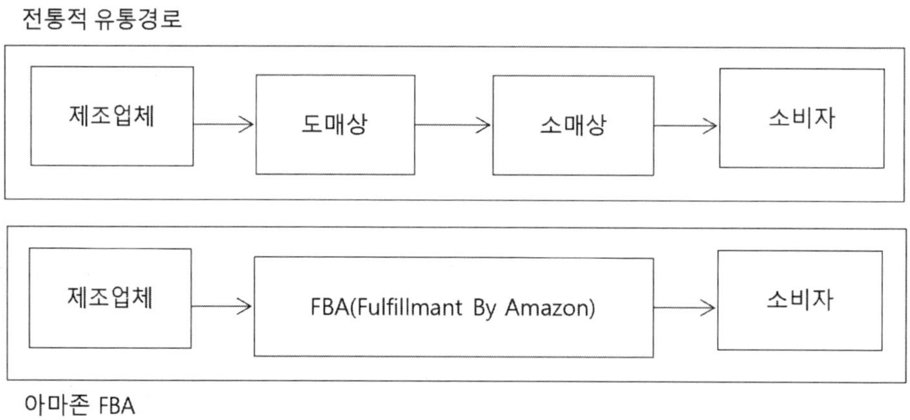

[그림 8-11]에서 전통적 유통경로는 [그림 8-1] 소비재의 유통경로 수준의 2수준 경로이다. 아마존 FBA는 2수준 경로상의 도매상과 소매상의 역할을 대신하는 형태이다. 쿠팡(Coupang)은 한국의 아마존을 표방하고 2010년 설립된 온라인 쇼핑몰이자 이커머스 기업이다. 쿠팡은 설립 당시부터 아마존을 표방하였기에 비즈니스 모델도 아마존의 모델을 따르고 있다. 아마존 프라임에 해당하는 것이 **쿠팡 와우 멤버십**이다. 쿠팡 와우

멤버십은 월 회비 4,990원으로 신선 제품 새벽 배송, 로켓 배송(주문 다음 날 배송), 무료 배송 등 다양한 혜택을 누릴 수 있다. 아마존의 FBA와 같은 서비스를 실현하기 위하여 쿠팡의 자회사인 쿠팡 풀필먼트를 설립하여 물류 운영 시스템을 구축, 관리하고 있다. [그림 8-12]는 쿠팡의 판매 및 배송 시스템을 정리한 것이다.

[그림 8-12] 쿠팡의 판매 및 배송 시스템

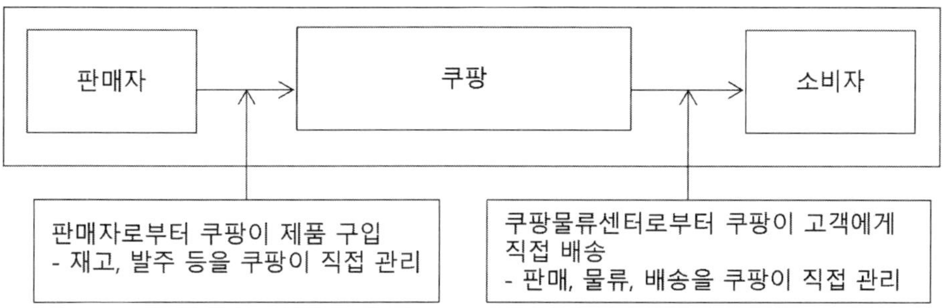

텔레마케팅(telemarketing)은 소비자 행동을 포함하여 시장의 움직임에 대하여 면밀히 분석한 후 전화를 통하여 판매 활동을 하는 것으로 무차별적으로 전화를 거는 텔레폰 마케팅과 구별된다. 텔레마케팅에서는 PC의 고객명부와 연동하면서 자동발신하거나 걸려온 호출을 교환수에게 균등하게 분배하는 ACD(automatic call distribution) 기능을 이용하는 등 체계적인 판매 활동이 이루어진다. 텔레마케팅은 다시 기업이 고객에게 직접 전화를 걸어 판매하는 방식인 **아웃바운드 텔레마케팅**(out-bound telemarketing)과 고객으로부터 먼저 문의가 온 후 판매가 이루어지는 방식인 **인바운드 텔레마케팅**(in-bound telemarketing)으로 나누어진다.

카탈로그 마케팅(catalog marketing)은 제품 또는 서비스를 홍보하고 판매하기 위해 인쇄물 형태의 카탈로그를 사용하는 것이다. 이러한 카탈로그는 주로 상품 목록, 제품 설명, 가격, 이미지 등을 포함하며 소비자에게 제공하여 제품 정보를 알리고 구매를 유도한다. 카탈로그 마케팅은 다양한 형태로 구현될 수 있다. 전통적으로는 인쇄된 카탈로그가 많이 사용되었지만 기술 발전으로 인터넷 카탈로그, 디지털 카탈로그, 모바일 앱 등 다양한 형태도 활용되고 있다. 카탈로그 마케팅의 장점은 다음과 같다. 첫째 상세한 제품 정보 제공이 가능하다. 카탈로그는 제품에 대한 상세한 설명과 이미지를 제공하여 고객이 제품을 잘 이해하고 비교할 수 있게 도와준다. 둘째 신뢰성과 전문성을 강화한다.

카탈로그는 제품 정보를 체계적으로 정리하여 제공하므로 소비자에게 신뢰감과 전문성을 전달할 수 있다. 셋째 장기적 홍보 효과를 달성할 수 있다. 카탈로그는 오랜 시간 동안 보관하거나 공유할 수 있으며 소비자가 반복해서 참조할 수 있기 때문에 장기적인 홍보 효과를 가져올 수 있다. 넷째 다양한 소비자층에 접근이 가능하다. 카탈로그는 오프라인 매체인 경우 주로 직접 우송되므로 다양한 지역과 소비자층에 접근할 수 있고 온라인 카탈로그는 인터넷을 통해 전 세계 소비자에게 접근할 수 있다. 카탈로그 마케팅을 성공적으로 구현하기 위해서는 목표 고객층을 정확히 파악하고 제품 정보를 명확하게 전달하는 디자인과 콘텐츠를 제공해야 한다. 카탈로그 마케팅은 1895년 설립된 미국 통신판매업체인 시어스 로벅(Sears, Roebuck and Company)이 1897년 20만종의 상품을 실은 카탈로그를 판매에 이용한 것이 시초로 알려져 있다.

자동판매기(automatic vending machine)는 자동화된 판매 시스템으로 제품이나 서비스를 자동으로 판매하는 장치이다. 일반적으로 공공장소나 상업시설 등에 설치되어 있으며 소비자는 자동판매기를 사용하여 원하는 제품을 선택하고 결제를 진행할 수 있다. 자동판매기는 다양한 제품을 판매할 수 있으나 주로 음료수, 간식, 커피, 담배, 신문 등의 상품을 판매한다. 최근에는 기술 발전으로 피자, 라면 등 식품, 화장품 등 다양한 제품이 자동판매기를 통해 판매되고 있다. 자동판매기는 다음과 같은 장점을 가지고 있다. 첫째 24시간 운영되므로 소비자는 언제든지 원하는 시간에 제품을 구매할 수 있다. 둘째 소비자는 별도의 판매원과의 접촉 없이 직접 제품을 선택하고 결제할 수 있어 편리하다. 셋째 자동판매기를 사용하면 제품을 찾기 위해 상점을 찾아다니는 시간이 절약된다. 넷째 일반적으로 자동판매기는 작은 공간을 차지하여 운영에 필요한 인력 및 비용이 적어 비교적 저렴하게 운영될 수 있다. 다섯째 인구 밀집 지역, 사무실, 학교, 공항 등 다양한 장소에 설치하여 사용할 수 있다.

도매상(wholesaler)이란 재판매 혹은 영리적 목적으로 구매하는 최종 구매자에게 제품이나 서비스를 판매하는 조직체를 일컫는데, 기본적으로 다수 생산자로부터 제품을 조달하여 이를 소매상에게 분배하는 역할을 한다. 도매상의 유형에는 제품의 소유권을 가지고 다양한 기능을 수행하는 독립적인 사업체인 **상인 도매상**, 제품의 소유권은 가지고 있지 않으면서 단지 거래를 성사시키는 역할을 하고 일정 비율의 수수료를 받는 **대리점 및 브로커**, 제조업체가 직접 소유하고 운영하는 도매상인 **제조업체 도매상** 등이 있다.

제 9 장

마케팅 커뮤니케이션 관리

제 1 절 마케팅 커뮤니케이션의 이해

촉진(promotion)이란 마케팅 믹스 4P 중의 하나로, 소비자가 자사 제품이나 서비스에 대하여 우호적 성향을 가지도록 만들기 위한 마케팅 커뮤니케이션 과정을 말한다. **마케팅 믹스 4P**는 앞에서 이미 설명하였지만 마케팅 목표 달성을 위하여 마케팅 활동에서 사용되는 방법을 전체적으로 조정 및 구성하는 것을 의미한다. **촉진 과정**은 크게 인지 과정, 태도 형성 과정, 행동 과정의 3단계로 나눌 수 있다. 첫째 **인지 과정**은 소비자에게 자사 제품이나 서비스에 대한 정보를 제공하여 알리는 단계이다. 둘째 **태도 형성 과정**은 소비자가 자사 제품이나 서비스에 대해 호의적 감정을 가지는 단계를 말한다. 셋째 **행동 과정**은 실제 소비자가 자사의 제품을 구매하는 단계를 말한다. 촉진과 관련하여 촉진 믹스라는 개념도 있다. **촉진 믹스**(promotion mix)는 촉진을 위해 이용되는 여러 가지 커뮤니케이션 수단을 지칭하는데 이 책에서는 크게 광고, 판매 촉진, PR, 인적 판매의 4개로 구분하여 설명하겠다. 마케팅 믹스와 촉진 믹스의 관계를 정리하면 [그림 9-1]과 같다. 필립 코틀러(Philip Kotler)는 촉진 믹스를 **마케팅 커뮤니케이션 믹스**(marketing communication mix)라고 칭하고 앞에서 언급한 광고, 판매 촉진, PR, 인적 판매 외에 직접 마케팅을 추가하여 5개로 분류하였다[1]. 이 책에서는 마케팅 믹스 4P의 촉진을 촉진 믹스의 하나인 판매 촉진과 구별하기 위하여 마케팅 커뮤니케이션으로 칭하도록 한다.

---

1) 필립 코틀러, 마케팅관리론(Marketing Management 11판), 도서출판 석정, 2004년, p.799. 필립 코틀러는 흔히 사용하는 마케팅 커뮤니케이션 수단을 광고, 판매 촉진, 공중관계 및 홍보, 인적 판매, 직접 및 상호작용 마케팅의 5가지로 분류하였는데, 직접 마케팅에는 카탈로그, 우편, 전화 마케팅, 전자식 쇼핑, TV 쇼핑 등이 해당한다고 기술함.

[그림 9-1] 마케팅 믹스와 촉진 믹스

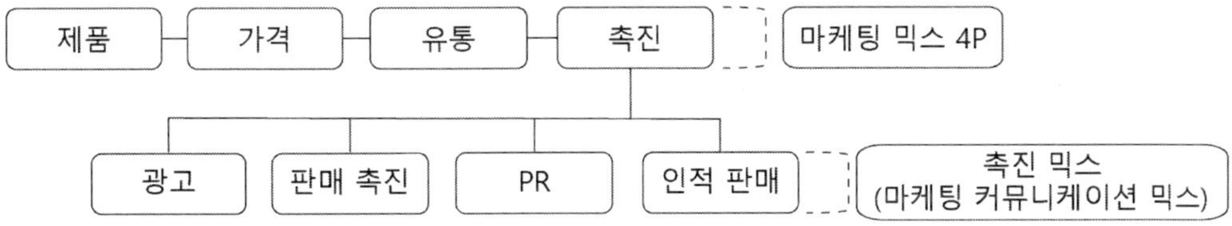

다음으로 통합적 마케팅 커뮤니케이션이란 용어도 있다. **통합적 마케팅 커뮤니케이션**(IMC, integrated marketing communication)이란 기업이 마케팅 활동을 계획하고 실행할 때 사용되는 종합적인 접근 방식으로 다양한 커뮤니케이션 도구와 채널을 통해 일관된 메시지를 전달하고 마케팅 목표를 달성하는 데 중점을 둔다. 또한 통합적 마케팅 커뮤니케이션은 기업이 마케팅 전략을 개발하고 실행할 때 이용 가능한 모든 커뮤니케이션 수단을 명료하고 일관성 있게 관리하는 것을 말한다. 이는 광고, 판매 촉진, PR(홍보), 인적 판매, 디지털 마케팅 등 다양한 마케팅 커뮤니케이션 도구를 통합하여 사용하는 것을 포함한다. [그림 9-2]는 촉진, 촉진 믹스(마케팅 커뮤니케이션 믹스), 통합적 마케팅 커뮤니케이션의 관계를 정리한 것이다.

[그림 9-2] 촉진, 촉진 믹스(마케팅 커뮤니케이션 믹스) 및 통합적 마케팅 커뮤니케이션

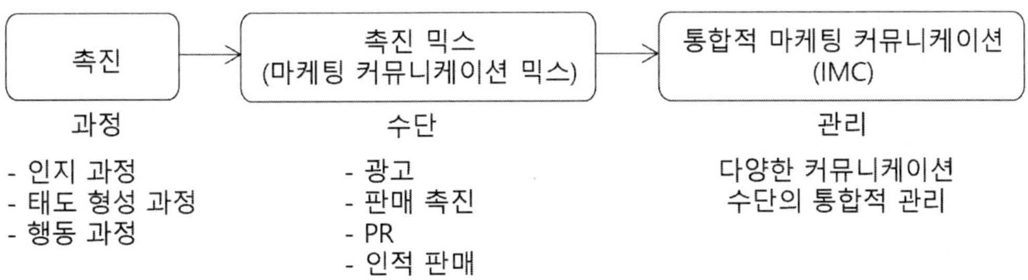

일반적인 **마케팅 커뮤니케이션 과정**은 [그림 9-3]과 같이 간단히 설명할 수 있는데 이를 **커뮤니케이션 과정 모델**이라 한다.

[그림 9-3] 커뮤니케이션 과정 모델

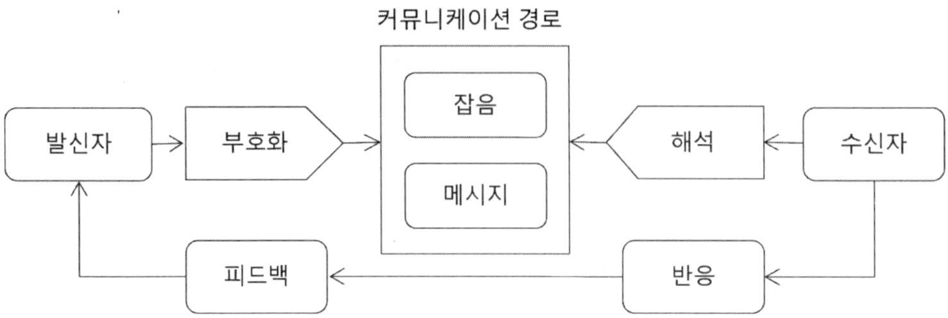

발신자(sender)란 메시지를 보내는 당사자 또는 정보원을 말하며, **부호화**(encoding)는 메시지를 효과적으로 전달하기 위해 메시지의 내용을 문자, 그림, 소리, 상징 등을 이용하여 시각적, 청각적, 언어적 부호화 또는 상징화하는 것을 말한다. **커뮤니케이션 경로**(communication channel)는 메시지를 전달하는 경로를 의미하며, **구전**(word of mouth) 등과 같은 인적 매체와 TV, 라디오, 신문, 잡지 등과 같은 비인적 매체로 구분한다. 잡음(noise)은 원래 의도와 다르게 수신자에게 전달되는 여러 가지 방해 요소를 말하는데, 이는 주변 소음, 전달 매체 문제, 타인과의 대화 등과 같은 **외적 잡음**, 수신자의 피로, 긴장, 부정적 감정 등과 같은 **내적 잡음**으로 구분할 수 있다. 특히 잡음은 정보를 수집하는 과정에서 가장 핵심적인 문제이기도 하다. **해석**(coding)은 메시지를 수신자가 해석하는 과정을 의미하며, **수신자**(receiver)는 메시지를 전달받는 당사자로 전달된 메시지를 해석하고 의미를 부여한다. **반응**(response)이란 메시지에 노출된 후 수신자가 가지는 인지적, 감정적, 행동적 반응을 일컫는다. **인지적 반응**은 메시지가 주장하는 내용에 대한 신념을 형성하는 것을 말하며, **감정적 반응**은 신념을 기초로 대상에 대해 가지는 호의적, 비호의적 감정을 가지는 것을 일컬으며, **행동적 반응**은 이러한 감정적 반응에 따라 소비자가 실제 구매 행동을 하는 것을 말한다. **피드백**(feedback)이란 수신자의 반응이 발신자에게 다시 전달되는 것을 말한다.

마케팅 커뮤니케이션 믹스를 적절하게 잘 조정하고 통합하기 위하여 효과적인 커뮤니케이션을 할 수 있도록 마케팅 커뮤니케이션 전략을 수립하여야 한다. 마케팅 커뮤니케이션 전략을 수립하는 과정은 상황분석 단계, 커뮤니케이션 목표 설정 단계, 커뮤니케이션 예산 책정 단계, 커뮤니케이션 메시지 선택 단계, 커뮤니케이션 믹스 결정 단계, 커뮤니케이션 활동의 평가 및 통제 단계로 이루어진다.

첫 번째 단계는 상황분석 단계이다. 이 단계에서는 표적시장 고객, 제품수명주기, 소비자의 구매 의사 결정 단계, 마케팅 믹스 등을 고려한다. 이미 표적시장 마케팅 전략(STP 전략)에서 언급했지만 마케팅의 표적시장 고객을 결정해야 하는데 마케팅 조사나 시장 세분화를 통하여 현재 혹은 잠재 소비자가 그 대상이 된다. **제품수명주기**(product life cycle)는 제6장에서 살펴본 것과 같이 도입기, 성장기, 성숙기, 쇠퇴기의 4단계로 나누어지는데 각 단계에 따라 마케팅 목표 및 전략이 다소 차이가 있으며 이에 따라 각 단계별 마케팅 활동도 차이가 있다. 도입기에는 소비자에게 제품 정보를 제공하고 출시를 인지시키는 것이 마케팅의 주요 활동이다. 성장기에는 소비자의 제품이나 서비스 구매를 적극적으로 설득하는 것이 주요 활동이 되고, 성숙기에는 제품이 아직 존재한다는 사실을 소비자에게 회상시키는 것이 주요 활동이 된다. 쇠퇴기에는 경쟁력 없는 제품을 단계적으로 철수시키는 마케팅 활동이 필요하다. 소비자의 구매 의사 결정 단계도 고려하여야 하는데 구매 의사 결정 단계는 구매 전 단계, 구매 단계, 구매 후 단계로 나누어진다. 구매 전 단계에서는 소비자에게 제품 정보를 제공하고 제품을 인지시키기 위하여 광고와 같은 활동이 필요하다. 구매 단계에서는 소비자의 실질적인 구매를 설득하기 위하여 판매 촉진과 같은 활동이 필요하다. 구매 후 단계에서는 광고나 PR, 인적 판매를 통해 소비자의 인지 부조화를 감소시키고 구매에 대한 확신을 갖게 해야 한다. 마케팅 믹스 고려 단계에서는 마케팅 믹스 4P 중 제품과 관련하여 기술적으로 복잡하고 지각된 위험이 큰 제품은 인적 판매가 유리하고, 가격 측면에서는 고가품은 인적 판매, 저가품은 판매 촉진이 상대적으로 효과적이다. 유통경로 부문에서는 푸쉬(Push) 전략과 풀(Pull) 전략 중 선택하여 활용한다. **푸쉬(Push) 전략**이란 제조업체가 유통경로를 통해 소비자가 제품을 구매하도록 자사 제품을 밀어내는(push) 것을 말한다. 이는 제조업체가 도매상이나 소매상에게 자사 제품이나 서비스의 판매를 요청하는 것인데 이 경우 판매 촉진이나 인적 판매를 활용할 수 있다. **풀(Pull) 전략**이란 제조업체가 소비자를 자극하고 이를 통해 소비자가 중간상을 경유하여 자사 제품을 구매하도록 끌어당기는(pull) 것을 말한다. 즉 제조업체가 소비자를 상대로 판매 촉진 활동을 하여 소비자들이 중간상을 찾게 만들고 중간상이 제조업체의 제품을 구매하여 소비자에게 판매하도록 하는 것을 말한다. 이 경우 광고나 판매 촉진을 활용할 수 있다. [그림 9−4]는 푸쉬 전략과 풀 전략을 요약 정리한 것이다.

[그림 9-4] 푸쉬(Push) 전략과 풀(Pull) 전략

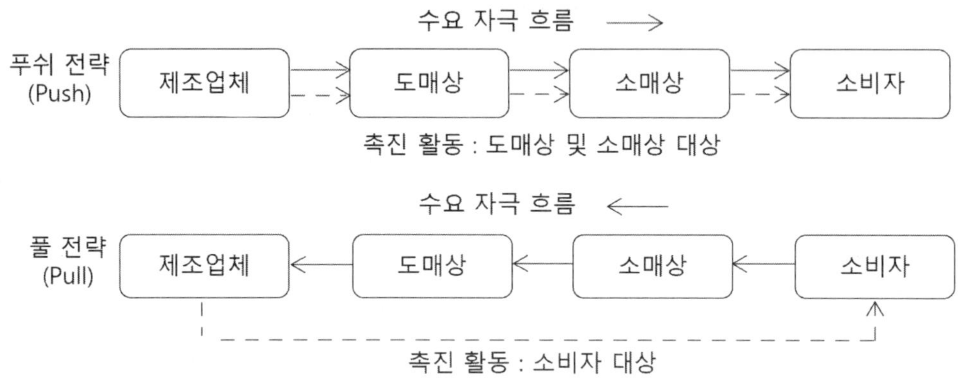

두 번째 단계는 커뮤니케이션 목표 설정 단계이다. 목표는 다양한 기준으로 나눌 수 있겠지만 여기서는 매출 목표와 커뮤니케이션 효과 목표로 나누어 설명하겠다. **매출 목표**는 기업의 매출액을 기준으로 목표를 설정하는 것을 말하는데 대부분 기업은 궁극적으로 매출 증대를 목표로 하기 때문에 많이 채용한다. 이와 관련하여 이미 설명한 투자액에 대한 이익을 나타내는 **투자수익률**(ROI, return on investment) 또는 **투하자본수익률**(ROIC, return on invested capital), 자기자본에 대한 이익을 나타내는 **자본수익률**(ROE, return on equity), 회사의 총자산에 대한 이익을 나타내는 **자산수익률**(ROA, return on assets) 등도 있다. 커뮤니케이션 효과 목표는 매출액 기준보다 소비자의 반응에 기초하여 목표를 설정하는 것이다. 즉 소비자의 자사 제품에 대한 인지도가 증가하였는가 하는 신념이나 태도와 같은 효과를 측정하는 것을 말한다. 이와 관련된 용어로 매체점유율, 지갑점유율이라는 개념이 있는데, **매체점유율**(share of voice)이란 특정 산업이나 분야에서 전체적으로 집행된 광고 지출 비중에서 자신의 기업이 차지하는 비중을 말하기도 하지만, TV, 방송, 신문 등에서 자신의 기업이나 제품, 브랜드 등이 얼마나 많이 언급되는가 하는 비율을 의미하기도 한다. **지갑점유율**(share of wallet)은 소비자가 소지하고 있는 돈 중에서 자사 상품을 구입하는데 든 돈의 비율을 말한다. 커뮤니케이션 효과와 관련하여 AIDA 모형이 있다. **AIDA 모형**은 소비자의 구매 심리 과정을 4단계로 표현한 것으로, 소비자의 구매 심리를 주의(attention), 관심(interest), 열망(desire), 행동(action)의 4단계로 구분하는 것이다. 주의(attention)는 제품이나 서비스에 대한 소비자의 주의를 끄는 단계이며, 관심(interest)은 제품이나 서비스에 대해 소비자가 관심을 갖는 단계를 말한다. 열망(desire)은 소비자가 제품이나 서비스가 이익이나 혜택이 있다고 판단하면 구매하고 싶은 열망이 생기는 단계이며, 행동(action)은 소비자가 구매에 대한 확신을 갖고 행동을 하는 단계이다. AIDA 모형과 관련하여 AIDMA 모형, AIDCA 모형 등도 있다. 두 모형은 AIDA 모형을 바탕으로 다소 변경시킨 모형이다. AIDMA는 주의(attention), 관심(interest), 열망(desire), 기억(memory), 행동(action)의 5단계를 의미하며, AIDCA는 주의(attention), 관심(interest), 열망(desire), 확신(conviction), 행동(action)의 5단계를 의미한다. [그림 9-5]는 고객의 구매 심리 과정을 설명한 AIDA, AIDMA 및 AIDCA 모형을 표현한 것이다.

[그림 9-5] AIDA, AIDMA 및 AIDCA 모형

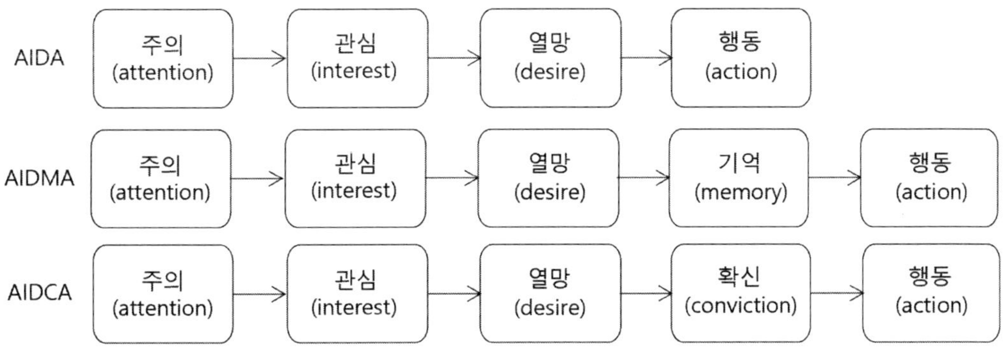

세 번째 단계는 커뮤니케이션 예산 책정 단계이다. 예산을 얼마나 사용할 것인가를 결정하는 방법은 크게 하향식 접근방법과 상향식 접근방법으로 구분한다. [표 9-1]은 하향식 및 상향식 접근방법을 정리한 것이다.

[표 9-1] 커뮤니케이션 예산 책정의 하향식 및 상향식 접근방법

	하향식(top-down) 접근방법	상향식(bottom-up) 접근방법
정의	회사 최고경영층이 커뮤니케이션 예산을 결정하고 각 커뮤니케이션 활동별로 예산을 배분	각 커뮤니케이션 활동별로 비용을 추정한 후 최고경영층이 전체 예산을 결정
예	- 매출액 비율법 - 가용자금법 - 경쟁사 기준법 - 임의할당법	- 목표 과업법

첫째 **하향식(top-down) 접근방법**은 회사 최고경영층이 커뮤니케이션 예산을 결정하고 각 커뮤니케이션 활동별로 예산을 배분하는 것을 말하는데, 이에는 매출액 비율법, 가용자금법, 경쟁사 기준법, 임의 할당법 등이 있다. **매출액 비율법**은 과거 매출액이나 예상 매출액을 기준으로 예산을 결정하는 방식이고, **가용자금법**은 다른 활동에 필요한 자금을 우선 배분한 후 가용할 수 있는 범위 내에서 예산을 책정하는 방법이다. **경쟁사 기준법**은 경쟁사의 예산을 기준으로 자사의 예산을 결정하는 방법이며, **임의 할당법**은 최고경영자의 경험 등을 바탕으로 예산을 책정하는 방법이다. 둘째 **상향식(bottom-up) 접근방법**은 먼저 각 커뮤니케이션 활동별로 비용을 추정한 후 최고경영층이 전체 예산을 결정하는 방법으로 대표적인 것이 목표 과업법이다. **목표 과업법**이란 커뮤니케이션 목표를 정한 후 목표 달성을 위한 활동을 수행하는데 필요한 예산을 책정하는 방법이다. 목표 과업법과 관련하여 많이 활용하는 것이 목표 관리(MBO)이다. **목표 관리**(MBO, management by objectives)는 회사 구성원에게 업무 목표만을 지시하고 목표 달성을 위한 구체적인 방법이나 활동은 회사 구성원에게 맡기는 관리 방식을 말한다.

네 번째 단계는 커뮤니케이션 메시지 선택 단계이다. 이 단계에서는 무엇을 전달할 것인가(메시지 내용), 메시지 내용은 어떤 방식(메시지 구조)으로 어떤 상징을 활용하여(메시지 형태) 표현할 것인가를 결정한다. 메시지 내용은 소비자를 설득하는 여러 가지 방안, 즉 소구점을 포함하여야 한다. 소구점에는 제품의 실용적, 기능적 욕구에 초점을 두고 제품의 특성이나 편익을 강조하는 **이성적 소구**(rational appeals), 제품 자체보다는 이미지를 중시하여 심리적 욕구에 초점을 두는 **감성적 소구**(emotional appeals), 사회적으로 바람직하다고 생각하는 것에 기업의 이미지를 연결시키는 **도덕적 소구**(moral appeals) 등이 있다. 메시지 구조는 메시지의 결론을 내릴 것인가, 메시지 결론을 앞부분 또는 뒷부분에 제시할 것인가, 메시지의 긍정적 면과 부정적 면을 동시에 제시할 것인가 등을 결정하는 것이다. 메시지 형태는 메시지를 표현하는 양식을 말하는 것으로 메시지를 효과적으로 전달하는 방법을 결정하는 것이다. 예를 들어 TV 광고 모델의 경우 모델의 의상, 헤어 스타일 등에 주의를 기울여 광고를 만들어 내보는 것을 말하며, 인쇄물의 경우는 표제어, 카피, 도안 및 색상 등에 주의를 기울여 만드는 것을 말한다.

다섯 번째 단계는 커뮤니케이션 믹스 결정 단계로 마케팅 커뮤니케이션 활동을 위한 수단의 집합인 **커뮤니케이션 믹스**(communication mix)를 결정하는 것을 말한다. 마케팅 커뮤니케이션 믹스에는 광고, 판매 촉진, PR(public relations), 인적 판매가 있다. 광고

(advertising)는 광고주가 대가를 지불하고 제품, 서비스, 아이디어 등을 비인적 매체를 통하여 소비자에게 널리 알리고 소비자의 구매를 설득, 유인하는 활동을 말한다. 판매 촉진(sales promotion)은 소비자나 중간상을 대상으로 판매를 늘리기 위한 활동으로, 비인적 촉진 수단인 샘플 제공, 쿠폰, 경품, 점포 내 진열, 세일, 전시회 등의 활동을 말한다. PR(public relations)은 언론 등 비인적 매체를 통하여 지역사회나 단체 등과 우호적 관계를 형성하고 유지하는 기업의 활동을 말한다. 인적 판매(personal selling)는 판매원이 고객에 직접 접촉하여 제품이나 서비스의 정보를 제공하고 구매를 설득하는 것을 말한다. 마케팅 커뮤니케이션 믹스에 대해서는 다시 자세히 설명하도록 하겠다.

마지막 단계는 커뮤니케이션 활동의 평가 및 통제 단계이다. 이 단계는 구체적인 커뮤니케이션 활동을 모니터링하고 평가하고 통제하는 것을 말한다. 마케팅 담당자는 항상 커뮤니케이션 활동을 실행한 후 반드시 그 효과를 측정하고, 문제점이 있으면 수정, 보완하여 다음 마케팅 커뮤니케이션 전략 수립에 반영하여야 한다.

제 2 절 광고

광고(advertising)란 광고주가 표적 고객에게 자사 제품이나 서비스에 대한 정보를 제공함과 동시에 표적 고객을 설득하고 유인하기 위하여 일정한 대가를 지불하고 대중매체를 이용하는 비인적 커뮤니케이션 과정을 말한다. 마케팅 커뮤니케이션 믹스의 대표적인 수단이자 방법으로 일정한 광고비를 지불하고 광고에 대한 통제권을 소유하므로 광고에는 반드시 광고주를 명시한다. 광고는 TV, 라디오, 신문, 잡지 등과 같은 대중매체를 이용하는 **매스 커뮤니케이션**(mass communication)이라는 점에서 직접 고객과 대면하는 인적 판매와 구분된다.

광고에는 다양한 유형이 있다. 첫째 무엇을 광고할 것인가, 즉 광고의 객체를 기준으로 제품 광고와 기업 광고가 있다. **제품 광고**는 특정 제품을 소비자에게 소개하여 소비자의 구매를 유발하는 광고를 말하고, **기업 광고**는 제품보다 기업의 비전, 사회에 대한 기여, 선행 등을 광고하는 것으로 기업에 대한 호의적 이미지를 만드는 것을 주목적으로 하며 PR(public relations)이라고도 한다. 둘째 광고 전략에 따른 광고가 있다. **비교광고**(comparative advertising)는 경쟁 브랜드를 직간접적으로 비교하는 광고로 광고 메시지를 강조하여 소비자를 설득하는 것이다. 대표적인 예가 콜라 전쟁이라고 불리는 펩시콜라(Pepsi Cola)와 코카콜라(Coka Cola)의 비교광고이다. **유명인 광고**(cerebrity advertising)는 유명인을 광고에 이용하는 것으로 광고 메시지의 효과를 향상시키기 위해 이용하는 보편적 방법이다. **쌍방향 광고**(interactive advertising)는 메시지 수용자가 능동적으로 광고 과정에 참여하는 것으로 커뮤니케이션 경로를 통해 쌍방향으로 메시지를 주고받는 광고이다. **공동광고**(cooperative advertising)는 서로 다른 기업의 상품이나 서비스를 하나의 광고로 표현하는 것으로, 광고비를 절약하고 상호 간 브랜드의 장점을 공유하는 시너지 효과를 기대할 수 있는 광고이다.

마케팅 담당자는 표적시장에 적합한 광고 프로그램을 개발하기 위하여 몇 단계의 의사결정 과정을 거치게 된다. 광고 프로그램 개발 과정은 기본적으로 앞에서 설명한 마케팅 커뮤니케이션 전략 수립 과정과 유사한 의사결정과정을 거친다.

첫 번째 단계는 광고 목표 설정 단계이다. 이는 어떤 목표를 위하여 광고를 이용하느냐에 따라 구분할 수 있다. 정보 제공 광고는 소비자의 구매 욕구를 파악하여 기본적 수요를 만들어 내는 것이 목표인 경우로 제품의 특징이나 기능을 강조하는 광고이다. 설득 광고는 여러 제품 중 자사 제품을 선택하는 수요를 증가시키는 것이 목적으로 주로 비교광고를 이용한다. 상기 광고는 자사의 제품에 대한 소비자 인식을 지속시키는 것이 목적이다. 강하 광고는 소비자가 선택한 제품이 올바른 선택이라는 확신을 갖게 하는 광고로, 예를 들어 소비자가 자사 제품 구매에 만족하는 모습을 보여주는 광고가 대표적이다. 정보 제공 광고는 소비자가 자사 제품에 대하여 잘 인식하지 못하는 단계인 도입기에 효과적이며, 상기 광고는 소비자가 자사 제품을 잊어 가는 단계인 쇠퇴기에 효과적이다. 설득 및 강화 광고는 제품수명주기 전 과정에서 효과적일 수 있다. 광고를 제품수명주기와 연결하여 설명할 수 있는데 [그림 9-6]은 이를 정리한 것이다.

[그림 9-6] 제품수명주기와 광고 목표

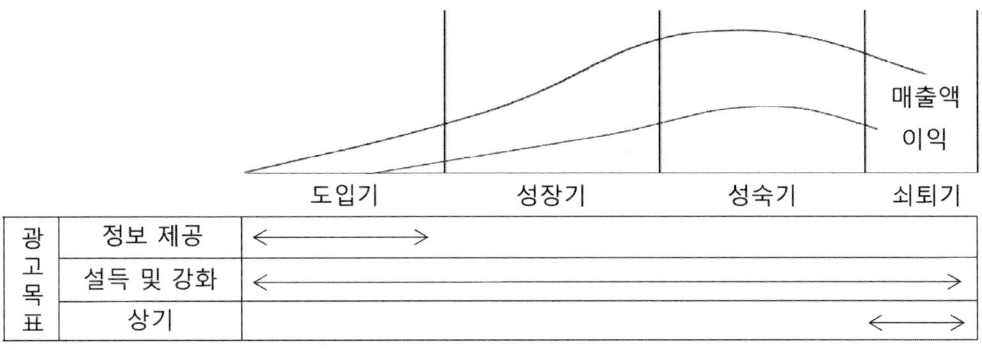

두 번째 단계는 광고 예산 책정 단계로 여러 가지 요인을 고려하여 예산을 책정하여야 한다. 제품수명주기 상의 신제품의 경우 제품 도입기에는 많은 예산이 필요하다. 시장점유율이 높은 제품은 시장점유율 유지에 상대적으로 적은 광고 예산이 필요할 것이지만 시장규모가 커지면 시장점유율 구축을 위해 많은 광고비가 필요하다. 경쟁 정도도 예산 책정에 영향을 미치는데 경쟁이 치열하면 경쟁사보다 우위를 점하기 위해 많은 광고비가 필요하다. 광고 빈도 즉, 광고의 반복 회수도 광고비 책정에 중요한 고려 요인이다. 제품 차별화 정도도 광고 예산에 영향을 미치는데 차별화되지 않을수록 광고비를 과다 지출하게 된다. 광고 예산 책정 방법은 앞에서 설명한 커뮤니케이션 예산 책정 방법인 매출액 비율법, 가용자금법, 경쟁사 기준법, 임의 할당법, 목표 과업법 등이 있다.

세 번째 단계는 광고 메시지 결정 단계로 효과적인 메시지를 만들기 위한 다양한 활동이 필요한데, 이는 앞에서 설명한 소구 유형인 이성적 소구, 감성적 소구, 도덕적 소구를 그대로 적용하여 광고 메시지를 표현한다. 또한 광고 메시지는 앞에서 설명한 AIDA, AIDMA, AIDCA 모형에 따라 적용하고 집행하여야 한다. 광고 메시지의 집행 스타일은 일상생활의 단면, 라이프스타일, 환상, 무드, 상징적 인물, 전문성, 과학적 증거, 유머 등 다양한 형태가 있다.

네 번째 단계는 광고 매체 선정 단계로 광고 매체의 도달 범위, 빈도 및 효과 강도 등의 요인을 고려하여야 한다. **도달 범위**(reach)는 광고 매체가 어느 정도(%)의 표적 고객에게 광고가 도달되도록 할 것인가 결정하는 것을 말하며, **빈도**(frequency)는 표적 고객에게 평균 몇 회 정도 광고 메시지를 노출시킬 것인가를 결정하는 것으로 보통 노출 회수라고도 한다. **효과 강도**(impact)는 노출되는 광고 메시지의 계량적 가치가 어느 정도인가를 의미하는 것으로, 즉 메시지를 잘 표현하여 전달하는가를 평가하는 것이다. 광고 매체를 선정하는 구체적인 방법으로 CPM(cost per mille)이 있는데, 이는 광고 비용을 측정하는 모델의 한 종류로 1,000명 또는 1,000가구에 광고 메시지를 전달하는 데 소요되는 비용을 의미한다. 주요 광고 매체의 특징을 정리한 것이 [표 9-2]이다.

TV, 신문, 잡지, 라디오 등은 ATL(above the line)이라고 하는데 이는 대중 매체를 이용한 광고로 소비자에게 광고 메시지를 일방적으로 전달하는 광고를 말한다. 따라서 ATL은 광범위한 소비자를 대상으로 광고 메시지를 전달한다. 이와는 반대로 BTL(below the line)은 대중 매체를 이용하지 않는 광고로 이벤트, 전시, 프로모션, 직접 마케팅 등을 말한다. 따라서 BTL은 특정 소비자를 대상으로 직접적으로 소통하고 상호작용하는 광고로 일방적으로 정보를 전달하는 ATL과 달리 쌍방향적 성격을 갖는다. ATL과 BTL을 합친 개념을 TTL(through the line)이라고 한다. 주요 광고 매체 중 신문의 경우, 독자들이 기사보다 광고에 더 집중하는 경향이 있으며 일요일 광고 게재가 가장 효과적이

[표 9-2] 주요 광고 매체의 특징

광고 매체	장점	단점
TV	- 빠른 전달력, 주의력 집중이 강함 - 광범위한 고객층 확보 용이 - 시각적, 청각적 메세지 전달 가능	- 과다한 광고비 및 광고 혼잡 - 표적 고객 선별이 어려움 - 노출시간이 짧음
신문	- 지역적 범위에 적합 - 많은 정보 제공 가능 - 신뢰성이 높음	- 수명이 짧고 회독률이 낮음 - 독자 수 한정 - 낮은 재현 능력
잡지	- 특정 고객에게 소구 가능 - 긴 광고 수명 및 반복 광고 가능 - 신뢰성과 회독율이 높음	- 광고 비용이 상대적으로 비쌈 광고 게재 대기 시간이 길 - 일부 부수의 낭비 및 광고지역 미보장
라디오	- 적은 광고 비용 - 빠른 전달력, 지역적 선별 용이	- 청각적 메세지의 한계 - 낮은 집중도 및 짧은 메세지 수명
옥외 광고	- 반복 노출 가능, 낮은 비용 - 지역적 선택성, 높은 거시성 - 낮은 경쟁	- 표적 고객 선별이 어려움 - 창의적 메세지 전달 한계
우편	- 표적 고객 선별 및 개인화 가능 - 낮은 경쟁	- 개인당 높은 광고 비용 - 광고 쓰레기 조장 가능성
케이블 TV	- 표적 고객에 대한 정확한 메세지 전달 - 메세지 광고 제작 가능 - 적은 광고비	- 낮은 시청율 - 잦은 채널 변경

며 앞쪽 지면의 하단과 앞쪽 지면의 오른쪽 상단부에 광고를 게재하는 것이 가장 효과적이다. 잡지의 경우, 잡지의 안쪽 광고보다 잡지의 맨 뒤쪽 페이지 광고가 훨씬 더 효과적이다. 라디오의 경우, 청취자의 관심 지속시간은 3초 정도로 이 짧은 시간 내에 청취자의 관심을 사로잡을 수 있어야 하며 전화번호를 알리는 경우 전화번호를 적어도 3번 이상 반복하여야 효과적이다. 옥외광고의 경우, 광고판의 문자는 6단어 이상 사용하지 않는 것이 좋으며 공중문자(skywriting)도 포함한다. 우편의 경우, 주로 카탈로그 광고에 주로 이용되고 있으며 우편물 수신자는 본문보다 수신란을 훨씬 더 많이 읽는다. 케이블 TV 광고의 경우, 디지털 시대의 채널 다중화의 영향으로 시청자의 다양성 및 대중적 영향력이 증대하고 있어 광고 매체로서의 영향력이 커지고 있다.

마지막 단계는 광고 효과 측정 단계이다. 이는 광고 효과가 광고 목표를 어느 정도 달성하였는가를 측정하는 단계로 광고 효과를 측정 방법에는 여러 가지가 있다. 광고 효과는 커뮤니케이션 효과와 판매 효과로 구분하여 설명할 수 있다. 커뮤니케이션 효과는 광고가 얼마나 효과적으로 소비자에게 전달되었는가를 말하는 것이며, 판매 효과는 광고가 제품의 매출 증가에 얼마나 기여하였는가를 측정하는 것이다. 커뮤니케이션 효과를 측정하는 방법으로 사전 테스트와 사후 테스트가 있다. **사전 테스트**는 광고를 시행하기 전에 광고에 대하여 평가하는 것으로, 이에는 소비자나 광고 전문가에게 광고를 제시한 후 광고에 대하여 질문하고 대답을 듣는 방법인 **직접 평가**, 소비자에게 여러 광고물을 나누어 주고 필요한 시간만큼 보고 듣게 한 후 기억을 테스트하는 것으로 보고 들었던 광고 내용을 상기하도록 요구하는 방법인 **포트폴리오 테스트**, 광고에 대한 심리적 반응을 알기 위해 과학적 장비를 사용하여 소비자의 맥박, 긴장도 등을 측정하는 방법인 **실험실 테스트** 등이 있다. **사후 테스트**는 실제 광고를 시행한 후 광고 효과를 측정하는 것으로, **회상**(recall) **테스트**는 소비자에게 광고에 대하여 가능한 많은 것을 기억해 내도록 한 후 이를 점수화하는 것을 의미하고, **재인**(recognition) **테스트**는 소비자의 기억보다 인지를 바탕으로 한 구별 능력에 초점을 두고 광고 효과를 측정하는 방법이다. **의견 조사법**은 소비자에게 광고를 시행한 후 흥미 있는 광고에 대해 순위를 매기게 하는 방법이다. 판매 효과를 측정하는 방법에는 시장 실험법과 매출 통계 기법이 있는데, **시장 실험법**은 광고 시행 전에 지역별로 광고 예산을 다르게 책정한 후 지역별 판매나 매출 변화를 시험적으로 측정하는 것이며, **매출 통계 기법**은 실제 광고 시행 후 광고로 인한 지역별 매출 변화를 통계적으로 측정하는 것이다. [표 9-3]은 이를 정리한 것이다.

[표 9-3] 광고 효과 측정 방법

구분	사전 테스트	사후 테스트
커뮤니케이션 효과	- 직접 평가 - 포트폴리오 테스트 - 실험실 테스트	- 회상 테스트 - 재인 테스트 - 의견 조사법
판매 효과	- 시장 실험법	- 매출 통계 기법

제 3 절 판매 촉진

판매 촉진(sales promotion)이란 소비자의 구매동기를 직접 자극하여 즉각적으로 구매를 유인하거나, 또는 유통경로의 중간상을 지원하거나 자극하여 마케팅 활동의 효율성을 제고하는 활동을 말한다. 판매 촉진의 목적은 신제품을 시험적으로 구매하거나 재구매하도록 유도하며 기존 제품에 대한 구매량을 증대시키는 것이다. 또한 기존 고객을 유지하고 자사 제품의 거래를 활성화시키는 것이다. 광고는 고객이 제품을 사는 이유(a reason to buy)를 제시하는 반면에 판매 촉진은 제품을 사는 인센티브(an incentive to buy)를 제시한다. 판매 촉진의 효과는 긍정적 효과와 부정적 효과가 있다. 긍정적 효과로는 신규 고객의 시험 구매를 유발하고 기존 고객의 구매량을 증대시켜 매출액을 증가시킬 수 있다. 또한 광고와는 달리 비용 부담이 상대적으로 적어 상황에 따라 신축적으로 활용할 수 있다. 부정적 효과로는 판매 촉진을 자주 하게 되면 브랜드의 이미지 및 제품의 신뢰도가 하락할 수 있다. 또한 중간상을 대상으로 하는 경우 자주 하면 습관화가 되어 판매 촉진이 없으면 잘 움직이지 않을 수 있고, 지나치게 사전 구매가 많은 경우 과잉 재고로 암시장에 구매한 제품을 유통시키는 등의 부작용이 일어날 가능성도 있다. 따라서 판매 촉진은 장기적인 활동이 아닌 대부분 단기적 수단으로 활용하고 있다.

판매 촉진 주체는 크게 제조업체와 소매상으로 나눌 수 있으며 판매 촉진 대상은 소비자, 중간상, 제조업체가 직접 고용한 판매원으로 구분할 수 있다.

첫째 소비자 판매 촉진이다. 소비자 판매 촉진을 위한 수단에는 가격 할인, 쿠폰, 리베이트, 보너스 팩 등과 같은 가격 수단으로 하는 방법과 프리미엄, 샘플, 경연 및 경품, 로얄티 프로그램, POP 디스플레이, 시연회 등과 같은 비가격 수단으로 하는 방법이 있다. **가격 할인**(price-off 또는 price discount)은 일정한 기간에 일정 비율로 제품의 가격을 할인하는 것으로 일상적으로 가장 많이 사용하는 판매 촉진 수단이다. 이는 단기적으로 제품의 매출액을 증가시킬 수 있고 재고를 처분하여 재고 유지 비용도 감소시킬 수 있다. 하지만 장기적으로 빈번하게 가격 할인을 할 경우 정상 가격에 대한 신뢰가 깨지고 브랜드에 대한 부정적인 이미지를 낳을 수 있다. 가격 할인 시 구체적 금액 제시보다는 할인율 제시가 더 효과적이다. 예를 들어 가격 $10인 제품 가격 할인 시 20% 할인이 가격 $2 인하보다 더 효과적이라는 것이다. **쿠폰**(coupon)은 쿠폰 소지자에게 쿠폰에 표시한 가격 할인, 현금 적립, 선물 제공 등의 혜택을 주는 것으로, 신제품을 사용하게 하거나 반복 구매를 유발하거나 경쟁사의 고객을 유인하는 목적으로 활용한다. 쿠폰은 1894년 코카콜라가 처음 발행한 것으로 미국에서는 매년 $3,000억 정도 발행되어 실제 그중 1~2% 정도 사용된다고 알려져 있다. 쿠폰의 60~70%가 식료품 쿠폰으로 전체의 85% 정도는 주로 신문 등에 삽입되는 형태로 무료로 발행된다. 쿠폰 발행 비용이 만만치 않고 발행의 복잡성과 비효율성에도 불구하고 계속 쿠폰을 발행하는 이유는 쿠폰 사용자는 더 저렴한 대체재로 돌아서지 않기 때문이다. 또한 쿠폰은 이중 가격제, 즉 쿠폰 소지자에게는 할인가, 쿠폰 미소지자에게는 정가를 적용하여 고정가격의 딜레마를 해결하는 방안이 되기도 한다. **리베이트**(rebate)는 일정 기간에 제품을 구매한 증명으로 영수증 등을 제시하면 제품 가격의 일부를 돌려주는 것으로, 소비자의 반복 구매, 다량 구매, 조기 구매를 유인하거나 경쟁사 고객을 자사 브랜드로 전환시키는 것을 목적으로 활용한다. 리베이트의 경우 즉시 환불하는 것보다 환불 요청 우편 접수 등으로 시간적 간격을 두고 환불하는 것이 더 효과적이다. 이는 시간적 간격을 둠으로써 환불금을 받는 만족감이 더 커지기 때문이다. **보너스 팩**(bonus pack)은 관련된 제품 여러 개를 하나의 세트로 묶어 저렴하게 판매하거나 같은 제품을 덤으로 더 많은 수량이나 용량을 담아 같은 가격으로 판매하는 것을 말한다. 소비자의 다량 구매, 조기 구매를 유발하기 위하여 활용한다. **프리미엄**(premium)은 사은품이나 기념품을 가리키는데 자사 제품 구매자에게 다른 제품을 무료로 제공하거나, 할인된 가격에 구입할 기회를 제공하는 것을 말한다. 프리미엄은 기업과 제품에 대한 이미지를 개선하고 호의적인 태도를 형성하며 브랜드 충성도도 높일 수 있다. 프리미엄은 제공 방식에 따라 특정 제품을 구매하면 다른 제품을 무료로 제공하는 **무료 프리미엄**, 소비자가 프리미엄의 일부 또는 전체 비용을 부담하는 **소비자 부담 프리미엄**, 자사 제품을 새로운 고객에게 소개시켜 주는 고객에게 제공하는 **소개식 프리미엄** 등이 있다. 프리미엄과 관련하여 또 다른 **프리미엄**(freemium)이 있다. 이는 프리(free)와 프리미엄(premium)의 합성어로 기본 서비스는 무료로 이용할 수 있도록 하고 부가 서비스나 고급 서비스는 유료화하는 것을 말한다. 대표적인 예가 이동통신 요금제에서 전화, 음성, 문자 등의 기본적인 혜택은 무료로 제공하고 데이터 사용과 같은 부가적인 서비스에는 요금을 부과하는 것이다. **샘플**(sample)은 **견본품**이라고도 하는데 제품을 소량으로 포장하여 무료로 소비자에게 나누어 주는 것으로 신제품의 판매 촉진 수단으로 적합하다. 대표적인 예가 화장품 샘플이다. **경연**(contest)이란 기업이 주관하는 대회에 소비자가 참가하여 경쟁을 통하여 선정되면 사은품이나 상금을 받는 것이며, **경품**(giveaway)은 응모자를 대상으로 추첨하여 당첨자를 선정하고 당첨자에게 사은품을 증정하는 것이다. **로열티 프로그램**(loyalty program)은 고정 고객 우대 프로그램와 같이 자주 구매하는 고객을 대상으로 구매 금액이나 구매량에 비례하여 마일리지를 적립하고, 소비자는 누적 마일리지를 이용하여 가격을 할인받거나 다른 제품을 구매하는 것을 말한다. 소비자 충성도를 높이는 효과가 커서 항공사, 신용카드사 등에서 많이 활용한다. 실제 **마일리지 프로그램**(FFP, frequent-flyer program)은 항공편을 빈번하게 이용하는 고객의 브랜드 충성도를 확보하기 위하여 항공사에서 도입한 제도로, 1983년 미국 아메리칸 에어라인(American Airline)의 'A Advantage'가 시초이다. **POP**(point-of-purchase) **디스플레이**는 구매 시점에 눈에 잘 보이고 고르기 좋으며 만지기 좋게 하는 각종 장치나 진열 방식으로, 충동구매를 유발하는 것을 말한다. 대표적인 예가 대형 마트의 계산대 근처에 제품 포스트를 부착하여 놓거나, 건전지, 사탕 등을 진열해 놓는 것이다. **시연회**(demonstration)는 소비자를 초청하여 제품을 직접 보여주거나 제품 사용법과 특이점을 보여주고 설명하는 것을 말하는 것으로, 소비자의 구매 의욕을 자극할 수 있다.

둘째 중간상 판매 촉진이다. 중간상 판매 촉진 수단으로는 중간상 공제, 대금 지불 조건 완화, 판매 장려금, 판촉물 제공, 판매원 파견 등이 있다. **중간상 공제**(trade allowances)는 중간상이 제조업체의 제품을 취급하거나 대량으로 구매하거나 제품을 광고하거나 POP 디스플레이를 한 경우, 그에 대한 대가로 상품 대금 일부를 공제하거나 별도로 현금을 지불하는 것을 말한다. 이에는 일정 기간 자사 제품을 일정한 수량 이상으로 구매한 중간상에게 구매 금액의 일부를 공제하거나 일정 비율의 제품을 무료로 제공하는 **구매 공제**(buying allowances), 신제품의 공급망, 창고 공간, 진열 공간 등 확보를 위해 신제품을 취급해주는 대가로 대금 일부를 공제해 주는 **입점 공제**(slotting allowances), 중간상이 제조업체를 대신하여 광고나 판매 촉진 활동을 한 경우 지급하는 지원금인 **촉진 공제**(promotional allowances), 일정 기간 특별코너에 자사 제품을 진열해 주는 대가로 대금 일부를 공제해주는 **진열 공제**(display allowances) 등이 있다. 대금 지불 조건 완화는 제조업체가 중간상에게 외상 기간을 연장해 주거나, 기일 내 대금을 지급하는 경우 할인해 주는 것이며, **판매 장려금**(sales incentive)은 중간상에게 판매 목표를 부여한 후 목표를 초과 달성하는 경우 장려금을 지급하는 것을 말한다. 판촉물 제공은 제조업체의 브랜드가 부착된 펜이나 달력 등 판촉물을 중간상에게 무료로 나누어 주는 것이며, 판매원 파견은 제조업체의 판매 도우미를 소매상에 파견하는 것을 말한다.

셋째 판매원 판매 촉진이다. 이는 판매원의 동기를 부여하는 프로그램 일부로 판매원의 적극적 판매를 위해 인센티브를 제공하는 것이다. 대표적인 예로 보험회사의 경우 이 달의 판매원 상, 현금 보상, 해외여행 티켓 제공 등을 들 수 있다. 하지만 판매원 판매 촉진은 단발성으로 하는 것은 상당한 효과가 있으나, 장기적으로 지속할 경우 장기적인 관계 형성보다 단기적 매출액에 연연할 가능성이 있는 문제점이 있다. 특히 영업사원의 이직률이 20~25%에 이르는 점을 감안하면 판매원 촉진 수단에 대한 신중한 접근이 필요하다. 판매 촉진 유형을 정리하면 [표 9-4]와 같다.

[표 9-4] 판매 촉진 유형

판매 촉진 유형	판매 촉진 수단	비고
소비자 판매 촉진	- 가격 할인 - 쿠폰 - 리베이트 - 보너스 팩	가격 수단
	- 프리미엄 - 샘플 - 경연 및 경품 - 로얄티 프로그램 - POP 디스플레이 - 시연회	비가격 수단
중간상 판매 촉진	- 중간상 공제	- 구매 공제 - 입점 공제 - 촉진 공제 - 진열 공제
	- 대금 지불 조건 완화 - 판매 장려금 - 판촉물 제공 - 판매원 파견	
판매원 판매 촉진	- 각종 인센티브 제공	- 이 달의 판매원 상 - 현금 보상 - 해외여행 티켓 제공

제 4 절 PR

PR(public relations)은 홍보와 동의어로 사용되나 홍보는 PR보다 범위가 훨씬 좁은 것으로, **홍보**(publicity)는 비용 지불 없이 대중 매체를 통해 기사, 뉴스 등의 형태로 기업이나 제품의 정보를 전달하는 것을 말한다. 하지만 PR은 홍보 활동뿐만이 아니라 제품이나 기업과 직간접적인 이해관계자, 즉 소비자, 종업원, 공급업체, 주주, 정부, 일반 대중, 시민단체 등에게 영향을 미쳐서 호의적 관계를 형성하는 커뮤니케이션 활동을 말한다. 일반적으로 이해관계자는 stakeholder라고 하며, 주주인 shareholder와 구별한다. PR은 다시 마케팅 PR(MPR)과 기업 PR(CPR)로 구분할 수 있는데, **마케팅 PR**(MPR, marketing public relations)은 기존 고객 중심의 마케팅 목표를 지원하는 PR을 의미하는 것으로, 신문, 강연회, 뉴스, 전시, 이벤트 등을 통해 메시지를 전달하여 제품 및 서비스에 대한 인지도를 향상시키고 소비자의 이해와 신뢰를 형성하여 구매동기를 부여하는 것을 목표로 한다. **기업 PR**(CPR, corporate public relations)은 기업과 일반 대중과의 관계를 의미하는 PR로, 일반 대중에게 기업의 긍정적인 메시지를 전달하여 기업에 대한 호의적 이미지를 형성하는 것을 목표한다.

PR의 유형은 이해관계자와의 관계에 따라 몇 가지로 분류할 수 있다. 첫째 언론매체 관계로, 언론매체는 여론 형성에 매우 중요한 역할을 하는데 기자회견, 뉴스 보도자료 등을 통해 정보를 제공하여 기업에 대한 호의적인 관계를 형성하기 위하여 노력하는 것을 말한다. 둘째 직원 관계는 조직 내부 구성원의 만족을 위하여 노력하는 것을 말하는데, 고객을 상대하는 직원을 대상으로 하는 마케팅인 내부 마케팅(internal marketing) 차원에서도 중요성이 커지고 있다. **내부 마케팅**(internal marketing)이란 직원을 고객으로 생각하고 고객지향적으로 변화할 수 있도록 동기를 부여하고 교육시키고 보상하는 활동을 하는 것을 말한다. 직원 관계의 수단으로는 사내 방송, 사보, 사내 게시판, 인트라넷, 설문 조사, 아이디어 제안 등을 활용한다. 셋째 재계 관계는 기업의 자금 문제에 영향을 미치는 은행, 투자회사, 증권회사, 주주, 애널리스트 등과의 관계로, 이들에게 자사의 재무 관련 정보 등을 제공함으로써 우호적인 관계를 유지하는 것을 말한다. 넷째 기업 관계는 기업 이미지와 평판 관리를 의미하는 것으로, 대표적인 예가 사회적 마케팅의 일환으로 캠페인 활동 등을 하는 것이다. 다섯째 정부 관계는 정부의 정책과 각종 법률 등이 기업 활동에 커다란 영향을 미치기 때문에 정부와의 관계도 우호적으로 유지하는 것을 말한다. 이를 위하여 합법적 로비 등을 통하여 정부와의 원활한 관계를 형성하고 유지한다. 여섯째 지역사회 관계는 기업이 위치한 지역의 환경에 관심을 두고 지역사회 활동에 적극적으로 참여하여 지역 시민단체 등과 우호적인 관계를 유지하는 것을 말한다.

PR을 기업의 내부 및 외부 이해관계자에 따라 구분할 수도 있는데, 첫째 기업 내부 이해관계자 대상 PR은 종업원, 유통업자, 공급업자와 같은 기업 내부 이해관계자를 대상으로 사보, 사내 방송, 사내 게시판, 인트라넷, 설문 조사, 아이디어 제안 등의 수단으로 PR을 하는 것을 말한다. 둘째 기업 외부 이해관계자 대상 PR은 소비자, 언론매체, 정부기관, 소비자 단체, 금융기관 등과 같은 기업 외부 이해관계자를 대상으로 신제품 설명회, 특별 이벤트, 기업 블로그, 설문 조사 등의 수단으로 PR을 하는 것을 말한다. [표 9-5]는 이를 정리한 것이다.

[표 9-5] 기업 내부 및 외부 이해관계자 대상 PR 수단

구분	이해관계자	PR 수단
기업 내부 이해관계자 대상 PR	- 종업원 - 유통업자 - 공급업자	- 사보 - 사내 방송 - 사내 게시판, 인트라넷 - 설문 조사 - 아이디어 제안
기업 외부 이해관계자 대상 PR	- 소비자 - 언론매체 - 정부기관 - 소비자 단체 - 금융기관	- 신제품 설명회 - 특별 이벤트 - 기업 블로그 - 설문 조사

PR을 효과적으로 관리하고 운영하기 위하여 몇 가지 단계를 거쳐서 PR을 수립한다. 첫 번째 상황분석 단계는 PR 수립 첫 단계로 여론 조사 등을 통하여 현재 상황을 정확히 파악하고 분석하는 것이다. 이 단계에서는 소비자나 이해관계자의 의식과 태도를 조사하고 분석하는데 이를 위하여 매체별 보도 기사를 수집하여 분석하거나 인터뷰나 설문 조사 등을 실시한다. 두 번째 PR 계획 수립 단계는 상황을 분석한 후 PR 목표를 설정하고 기대 효과를 제시한 상태에서 계획을 수립하는 것이다. PR 목표는 인지도 및 신뢰도 제고, 중간상 및 판매원 지원 등이 있으며 구체적이고 측정 가능하여야 한다. PR 계획은 마케팅 수단과 결합하여 일관성 있게 수립되어야 한다. 세 번째 PR 프로그램 개발 및 실행 단계는 표적 고객을 결정하고 커뮤니케이션 목표를 설정하며 PR 메시지를 작성하고 매체를 선정하는 것을 모두 포함한다. 주요 실행 방법은 언론 보도, 기자 회견, 특정 매체 독점 보도, 인터뷰 등이 있는데, 신제품 개발, CEO 인터뷰, 임직원 사회봉사 활동 등을 통하여 지속적으로 우호적인 이미지를 형성하고 관리하여야 한다. 네 번째 PR 프로그램 효과 측정 단계는 계획된 PR 활동의 실행 정도에 대한 측정, 표적 고객의 메시지 수용도 및 이해도 측정, 대중의 인식, 태도 및 행동 변화 측정 등으로 이루어진다. 언론매체를 통한 자사 관련 기사 등 산출물을 측정하는 경우 보도자료 및 책자의 양적 측정, 언론 보도 크기, 시간, 횟수 등으로 효과를 측정한다.

제 5 절 인적 판매

인적 판매(personal selling)란 판매원이 고객에게 직접 대면 접촉하여 판매 활동을 하는 것을 말하는데, 이에는 외부 판매와 내부 판매가 있다. **외부 판매**(outside selling)는 판매원이 직접 고객의 직장이나 가정을 방문하여 판매 활동을 하는 것이며, **내부 판매**(inside selling)는 점포에서 판매원이 고객에게 판매 활동을 하는 것을 말한다. 10만여명의 기업 구매담당자를 대상으로 한 설문 조사에서, 구매 의사 결정자의 39%가 가격, 품질, 서비스보다 판매원의 영업활동에 의하여 구매를 결정한다고 응답하였다. 또한 고객 충성도를 유발하는 요인으로 응답자의 53%가 영업 경험이라고 답한 설문조사도 있다. 그만큼 영업, 즉 인적 판매를 하는 판매원의 역할이 중요하다. 인적 판매가 중요해지는 또 다른 이유는 판매 측면에서 새로운 변화가 일어나고 있다는 것이다. 첫째 판매과정에 의사결정자의 수가 증가하고 있으며 이에 따라 판매계약 성립 시간도 함께 증가하고 있다. 둘째 고객이 대량 생산 방식을 거부하고 다른 고객과 차별화된 대우를 요구하고 있으며, 단기적 관계보다 장기적 파트너십을 원하고 있다. 이는 제품에 대한 단순한 해결책 제시만으로 고객이 만족하지 않는다는 의미이기도 하다. 셋째 판매과정에서 예상치 못한 우발적 사태가 증가하고 있어 신속하고 적절한 판매 대응이 필요하게 되었다. 인적 판매의 장점으로는 첫째 판매원이 고객을 직접 대면하므로 고객에 대한 정보를 정확하게 수집할 수 있다. 둘째 고객의 태도와 행동 변화에 대해 유연하고 즉각적으로 대응할 수 있으며 고객 특성에 맞는 다양한 판매 촉진 수단을 활용하여 구매 가능성을 높일 수 있다. 셋째 고객 앞에서 직접 시연을 통해 구매자의 빠른 평가와 반응을 유도할 수 있으며 고객과 강한 신뢰 관계도 구축할 수 있다. 하지만 단점도 있다. 첫째 인적 판매는 비용이 많이 소요된다. 둘째 판매원의 메시지 전달에 일관성이 결여되거나 불일치할 가능성이 있다. 셋째 한정된 시간 내 대면할 수 있는 고객의 수가 제한적이다. 넷째 판매원의 교육이 지속적으로 이루어지기 어렵다. 인적 판매와 관련하여 기존 고객 유지 및 신규 고객 유치에 대한 수익 및 비용을 조사한 결과가 흥미롭다. 기업 수익의 90%가 기존 고객에서 나오지만, 마케팅 예산의 90%는 신규 고객의 유치에 사용된다는 것이다. 또한 신규 고객 유치 비용이 기존 고객 유지 비용의 5~10배에 이르며, 고객 이탈률이 5% 증가하면 수익률은 25~85% 감소한다는 조사 결과도 있다. 즉 신규 고객 유치보다는 기존 고객 유지가 마케팅 측면에서는 훨씬 더 중요하다는 것이다. 인적 판매 시 특히 유념하여야 할 사항이라 할 것이다.

인적 판매 과정을 정리하면 [그림 9-7]과 같다.

[그림 9-7] 인적 판매 과정

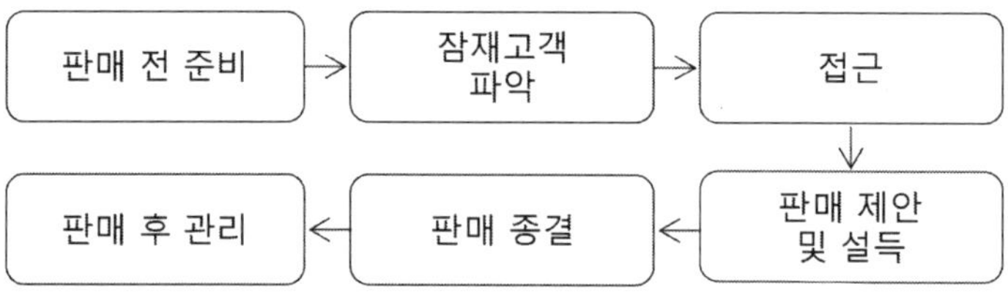

첫 번째 판매 전 준비 단계에서는 판매원이 제품, 시장, 판매 기법 등을 파악하고 고객 대면 전에 표적시장의 필요, 욕구, 동기 유발, 구매 행동 등에 대해서도 이해하고 있어야 한다. 또한 경쟁업체의 특성과 기업 환경 등에 대한 이해도 필요하다. 두 번째 잠재고객 파악 단계에서는 잠재고객에 관한 정보를 수집하기 위해 고객 기록이나 인적 사항 등을 검토하고, 잠재고객의 인구 통계적 특성, 구매 행동적 특성 등도 분석하고 이를 바탕으로 적당한 고객 명단을 작성한다. 잠재고객 파악과 관련하여 **'20-4-1 법칙'**이라는 것이 있다. 이는 잠재고객 20명에게 전화를 하면 그 중 4명이 제안을 받고 최종적으로 1명이 구매계약을 한다는 것이다. 잠재고객에 대한 마케팅의 성공 확률이 5%라면 계속하여야 하는 마케팅 활동이 될 수 있다. 세 번째 접근 단계에서는 첫 대면부터 고객의 제품 구매를 유도하기보다는 고객과의 친밀한 관계 형성에 노력하여야 한다. 전화, 편지, 문자 정보 등으로 고객의 사전 경계심을 허물고 관심을 유발할 수 있도록 하여야 한다. 인적 판매에서 고객과의 친밀감은 여러 가지 형태로 표현할 수 있다. 이러한 친밀감을 물리적 거리에 따라 표현할 수도 있는데, **에드워드 홀**(Edward T. Hall)은 친밀도에 따른 사람과의 거리를 4개로 구분하였는데 이를 **근접학**(proximics)이라고 한다. 근접학에서 친밀한 거리는 0~45.72cm, 사적인 거리는 45.72~120cm, 사회적 거리는 120~360cm, 공적인 거리는 360~750cm로 구분하였다. 이 구분에 따르면 고객과의 거리가 가깝고 접촉이 이루어지는 정도의 거리가 고객과의 친밀도를 높일 수 있는 방법이 될 것이다. 네 번째 판매 제안 및 설득 단계에서는 판매 제안 시 사전에 습득한 고객 특성과 요구에 부합하도록 제품의 필요성, 특징, 차별적 속성 등을 설명하고 설득하여야 한다. 신뢰성 있는 객관적 자료를 제시하거나 시험 구매를 권유함으로써 고객의 제품에 대한 위험을 줄이고 구매 상황에 대한 부담을 최소화하여야 한다. 다섯 번째 판매 종결 단계는 인적 판매에서 가장 어려운 단계로, 구매자가 제품 설명이나 실연에 긍정적일 때가 가장 적절한 판매 종결 시기이며 이때 적극적으로 구매를 유도하여야 한다. 판매 종결과 관련하여 ABC(Always Be Closing) **원칙**이 있다. 말 그대로 판매원은 항상 판매 종결을 염두에 두고 있어야 한다는 것이다. 판매계약을 체결했다고 거래가 종결되는 것이 아니다. 마지막으로 판매 후 관리 단계는 계약 후 제품의 배달 및 설치가 적절하였는지, 구매자가 사용 전 교육을 받았는지 등을 확인하는 것을 포함하며 사후 품질 보증 등으로 지속적으로 사후 관리를 하여야 한다.

판매 관리(sales management)는 매출을 극대화하기 위하여 판매원으로 구성된 판매원 조직을 효율적으로 관리하고 통제하는 과정을 말한다. 첫 번째 계획 수립 단계에서는 판매 목표를 설정하고 목표 달성을 위한 방안을 강구하며 판매 관련 예산을 결정한다. 판매 목표는 정확하고 주어진 자원으로 실행 가능하여야 하며 계량적으로 측정이 가능하여야 한다. 판매 목표 설정 과정에서는 매출 잠재력을 파악하고 예상 판매액을 예측하며 예상 판매 예산을 작성한다. 판매 예산에는 판매원 보상, 판매 활동비, 판매 보조비용, 관리 비용 등이 포함된다. 판매 목표가 수립되면 각 판매원별 판매 목표를 설정한다. 두 번째 조직 설계 단계는 판매 계획을 효율적으로 달성할 판매 조직을 설계하는 것을 말한다. 대표적인 조직 설계 방법으로는 지역별 조직, 제품별 조직, 고객별 조직 등이 있다. 지역별 조직은 판매원이 할당된 지역 내에서 판매 활동을 수행하는 것으로, 비용이 적게 들고 고객 요구에 신속히 대응할 수 있다. 하지만 취급 제품이 많을 경우 효율성이 떨어질 수 있다. 제품별 조직은 판매원에게 하나 또는 소수의 제품을 전담시키기 때문에 제품에 관한 전문지식 습득이 용이하다. 하지만 여러 지역을 담당하는 경우 비용이 많이 들고 고객이 다양한 제품을 구매하는 경우 여러 판매원이 필요하다.

고객별 조직은 고객의 구매량이나 유통경로 등을 근거로 슈퍼마켓, 대형마트, 편의점 등으로 분류하여 업태별로 조직을 구성하는 것이다. 고객 요구에 가장 신속하게 대응할 수 있으나 고객이 넓은 지역에 분포하는 경우 비용이 많이 든다. 세 번째 판매원 관리 단계는 판매원 선발, 교육 및 훈련, 감독, 보상 및 동기 부여 등의 단계를 포함하는 과정으로 이 과정을 거쳐서 유능한 판매원을 확보하여 높은 판매 성과를 기대할 수 있다. 판매원 선발은 방문해야 할 잠재고객 수, 판매원 1인당 연간 방문 횟수 등을 고려하여 판매원의 수를 결정한다. 판매원 교육 및 훈련은 판매 전략, 표적시장 등에 대해 교육 및 훈련을 실시하고, 신제품, 시장 동향, 신기술 등 최신 정보와 지식을 습득하도록 한다. 판매원에 대한 교육과 관련하여 판매원에 대한 영업 교육 후 1달 이내 교육 훈련 내용의 87%가 무용지물이 된다고 하는 통계도 있다. 특히 교육 및 훈련 과정에서 판매원의 2가지 능력의 향상이 중요하다. 고객의 소리에 귀를 기울이는 '듣기 능력'과 자신의 주장을 받아들이게 하는 '설득 능력'을 갖추도록 하여야 한다. 이는 고객의 입장에서의 '공감 능력'과 자신의 이익을 주장하는 '에고 능력'을 갖추어야 한다는 것을 의미한다. 판매원 감독은 판매 관리자가 판매원을 적절히 관리하고 감독하는 것으로, 판매원의 판매 활동, 잠재고객 발굴, 정보 확보, 판매 방법 개발 등도 점검한다. 판매원 보상 및 동기 부여는 판매원에게 동기를 부여하고 판매 성과를 증대시키기 위하여 보상하는 것을 말하는데, 보상에는 금전적 보상과 비금전적 보상이 있다. 금전적 보상에는 고정급, 성과와 관계없는 급여, 성과급 등이 있고, 비금전적 보상에는 승진, 칭찬, 보상 휴가, 표창, 해외여행 등이 있다. 마지막으로 판매원 평가 단계는 평가를 통해 성공 요인과 문제 요인을 파악하고 시정 조치를 취하는 것으로, 평가 기준은 객관적 정량적 평가와 주관적 정성적 평가가 있다. 객관적 정량적 평가에는 판매량, 주문량, 1인당 고객 방문 횟수, 직접 판매비 등이 평가 요소로 사용되고, 주관적 정성적 평가에는 제품이나 경쟁사 관련 지식, 판매원 시간 관리, 방문 준비, 고객 관계, 외모 및 건강 관리, 업무 태도 등이 중요한 평가 요인이다. [그림 9−8]은 판매 관리 과정을 정리한 것이다.

[그림 9-8] 판매 관리 과정

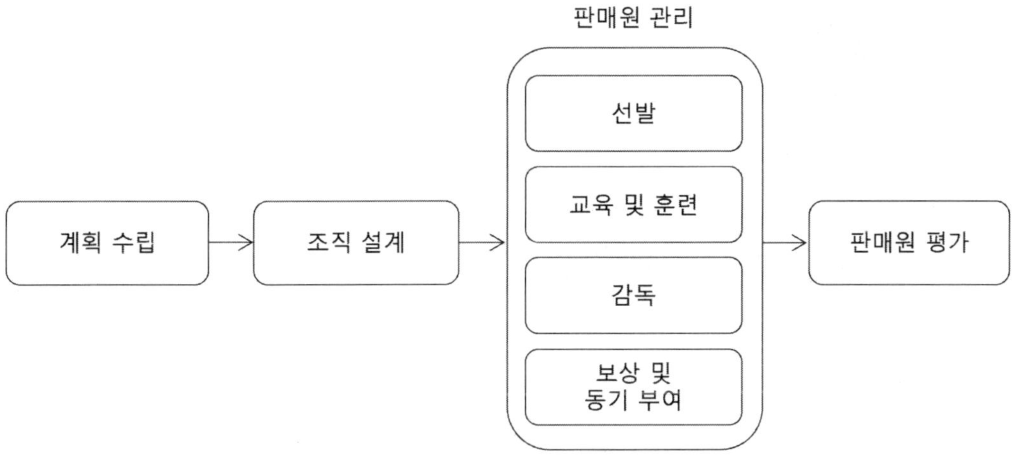

인적 판매의 가장 대표적인 형태가 한국야쿠르트의 '**야쿠르트 아줌마**'이다. 야쿠르트 아줌마는 한국야쿠르트의 핵심 성공 요인으로 꼽히고 있는데, 야쿠르트 아줌마는 미혼자는 선발하지 않았으며 자체적으로 운영하는 원칙도 있다. 이를 **전달 5원칙**이라고 하는데, 제품은 반드시 손으로 전달한다, 매일 똑같은 시간에 전달한다, 지정된 가방과 손수레를 이용한다, 노란색 상의와 검은 바지를 입고 화장을 한다, 항상 품위있고 상냥한 태도를 취한다 등이 그것이다. 한국 야쿠르트는 최근 야쿠르트 아줌마의 공식 명칭을 '프레시 매니저'로 바꿨다. 하지만 최근 중장년층 여성의 직업이라는 인식이 강했던 프레시 매니저로 일하는 20~30대 젊은 층이 매년 증가하고 있는 추세로, 프레시 매니저 약 1만 1,000명 중 5% 정도가 20~30대 여성인 것으로 나타났다[1]. 이는 젊은 층의 직업에 대한 인식과 가치관의 변화를 반영하는 것으로, 취업난을 겪고 있는 동시에 워라벨(일과 삶의 균형)을 중시하는 젊은 층의 수요와 맞아떨어졌다는 분석도 있다. [그림 9-9]는 한국 야쿠르트 아줌마(프레시 매니저) 관련 정보를 그래픽으로 표현한 것이다.

---

1) 세계일보, 2023년 10월 1일 자. 2017년 22명이던 20~30대 프레시 매니저가 현재 프레시 매니저 1만1,000명 중 591명으로 전체의 5.4%를 차지하고 있음.

[그림 9-9] 한국 야쿠르트 아줌마

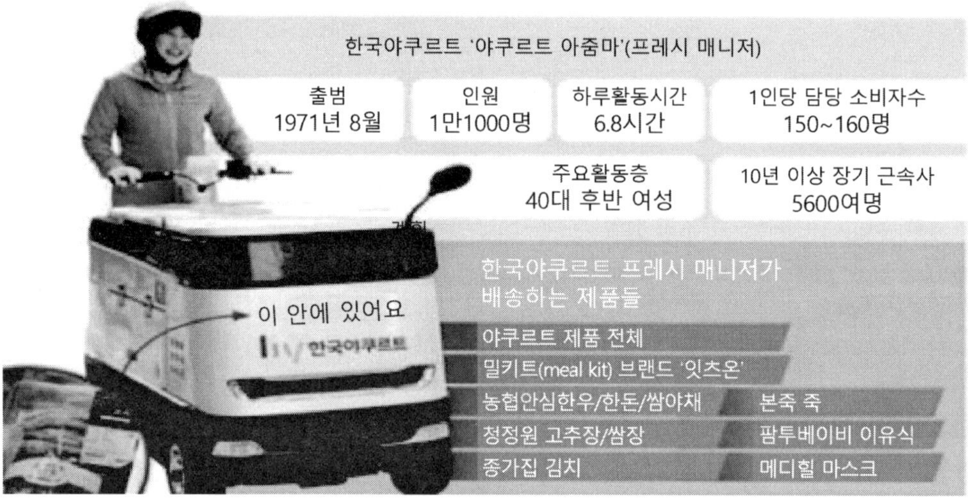

출처 : 한국경제신문, 2019년 10월 28일 자

제 10 장

디지털 마케팅

제 1 절 디지털 마케팅의 개념 및 유형

디지털 마케팅(digital marketing)은 인터넷과 다른 디지털 기술을 활용하여 제품 또는 서비스를 홍보하고 마케팅하는 활동을 말한다. 기존의 전통적 마케팅 방법과는 달리 디지털 마케팅은 온라인 환경에서 이루어지며, 인터넷 검색 엔진, 소셜 미디어, 이메일, 웹사이트, 모바일 애플리케이션 등을 활용하여 소비자에게 정보를 전달하고 상호 작용하는 방식을 중심으로 한다. 디지털 마케팅은 인터넷상에서 일어나는 모든 마케팅 활동을 의미하며, **온라인 마케팅**(online marketing), **인터넷 마케팅**(internet marketing), **웹 마케팅**(web marketing)이라고도 한다. 디지털 마케팅의 특징은 다음과 같다. 첫째 언제 어디서나 마케팅 활동이 이루어질 수 있다. 소비자가 스마트폰만 소유하고 있다면 언제 어디서든지 마케팅 활동이 가능하다. 인터넷과 모바일 기기의 보급으로 전 세계 소비자가 온라인 활동을 하고 있으므로 디지털 마케팅은 대상 고객에게 효과적으로 도달할 수 있는 마케팅 활동이다. 둘째 마케팅 콘텐츠에 대한 공급자와 소비자간 경계가 모호하다. 공급자인 기업이 콘텐츠를 만들고 소비자가 소비하는 형태가 아니라 공급자인 기업이 콘텐츠를 만들고 소비자가 재해석하거나 재생산하는 형태 또는 소비자가 직접 콘텐츠를 생산하는 형태로 변화하였다. 예를 들어 기업이 만든 광고를 소비자가 보고 이해하면서 동시에 소비자 자신의 카카오톡에 자신의 광고에 대한 해석과 함께 친구들과 광고를 공유하는 것이다. 셋째 대상 고객의 정확한 타겟팅이 가능하다. 디지털 마케팅은 데이터와 분석을 기반으로 대상 고객을 정확하게 타겟팅할 수 있다. 사용자의 검색어, 관심사, 행동 패턴 등을 분석하여 개인화된 메시지를 전달하고 관심 있는 고객을 찾아내는 것이 가능하다. 넷째 디지털 마케팅은 빠르고 실시간으로 성과를 측정하고 분석할 수 있는 도구를 제공하여 마케팅 전략을 빠르게 조정하고 최적화할 수 있다. 이러한 디지털 마케팅도 과거에는 '기업이 웹 페이지를 어떻게 효과적으로 만들고 활용할 수 있을까?', '기업이 어떻게 이메일을 주기적으로 발송하고 관리할 수 있을까?', '기업이 인터넷 배너 광고를 어떻게 효과적으로 활용할 수 있을까?' 등이 주로 마케팅 활동의 초점이었다면, 현재는 페이스북(Facebook), 트위터(twitter), 카카오톡(KakaoTalk) 등과 같은 소셜 미디어를 활용한 마케팅에 주로 초점을 두고 있다.

디지털 마케팅은 다양한 마케팅 활동으로 구성하는데 블로그 마케팅(blog marketing), 웹사이트 마케팅(website marketing), 검색 엔진 마케팅(search engine marketing), 모바일 마케팅(mobile marketing), 온라인 비디오 마케팅(online video marketing), 소셜 미디어 마케팅(social media marketing) 등이 있다.

블로그 마케팅(blog marketing)은 블로그를 활용하여 제품, 서비스, 브랜드 등을 홍보하고 마케팅하는 활동을 말한다. 블로그(blog)는 웹(web) + 로그(log)의 합성어로 개인의 관심사에 따라 자유로운 주제의 글을 마치 일기처럼 올려서 방문자들이 글을 보고 읽을 수 있게 해놓은 웹사이트를 의미한다. 따라서 블로그 마케팅은 이러한 블로그를 마케팅 도구로 활용하여 목표 고객에게 맞춤형 콘텐츠를 제공하고 제품, 서비스, 브랜드에 대한 인식과 고객 관계를 구축하는 것을 목표로 한다. 미국의 경우 인터넷 사용자의 33% 정도가 주기적으로 방문하는 특정 블로그가 있으며, 주기적인 방문자 5명 중 4명이 자신들이 좋아하거나 싫어하는 브랜드에 대하여 리뷰 형태의 글을 남긴다고 한다. 블로그와 관련하여 파워 블로거(power blogger)라는 용어가 있다. **파워 블로거**(power blogger)는 원래 네이버가 블로그 우수자에게 부여하였던 호칭으로 2008년부터 2014년까지 시행하였으나 현재는 원래 의미는 사라지고 사람들이 많이 찾는 인기 있는 블로거를 지칭하는 의미로 사용되고 있다. **기업 블로그**는 기업이 타겟으로 하는 고객에게 효과적으로 자사의 제품, 서비스 등을 홍보하기 위하여 기업 스스로가 운영하는 블로그를 말한다. 현재는 대부분 기업이 운영 중이다. 기업 블로그와 관련하여 기업 홈페이지도 대부분 기업이 운영하고 있다. 기업 홈페이지는 기업이 자사 제품이나 서비스를 판매하기 위하여 소비자에게 필요한 기본 정보를 제공하는 것이 기본 목적이다. 기업 홈페이지는 소비자에게 기업의 가치나 비전, 제품이나 서비스의 종류 및 특징을 소개하고 정보를 전달하는 것이므로 일방향적 커뮤니케이션을 한다. 이 점이 기업 블로그와의 차이점으로 기업 블로그는 고객과의 직간접적 커뮤니케이션 도구로 쌍방향적 커뮤니케이션을 한다. 기업 블로그의 성공 요건은 다음과 같다. 첫째 소비자가 친숙하게 느낄 수 있는 이름 짓기(naming)를 하여야 한다. 대표적인 예가 농심의 '이심전심'이다. 둘째 자사의 제품이나 서비스를 홍보하지 않아야 한다. 앞에서 설명한 바와 같이 제품이나 서비스의 홍보는 기업 블로그가 아니라 기업 홈페이지의 역할이다. 셋째 고객 중심의 언어를 사용하여야 한다. 특정 기업이나 산업에서 사용하는 전문용어가 아닌 고객과 자연스럽게 대화할 수 있는 언어를 사용하는 것이 중요하다. 넷째 고객과 소통하고 고객의 고충을 해결하는 역할을 할 수 있어야 한다. [그림 10-1]은 농심의 기업 블로그인 '이심전심'이다. 이심전심의 경우, 블로그의 이름이 회사명인 농심과 유사하면서 친숙하게 느껴지고 농심 제품에 대한 홍보가 일체 없으며 푸드칼럼과 같이 고객과 자연스럽게 대화할 수 있는 주제로 구성되어 있다.

[그림 10-1] 농심의 이심전심

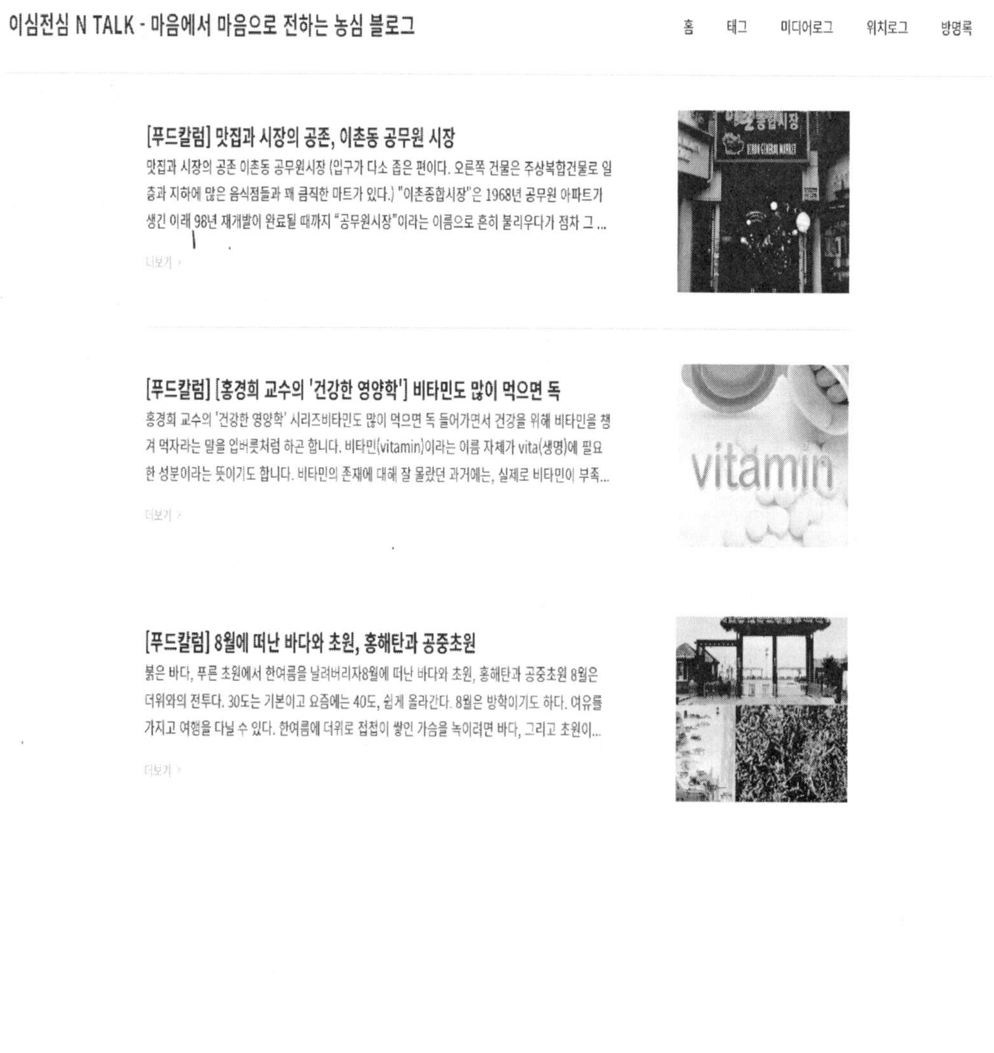

웹사이트 마케팅(website marketing)은 온라인상의 웹사이트를 홍보하고 관련 트래픽을 증가시키기 위해 사용되는 마케팅 전략으로 이를 통해 웹사이트의 방문자 수를 증가시키고 사용자를 유입시켜 마케팅 목표를 달성하는 것이다. 대부분 기업의 웹사이트는 기업의 홈페이지이다. 기업의 웹사이트가 중요한 이유는 기업의 가치나 비전을 제시하고 기업이 판매하는 제품이나 서비스를 온라인상에서 구매할 수 있기 때문이다. 또한 기존 고객을 유지하고 새 고객을 유치하는 데 여전히 중요한 역할을 하는 디지털 마케팅의 한 유형이다. 이는 앞에서 설명한 기업 블로그와는 구별된다. 기업 웹사이트의 성공 요건은 다음과 같다. 첫째 디자인이 좋아야 한다. 인간의 제한된 주의력으로 인하여 간결하고 보기 좋은 디자인은 웹사이트 방문자에게 편안함과 간편함을 준다. 대표적인 예가 구글로, 구글의 경우 웹사이트 방문자의 목적에 가장 충실하게 최대한 간단하게 웹사이트를 구성하여 웹사이트 중앙에 '검색 바'외 다른 요소를 제거하였다. 둘째 소비자가 필요로 하는 콘텐츠를 제공하여야 한다. '소비자가 왜 기업 웹사이트를 방문하는가?'라는 질문에 대한 답이 웹사이트 콘텐츠 구성의 시작이다. 즉 소비자의 '방문 목적'과 '필요(needs)'를 파악하고 이에 맞게 웹사이트를 구성하여야 한다. 셋째 방문자 중심의 웹사이트 구조를 갖추어야 한다. 웹사이트 방문자가 원하는 콘텐츠를 빠르게 찾을 수 있는 구조이어야 한다는 것으로 메뉴 바를 찾기 쉬운 곳에 두거나 웹사이트의 가장 상단이나 가장 하단에 두는 것이 좋다. 넷째 몰입을 쉽게 하는 구조이어야 한다. 웹사이트 구조를 단순하게 만들어 방문자가 콘텐츠를 찾기 위해 생각하지 않도록 하는 구조를 만들어야 한다. 다섯째 공유를 쉽게 하는 구조이어야 한다. 방문자가 원하는 콘텐츠를 다양한 형태로 다운로드할 수 있게 하고 다른 사람들과 공유할 수 있는 구조이어야 한다. 여섯째 검색 엔진 최적화가 필요한데, 이는 검색 엔진에서 기업의 웹사이트를 쉽게 추천할 수 있도록 만드는 것을 의미한다. 소비자가 가장 많이 사용하는 키워드를 파악하고 검색 엔진이 어떤 로직으로 기업 웹사이트를 추천하는가를 파악하는 것이 필요하다.

검색 엔진 마케팅(search engine marketing)은 소비자가 검색 엔진에서 기업과 관련된 키워드를 검색하였을 때 기업의 웹사이트가 검색 결과의 첫 번째 페이지 상단부에 위치하도록 만드는 것이다. 소비자 대부분은 첫 번째 페이지 가장 상단부의 웹사이트에만 집중하는 경향이 있고 기업은 회사 제품이나 서비스가 검색 엔진에서 가능한 첫 번째 페이지의 상단부에 소개되도록 한다. 검색 엔진 마케팅은 크게 PPC(pay-per-click) 검색 광고와 검색 엔진 최적화(SEO, search engine optimization)으로 구분할 수 있다. **PPC(pay-per-click) 검색 광고**는 네이버나 다음과 같은 검색 포털 사이트나 구글과 같은 검색 엔진에 돈을 내고 첫 번째 페이지 상단부 위치를 사는 것이다. 즉 소비자가 특정 키워드를 검색하였을 때 검색 결과가 나오는 '특정한 위치의 자리를 돈을 주고 사는 것'으로 인터넷상에서 광고 자리를 산다는 것을 의미한다. 다시 말해서 검색 엔진 이용자가 해당 광고를 클릭한 경우 해당 광고의 기업이 검색 포털 사이트나 검색 엔진 회사에 돈을 지불하는 형태이다. PPC 검색 광고의 장점은 첫째 돈을 주고 원하는 광고 자리를 사는 것이므로 광고가 쉽다. 둘째 검색 엔진 최적화(SEO)에 비해 광고 효과가 즉시 나타나고 비교적 정확하게 광고 효과를 분석할 수 있다. 셋째 랜딩 페이지 선택이 가능하다. 즉 검색 엔진 이용자가 기업의 웹사이트 링크를 클릭하였을 때 기업 웹사이트 내에 특정 페이지로 연결을 가능하게 할 수 있다. PPC 검색 광고의 단점은 첫째 광고가 쉬운 만큼 광고 비용이 많이 든다. 키워드별로 광고를 입찰하고 가격도 수시로 바뀐다. 둘째 방문자가 비싸게 산 자리를 잘 클릭하여 들어가 보지 않는 경우가 많다. 즉 많은 비용을 내고 페이지 상단부에 위치하여도 방문자가 클릭하지 않는 경우가 많다. 구글의 경우 검색 서비스 이용자 중 84%가 최상단에 위치한 웹사이트를 클릭하지 않는 것으로 나타났다. **검색 엔진 최적화**(SEO, search engine optimization)는 웹사이트의 내용과 구조를 최적화하여 검색 엔진에서 높은 순위에 노출되도록 하는 마케팅 활동이다. 네이버, 다음, 구글 등 검색 포털이나 검색 엔진에서 검색이 잘 되게 하는 것으로 기업이 검색 엔진 마케팅에서 궁극적으로 추구하여야 할 마케팅 활동이다. 검색 엔진 최적화의 장단점은 다음과 같다. 첫째 PPC 검색 광고에 비하여 시간이 오래 걸리지만 많은 비용이 들지 않는다. 둘째 한 번 검색 엔진 최적화 과정이 이뤄지고 나면 기업 웹사이트가 없어질 때까지 계속 검색 결과가 남게 되어 클릭당 비용이 발생하지 않는다. 셋째 방문자의 유입이 꾸준하게 이루어진다. 검색 엔진 최적화가 이뤄지면 계속해서 웹사이트가 검색 결과를 반영하여 특정 키워드를 검색하는 방문자가 꾸준히 유입되게 된다. 이러한 검색 엔진 최적화를 위하여 몇 가지 중요한 고려 요소가 있다. 첫째 키워드 연구가 필요하다. 사용자가 검색하는 주요한 키워드를 파악하고 해당 키워드를 포함한 적절한 콘텐츠를 작성하는 것이 중요하다. 둘째 웹사이트의 내부 최적화가 필요하다. 이는 웹사이트의 구조, URL(uniform resource locator, 인터넷 정보의 위치) 구성, **태그**(검색 시 사용하는 단어 또는 키워드, 꼬리표) 등을 최적화하여 검색 엔진이 웹사이트를 쉽게 인식하도록 만드는 것이다. 키워드를 포함한 페이지 제목, 설명 등을 작성하여 검색 결과에서 노출될 때 사용자의 관심을 끌 수 있다. 셋째 웹사이트의 외부 최적화가 필요하다. 이는 해당 웹사이트가 다양한 외부 사이트와 서로 링크되게 만드는 것을 의미한다. 즉 네이버, 다음, 구글 등 검색 포털이나 검색 엔진으로부터 외부 링크를 구축하여 해당 웹사이트의 신뢰성과 권위를 향상시키는 것으로 많은 검색 포털이나 검색 엔진에서 선택받은 웹사이트가 좋은 웹사이트라는 기존 전제를 바탕으로 하고 있다. 넷째 모바일 최적화가 필요하다. 이는 모바일 기기에서 웹사이트가 정상적으로 표시되고 웹사이트를 사용하기 편리하게 만드는 것을 의미한다. 모바일 친화적인 웹 디자인, 반응형 디자인, 빠른 페이지 로딩 속도 등을 고려하여야 한다. 다섯째 지속적인 모니터링과 최적화가 필요하다. 검색 엔진 최적화는 지속적인 작업이며 검색 엔진의 알고리즘 변경과 환경 변화에 대응하기 위해 모니터링과 최적화를 수행하여야 한다. 검색 엔진 최적화는 많은 시간과 노력이 필요한 작업이며 전문적인 지식과 경험이 필요한 작업이기도 하다.

모바일 마케팅(mobile marketing)은 스마트폰, 태블릿 등과 같은 모바일 기기를 통하여 소비자에게 제품이나 서비스를 홍보하고 소비자와 상호작용하는 마케팅 활동이다. 개인 모바일 기기를 통하여 인터넷에 연결된 소비자에게 기업의 제품이나 서비스를 알리는 콘텐츠를 효과적으로 전달하는 것이 주목적이다. 모바일 마케팅은 모바일 기기의 보급 증가와 함께 중요성이 더해지고 있으며 소비자의 모바일 사용량이 증가함에 따라 기업들은 이에 맞춰 마케팅 활동을 활발히 전개하고 있다. 과거에는 주로 **SMS**(short message service) **마케팅** 활동에 초점을 두었으나 현재는 소비자가 SMS 마케팅을 모바일 스팸 메시지로 인식하는 경향이 강하다. 모바일 마케팅에는 모바일 앱 개발 및 활용, 모바일 광고, 소셜 미디어 활용, 위치 기반 서비스, 모바일 결제 시스템 등 다양한 활동이 있으나, 여기서는 현재 모바일 마케팅에서 가장 주목을 많이 받고 있는 네이티브 광고와 비콘(beacon) 기술을 활용한 마케팅에 대하여 설명하겠다. **네이티브 광고**(native advertising)는 광고 콘텐츠가 웹사이트나 앱의 플랫폼에 자연스럽게 통합되어 사용자 경험을 방해하지 않고 자연스럽게 소비자에게 노출되는 형태의 광고로 해당 웹사이트나 앱의 고유한 성격에 맞게 기획되고 제작된 광고를 의미한다. 기존 방식과 달리 소비자가 광고임을 인식하기 어렵게 설계되어 있어 소비자가 광고 콘텐츠를 쉽게 받아들일 수 있고 광고 자체가 콘텐츠의 일부로 작동하여 보다 자연스럽게 소비자의 관심을 끌 수 있다. 네이티브 광고는 다음과 같은 특징을 가지고 있다. 첫째 콘텐츠와 일치한다.

즉 네이티브 광고는 웹사이트나 앱의 콘텐츠와 일치하도록 디자인되어 있어서 광고가 사용자 경험을 방해하지 않고 자연스럽게 노출되어 있다. 둘째 비침투적 광고이다. 즉 네이티브 광고는 소비자가 광고임을 인식하기 어렵게 설계되어 있다. 이는 광고를 강제로 보여주지 않고 소비자가 자발적으로 광고 콘텐츠를 찾아보거나 상호작용할 수 있도록 유도한다. 셋째 다양한 형식으로 제공할 수 있다. 예를 들어 기사 내에 삽입되는 광고, 소셜 미디어에서의 광고, 앱 내에서의 광고 등이 있다. 각 플랫폼에 맞는 형식으로 광고를 제공하여 소비자의 관심을 끌 수 있다. 네이티브 광고의 부상은 기존 디스플레이 광고, 특히 배너 광고의 효용성이 떨어진다는 인식의 확산과 맞물려 있다. 네이티브 광고가 모바일 광고에서 중요한 이유는 작은 화면 크기로 인한 소비자의 불편함을 최대한 줄여주는 형태로 배너 광고를 노출시킬 수 있기 때문이다. 예를 들어 기존 배너 광고의 경우, 소비자가 기사를 읽기 위하여 특정 신문의 웹사이트를 방문하였을 때 기사와 분리된 별도의 자리에 배너 광고가 위치하지만, 네이티브 광고에서는 배너 광고가 일반 기사와 자연스럽게 동등한 위치에 배치되어 기사와 가장 유사한 콘텐츠의 형태를 띠고 있다. [그림 10-2]는 기사 내에 삽입되는 네이티브 광고의 예를 나타낸 것이다.

[그림 10-2] 네이티브 광고의 예

비콘(beacon) 기술을 활용한 마케팅은 매장 주변에 오면 할인 쿠폰을 스마트폰으로 전송해 주는 서비스인 **비콘(beacon) 서비스**를 의미한다. 비콘(beacon)은 사물 인터넷(IoT, Internet of Things)의 핵심 기술로 저전력 블루투스 통신망을 이용하여 반경 50m 내의 소비자의 위치를 파악하여 정보를 수집하고 전달하는 센서를 말한다. 예를 들어 CU나 GS25는 자사의 모바일 애플리케이션을 내려받은 소비자에게 매장에 들어서면 할인 쿠폰을 제공하는 서비스를 시행하고 있다. BBQ의 '비비콘 서비스'도 비콘 기술을 활용한 마케팅으로, BBQ 앱을 다운로드받은 소비자가 BBQ 매장에 들어서면 자동적으로 할인 쿠폰, 프로모션 및 이벤트 정보 등을 전송받을 수 있다.

온라인 비디오 마케팅(online video marketing)은 인터넷을 통해 영상 콘텐츠를 사용하여 제품, 서비스 또는 브랜드를 홍보하고 마케팅하는 활동이다. 온라인 비디오 마케팅은 다양한 형태로 구현될 수 있다. 예를 들어 회사의 제품 또는 서비스를 설명하는 홍보 비디오, 고객의 이야기를 담은 성공 사례 비디오, 브랜드의 가치와 비전을 전달하는 브랜드 스토리 비디오 등이 있다. 이러한 비디오 콘텐츠는 웹사이트, 소셜 미디어 플랫폼, 온라인 광고 등 다양한 채널을 통해 배포할 수 있다. 온라인 비디오 마케팅은 몇 가지 이점을 제공한다. 첫째 시청자는 시각적으로 매력적이고 쉽게 접근할 수 있는 비디오 형태를 선호한다. 따라서 비디오를 통해 브랜드 메시지를 전달하면 시청자의 관심을 끌고 더 오랜 시간 동안 주의를 집중시킬 수 있다. 둘째 영상 콘텐츠는 소비자와의 감정적 연결을 형성하고 제품 또는 서비스의 가치를 시각적으로 보여줄 수 있다. 셋째 소셜 미디어 플랫폼에서 비디오 콘텐츠는 쉽게 공유하고 확산할 가능성이 크다. 이를 통해 브랜드의 인지도를 높이고 소비자에게 확대된 영향력을 발휘할 수 있다. 동영상 콘텐츠를 생산하고 확대하는데 핵심적인 역할을 하는 소셜 미디어 플랫폼이 유튜브(YouTube)이다. **유튜브**(YouTube)는 웹 동영상이 역사상 가장 빨리 발전하고 보급되게 한 미디어 형식이다. 유튜브의 급속한 성장 배경에는 몇 가지 요인이 있다. 첫째 디지털 캠코더, 카메라 기술 등의 비약적 발전으로 누구나 쉽게 동영상을 제작할 수 있고 그 동영상을 쉽게 온라인상에 올릴 수 있는 환경이 되었다. 둘째 동영상의 촬영뿐 아니라 영상 편집에서도 일반인들이 쉽게 사용할 수 있는 영상 편집 소프트웨어가 많이 생겨났다. 셋째 스마트폰의 급속한 보급으로 스마트폰의 카메라를 통하여 누구나 동영상을 쉽게 만들고 쉽게 모바일 웹을 통해 온라인에 올릴 수 있게 되었다. 이러한 유튜브에는 3개의 활동 주체가 있다. 첫째 **크리에이터**(creator)이다. 이는 동영상을 생산하고 유튜브에 올리는 사람들로 모든 유튜브 이용자들이 크리에이터가 될 수 있다. 유튜브의 성공 요인 중 가장 두드러진 것이 다른 플랫폼과 비교할 수 없을 만큼 다양한 영상을 보유하고 있다는 것인데 이는 수많은 크리에이터가 존재하기 때문에 가능한 것이다. 크리에이터와 관련하여 **파트너십**(partnership) **제도**가 있다. 이는 유튜브가 이용자 본인의 플랫폼을 활성화시키기 위하여 이용자들이 적극적으로 영상을 올릴 수 있도록 장려하는 제도, 즉 크리에이트가 100% 본인의 순수 저작물을 만들어서 올리고 광고를 붙이기를 원하면 광고를 붙여 주고 이 광고로 나오는 수익을 유튜브와 크리에이터가 분배하는 제도이다. 크리에이터는 단순히 동영상을 제작하고 올리는 사람 이상의 의미를 가진다. 동영상을 매개로 자신의 커뮤니티를 만들고, 그 커뮤니티가 수많은 시청자를 팬으로 만든다면 크리에이터는 유튜브 공간에서 커뮤니티의 창조자 역할을 할 수도 있다. 둘째 시청자(viewers)이다. 매달 10억명 이상의 시청자들이 유튜브를 방문하는데 유튜브를 방문하는 이유는 재미있는 볼거리가 많기 때문이다. 또 다른 이유는 가치있는 정보를 가진 동영상들이 많아 유튜브를 통하여 정보 검색이 가능하기 때문이다. 셋째 광고주(advertiser)이다. 광고주는 유튜브에 광고비를 지불하는 주체를 말한다. 유튜브 광고는 상대적으로 저렴한 비용으로 광고를 할 수 있고 데이터에 기반한 정확한 소비자의 타겟팅이 가능하여 광고주가 자신의 광고를 노출시키고자 하는 대상을 선택할 수 있다는 장점이 있다. 온라인 비디오 마케팅을 위한 좋은 동영상을 만들기 위한 조건은 다음과 같다. 첫째 동영상이 짧아야 한다. 즉 가능한 2분을 넘기지 않는 것이 좋다. 둘째 친숙한 느낌을 주는 인물을 기용하는 것이 좋다. 특히 유명인의 경우도 가능하면 인지도보다는 친숙하고 편안한 이미지를 주는 인물을 기용하는 것이 더 효과적이다. 셋째 스토리를 자연스럽게 하여야 한다. 넷째 전염성이 강한 콘텐츠이어야 하는데 대표적인 예가 싸이의 강남 스타일로 강남 스타일의 멜로디와 춤은 시청자에게 흥겨움과 충동성을 주는 동시에 강한 전염성을 지니고 있어서 세계적으로 유명하게 되었다.

소셜 미디어 마케팅(social media marketing)은 소셜 미디어 플랫폼을 활용하여 제품, 서비스 또는 브랜드를 홍보하고 소비자와 상호작용하는 마케팅 활동을 의미한다. 소셜 미디어 마케팅은 다음 절에서 상세하게 설명하겠다.

제 2 절 소셜 미디어의 이해

소셜 미디어(social media)는 사람들이 서로의 생각, 의견, 경험, 관점 등을 서로 공유하고 활용하기 위해 사용하는 양방향성의 개방화된 온라인 도구로, 텍스트, 이미지, 오디오, 비디오 등 다양한 형태를 지니고 있다. 대표적인 것으로 블로그(blogs), 소셜 네트워크(social networks), 팟캐스트(podcasts), 비디오 블로그(Vlog) 등이다. 디지털 시대의 핵심 특징인 연결성을 토대로 각 블로그는 링크(link)로 연결되어 있고 이러한 블로그의 집합 또는 문화를 **블로고스피어**(blogsphere)라고 명명하기도 한다. **소셜 네트워크**(social networks)가 개인과 개인의 연결망이라고 한다면, **소셜 네트워크 서비스**(social networks service)는 개인과 개인을 연결하는 서비스로, 카카오톡, 페이스북(Facebook), 트위터(twitter) 등이 이에 해당한다. **팟캐스트**(potcasts)는 애플(Apple)의 아이팟(ipod)과 방송(broadcasting)을 결합하여 만든 신조어로, 포터블 미디어 플레이어(PMP나 스마트폰) 사용자에게 오디오 파일 또는 비디오 파일 형태로 뉴스나 드라마, 각종 콘텐츠를 제공하는 것을 말한다. **비디오 블로그**(Vlog)는 비디오(video)와 블로그(blog)의 합성어로 브이로그라고도 하며 자신의 일상을 동영상으로 촬영한 영상 콘텐츠를 가리키는데, 2005년 유튜브 등 동영상 공유 사이트가 등장하면서 인기를 끌기 시작하였다.

이러한 소셜 미디어가 등장하게 된 배경은 첫째 정보통신 기술의 발달과 이에 따른 멀티미디어 기술의 발전을 들 수 있다. 기술 진보가 바탕이 되어 다양한 기기를 활용한 커뮤니케이션이 활성화되고 사용자가 콘텐츠를 소비하고 생산할 수 있는 환경을 구축하였다. 둘째 사회의 분화와 재통합에 따른 커뮤니티 문화의 진화를 들 수 있다. 개인화와 네트워크화에 의한 연결성으로 사회가 분화되고 재통합하는 과정이 나타나고 이런 과정에서 커뮤니티(community)가 발전하게 된 것이다. 셋째 웹(web) 기반 기술의 발달로 인하여 다양한 정보의 공유가 가능해지고 네트워킹 기능이 확대된 것도 하나의 배경이다. 현재의 세계화 체제의 특징을 '웹'이라는 한마디로 표현하기도 한다. [표 10−1]은 웹 1.0, 2.0 및 3.0을 비교 정리한 것이다. 넷째 개인의 사회적 친화 욕구가 증가함과 동시에 자기표현 욕구도 커진 것도 배경이 될 수 있다.

[표 10−1] 웹 1.0, 2.0 및 3.0

구분	웹 1.0	웹 2.0	웹 3.0
시기	1990년대초~2000년대 초	2000년대초~2010년대 중반	2010년대 중반~
개념	- 읽기만 가능하고 단순한 클릭 외에는 어떠한 상호작용도 없는 정적인 웹페이지 - 소수가 제공하는 콘텐츠를 대다수 이용자가 읽기만 가능	- 페이스북이나 유튜브처럼 이용자가 콘텐츠를 직접 읽고, 만들고, 공유하는 참여형 웹의 시대 - 단 플랫폼이 중앙집권적으로 이용자 데이터와 소유권 독점	- 블록체인같은 탈중앙화된 시대로 데이터도 중앙서버가 아닌 블록체인에 분산 저장 - 블록체인, 메타버스 등이 생태계 구성
특징	웹 기반 마련	콘텐츠 생성 촉진, 정보 공유	인터넷의 탈중앙화, 가치 공유
운영주체	개인, 회사	플랫폼	네트워크
인프라	개인 PC	클라우드, 모바일	블록체인, 메타버스
사용자 인터페이스	PC 웹	PC 웹, 소셜 네트워크, 모바일 앱	AR, VR
콘텐츠 형태	- 생산자의 일방적 콘텐츠 제공, 이용자는 콘텐츠 소비자	- 이용자가 콘텐츠의 생산자, 소비자, 유통자	- 웹이 이용자가 원하는 콘텐츠 및 개인별 맞춤형 콘텐츠 제공

소셜 미디어는 몇 가지 특성을 가지고 있다. 첫째 **시간적 특성**은 콘텐츠를 생산하고 이를 공유하고 사용하는 사람들의 반응이 신속하고 한번 만들어 제시하면 그 영향력이 지속적으로 유지된다는 것이다. 둘째 **대상적 특성**은 소셜 미디어의 네트워크를 통하여 다수의 다양한 사람들에게 콘텐츠를 전달하며 더 많은 사람들에게 확산시키는 것이 용이하다는 것이다. 이러한 확산 범위 또는 영향력을 네트워크의 가치 또는 힘과 연관하여 설명하는 법칙으로 몇 가지가 있다. 첫째 **사노프(Sarnoff)의 법칙**은 일방적인 일대다

커뮤니케이션 방식의 경우, 네트워크의 가치는 네트워크에 연결된 노드의 수와 비례 관계라는 것이다. 즉 네트워크의 가치는 네트워크의 노드 수와 선형적인 관계로 증가한다는 것이다. 예를 들면 하나의 네트워크에 연결된 사람의 수가 10명이면 그 네트워크의 가치는 10이라는 것이다. 둘째 **멧칼프(Metcalfe)의 법칙**은 쌍방향적인 커뮤니케이션의 경우, 네트워크의 가치가 노드의 제곱에 비례한다는 것이다. 예를 들면 네트워크상의 사람의 수가 10이면 10의 제곱 = 100이 네트워크의 가치가 된다는 것이다. 셋째 **리드(Reed)의 법칙**은 다방향적인 협업의 커뮤니케이션인 경우, 네트워크상의 노드의 수 n이면 네트워크의 가치는 2의 n제곱이 된다는 것으로, 예를 들면 네트워크상의 사람의 수가 10명이면 즉 2의 10제곱, 1,024가 네트워크의 가치가 된다는 것이다. 리드(Reed)의 법칙의 경우, 네트워크의 가치는 네트워크상의 사람의 수에 기하급수적으로 증가한다는 것을 의미한다. [표 10-2]는 이들 법칙을 정리한 것이다.

[표 10-2] 네트워크 가치의 관련 법칙

구분	사노프(Sarnoff) 법칙	멧칼프(Metcalfe) 법칙	리드(Reed) 법칙
가치(n=노드수)	N(선형적)	N^2(비선형적)	2^n(기하급수적)
매체	방송, 매스미디어	전화, 이메일 등	인터넷(블로그 등)
참여자	Viewer(시청자)	Node	Node간의 Group
의미	네트워크 가치 Viewer의 수에 비례	네트워크 가치는 노드 수의 제곱에 비례	네트워크 가치는 노드 수 n일때 2^n에 비례
커뮤니케이션	1대 다, 일방적	쌍방향	협업(Collaboration)
개념도		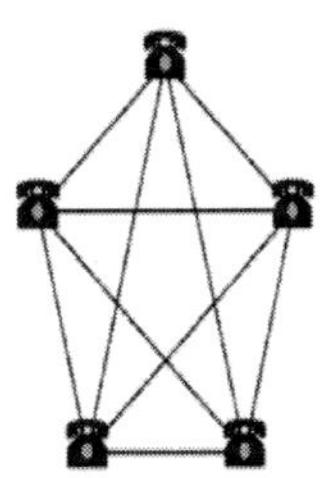	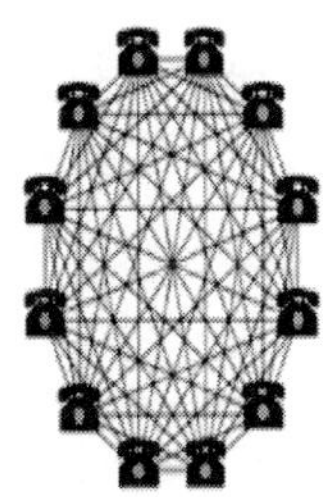

셋째 **비용적 특성**은 TV, 신문, 라디오, 잡지 등 기존 4대 미디어 비용과 제작비에 비교하여 상대적으로 적은 수준의 비용으로 콘텐츠를 생산하고 이를 공유, 사용하는 것이 가능하다는 것이다. 기본적으로 비용적 특성은 앞서 설명한 디지털 시대의 가장 중요한 특징인 돈 한 푼 들이지 않는 연결성에서 비롯된 것이다. 마지막으로 **관계적 특성**은 일상생활에 관한 정보뿐만 아니라 다양하고 유익한 분야의 정보를 제공함으로써 사람들 사이에 인간적이고 친밀한 관계를 형성하는 것을 말하는데, 쌍방향적 의사소통 및 지속적 상호작용을 통해 사람들 사이에 신뢰 형성이 용이해진다. [그림 10－3]은 소셜 미디어의 특성을 그림으로 정리한 것이다.

[그림 10-3] 소셜 미디어의 특성

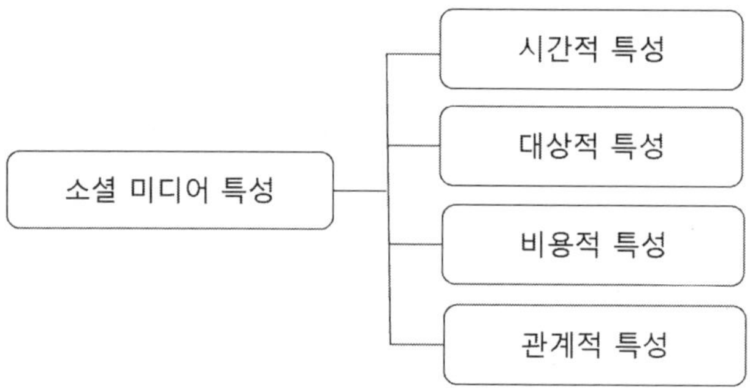

소셜 미디어의 유형에는 여러 가지 형태가 있는데, 대표적인 소셜 미디어로는 소셜 네트워크 서비스인 페이스북, 트위터, 카카오톡 등이 있다. **페이스북**(Facebook)은 2004년 하버드 대학생이던 **마크 주크버그**(Mark Zuckerberg)가 하버드 대학생을 대상으로 만든 교내 온라인 커뮤니티로 시작하여 전 세계 10억명 이상이 매일 이용하고 있다. 미니 홈페이지와 같은 역할을 하는 것으로 네트워킹 기능이 강화되어 트위터에 비하여 기업의 마케팅에 더 적합하다. **트위터**(twitter)는 첨부, 문서, 서식 등의 기능은 모두 제거하고 140자의 극히 짧은 포스팅만이 가능한 마이크로 블로그로 짧은 문장으로 다수와 실시간 소통이 가능하다. **카카오톡**(KakaoTalk)은 카카오에서 개발한 모바일 메신저 애플리케이션으로 사용자들 간에 실시간으로 메시지와 다양한 콘텐츠를 주고받을 수 있는 소통 플랫폼이다. 2010년 시작하여 2018년 기준 한국 국민의 94%가 사용하는 것으로 알려져 있다.

제 3 절 소셜 미디어 마케팅

소셜 미디어를 활용한 마케팅을 설명하기 이전에 먼저 소셜 미디어의 활용 방안에 대하여 간단하게 설명하도록 하겠다. 소셜 미디어 활용 방안에 대해서는 다양한 의견이나 관점이 존재하겠지만, 여기서는 콘텐츠의 다양화와 미디어의 통합적 관리에 대해서 설명하도록 하겠다. 콘텐츠의 다양화는 자사에 긍정적 영향을 미치는 다양한 기업 활동의 내용을 소통 콘텐츠로 발굴하는 것을 말한다. 기업이 활용하는 콘텐츠 마케팅 채널 중에서 소셜 미디어가 가장 많은 비중을 차지하기 때문에 다양한 콘텐츠를 생산하여 공유하고 확산하는 것이 필요하다. 소셜 미디어 콘텐츠를 평가하는 방법으로 가장 많이 활용하는 것이 리뷰, 평점 및 추천이다. [표 10- 3]은 **리뷰, 평점 및 추천**을 비교 정리한 것이다.

[표 10-3] 리뷰, 평점 및 추천

리뷰	평점	추천
- 정보가 풍부, 세부적 사항까지 제공 - 가장 유용하면서도 가장 문제: 유용하나, 통제할 수 없는 콘텐츠 생성 문제	- 성과에 대한 주장 감안 시, 특정 해결책이 얼마나 효과적인지를 전달 - '성과 대비 기대수준'으로 표시	- 구현하기 가장 쉬움 - '강추', '비추'처럼 간소화 가능 - 보통 추천을 통한 투표는 합의를 주도함과 동시에 방해: 합의된 대중의 관심사가 다양성 잠식

미디어의 통합적 관리는 소셜 미디어와 전통적 매스 미디어가 통합적 관점에서 시너지 효과를 극대화하는 방향으로 소셜 미디어를 활용하는 것을 말한다. 미디어의 통합적 관리의 예는 [그림 10−4]로 정리하였다. [그림 10−4]에서 특정 제품에 대한 정보를 블로거(blog)에 게재하면 서로 링크(연결)되어 있는 페이스북, 트위터, 카카오톡을 통해 게재된 정보가 공유되고 이 공유된 정보를 고객이 가지고 있는 페이스북, 트위터, 카카오톡 계정에서 확인한다. 고객이 확인한 정보를 전제로 특정 제품을 판매하는 기업은 고객을 대상으로 이미 설명한 푸쉬(push) 또는 풀(pull) 전략을 취하는 것이다.

[그림 10−4] 미디어의 통합적 관리

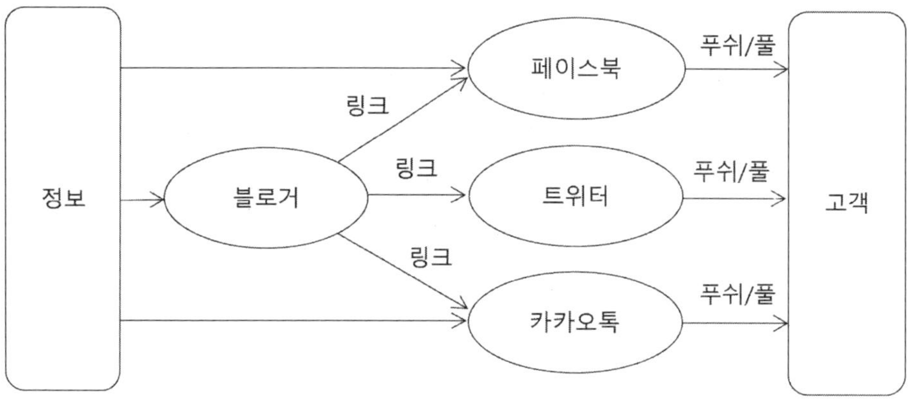

기업은 소셜 미디어를 효과적인 마케팅 전략을 수행하는 마케팅 도구로 활용하고 있다. 첫째 기업은 소셜 미디어를 활용하여 긍정적인 기업 이미지를 구축할 수 있다. 자사 제품의 광고나 기업 홍보에만 국한하지 않고 다양한 기업 활동, 사회적 책임 활동 등을 소개하고, 각종 문화행사, 사회적 캠페인 등에도 관심을 나타낼 수 있다. 둘째 기업은 자사 제품이나 서비스에 대한 다양한 정보를 표적 고객에 맞추어 제공할 수 있다. 이런 과정에서 실시간으로 고객으로부터 자사 제품이나 서비스에 대한 피드백을 받을 수도 있다. 셋째 기업은 소셜 미디어를 통하여 자사 제품이나 서비스에 대한 정보를 제공할 수 있을 뿐만 아니라 구매 촉진을 위한 수단으로도 활용할 수 있다. 예를 들어 신제품 출시를 알림과 동시에 판촉 이벤트를 개최하여 기업의 매출 증가를 기대할 수 있다. 넷째 기업은 소셜 미디어를 활용하여 고객 관리도 할 수 있는데, 고객의 자사 제품이나 서비스에 대한 다양한 의견, 불만 등을 실시간으로 파악하고 빠르게 해결책이나 개선 방안을 제시할 수 있다. 소셜 미디어를 활용한 마케팅을 **버즈 마케팅**(buzz markting)이라고 하는데, 이는 소비자가 자발적으로 메시지를 전달하게 하여 상품에 대한 긍정적인 입소문을 내게 하는 마케팅기법으로 **입소문 마케팅** 또는 **구전**(word of mouth) **마케팅**이라고도 한다. 버즈 마케팅은 소셜 미디어의 출현으로 널리 활용되고 있지만 이전부터 활용되어 온 마케팅 기법으로 네슬레(Nestle)의 네스프레소(Nespresso)가 대표적인 예이다. 네스프레소는 1994년 비행기 1등석 주방용으로 출시된 이후 입소문을 통하여 판매가 증가하였는데 고객의 50%가 기존 고객의 추천으로 네스프레소 제품을 구입하였다.

소셜 미디어 마케팅을 성공적으로 수행하기 위하여서는 체계적이고 단계적인 소셜 미디어 마케팅 전략 수립이 필요하다. 첫 번째 단계는 고객 의견 청취 단계로 이는 기업이 고객의 생각이나 의견을 상세하게 파악하고 이해하는 단계이다. 이 단계에서는 고객 의견 점유율 파악도 필요하다. **고객 의견 점유율**(share of voice)이란 자사가 속한 산업에서 자사의 제품, 브랜드 등에 대한 의견을 가진 고객이 전체 산업의 고객 중에서 차지하는 비중을 말하는데 **목소리 점유율**이라고도 한다. 이와 함께 고객의 의견이 긍정적인지 부정적인지, 그리고 긍정적이거나 부정적인 의견의 비중은 어느 정도인지 평가하여야 한다. 고객 의견 점유율은 고객의 **인지 점유율**(share of mind, share of heart)로 표현되기도 하며 곧 **시장점유율**(share of market)로 나타나기 때문에 시장에서의 경쟁력을 가늠하는 중요한 기준이 된다. 시장 점유율이 종국에는 **수익점유율**(share of profit)로 이어지게 된다. 두 번째 단계는 소셜 미디어 마케팅 목표를 설정하는 단계이다. 소셜 미디어 마케팅 목표는 브랜드 인지도 증가, 매출액 증가, 제품 리더십 확보 등 다양하게 설정할 수 있다. 세 번째 단계는 관련 소셜 미디어 파악 단계로 자사 제품이나 서비스에 대하여 활발하게 의견을 개진할 수 있는 소셜 미디어가 무엇인지를 분석하여 파악하는 것이다. 고객들이 많이 이용하는 블로그, 페이스북, 트위터, 카카오톡 등을 상세하게 분석하는 것이다. 이때 온라인 영향력 행사자를 확인하는 것도 중요한데, **온라인 영향력 행사자**는 소셜 미디어를 이용하는 고객들에게 직간접적으로 영향을 줄 수 있는 사람을 말한다. 이러한 영향력 행사자는 파워 블로거(power bloger)일 수도 있고, 수많은 팔로우어(follower)를 거느린 페이스북 계정 소지자일 수도 있다. 네 번째 단계는 콘텐츠 설계 단계로 고객이 소셜 미디어에 적극적으로 참여할 수 있도록 양질의 콘텐츠를 생산해내는 것이다. 고객들이 쉽게 공감할 수 있고 직접 체험하는 느낌을 주는 것과 같은 콘텐츠를 만들어 내어야 한다는 것이다. 많이 활용되는 기법이 이미 설명한 **스토리텔링**(stroy-telling)이다. 다섯 번째 단계인 소셜 미디어 도구 선정 단계에서는 관련 소셜 미디어 파악 단계에서 분석한 페이스북, 트위터, 카카오톡 등에서 온라인 영향력 행사자가 활용하고 있고 양질의 콘텐츠를 잘 실현할 수 있는 적합한 소셜 미디어를 선택하는 것이다. 여섯 번째 단계는 콘텐츠 작성 및 전달 단계로 기업, 제품, 서비스 등에 대한 핵심적인 콘텐츠를 만들고 이를 페이스북, 트위터, 카카오톡 등 다양한 소셜 미디어를 통하여 고객에게 전달하는 것이다. 일곱 번째 단계는 소통, 참여 및 활성화 단계로 소셜 미디어의 양방향적 커뮤니케이션 기능을 통하여 제공된 콘텐츠를 공유한 고객이 상호소통을 원활하게 하고, 기업, 제품, 서비스 등에 대한 적극적인 의견을 개진하는 등 참여 활동이 활발히 이루어지는 단계이다. 마지막으로 성과 측정 단계는 고객이 블로그에 얼마나 많이 클릭하였는지, 트위터에 얼마나 많이 리트윗(retweet)하였는지 등을 측정하는 것을 말한다. 이런 성과 측정을 통하여 향후 소셜 미디어 마케팅 전략을 수정하거나 보완할 수 있다. 소셜 미디어 마케팅 전략 수립 절차는 [그림 10-5]와 같이 정리할 수 있다.

[그림 10-5] 소셜 미디어 마케팅 전략 수립 절차

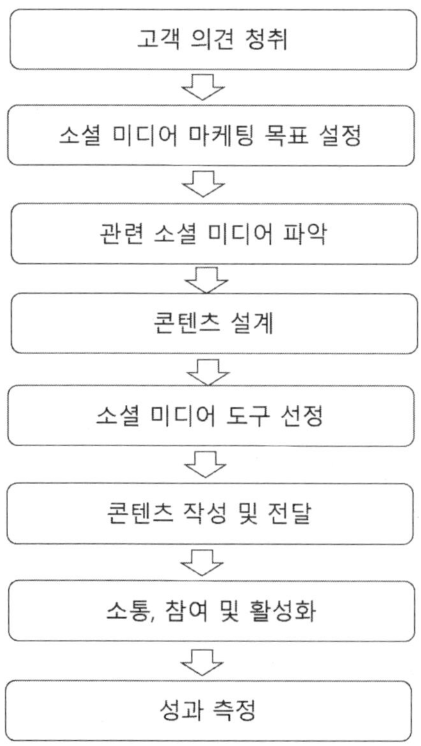

소셜 미디어 마케팅(social media marketing)은 기업이 소셜 미디어를 활용하여 소비자에게 제품, 브랜드, 서비스를 홍보하고 소비자와 상호작용하는 마케팅 활동을 말한다. 소셜 미디어는 수많은 사용자가 활발하게 참여하고 정보를 공유하는 플랫폼으로 이를 통해 기업은 직접적인 광고와 소비자와의 상호작용을 통해 소통하고 고객들에게 제공하는 가치를 강조할 수 있다. 소셜 미디어 마케팅은 다양한 방법을 활용하여 이루어질 수 있는데 몇 가지 대표적인 소셜 미디어 마케팅 방법은 다음과 같다. 첫째 콘텐츠 마케팅이다. 흥미롭거나 유용하거나 공유 가치가 있는 콘텐츠를 제작하여 소셜 미디어를 통해 공유하고 홍보하는 것이다. 블로그 글, 동영상, 이미지, 인포그래픽 등 다양한 형식의 콘텐츠를 활용하여 고객의 관심을 끌고 고객과의 상호작용을 유도한다. 둘째 소셜 광고이다. 소셜 미디어에서 제공하는 광고 서비스를 활용하여 타겟 고객층을 정확하게 설정하고 광고를 전달한다. 따라서 소셜 미디어는 사용자들의 관심사, 행동 패턴, 지리적 정보 등 다양한 데이터를 활용하여 타겟팅 광고를 제공한다. 셋째 온라인 커뮤니티 활동이다. 관련된 온라인 커뮤니티나 그룹에 참여하여 기업의 전문성을 공유하고 소비자와의 신뢰 관계를 형성할 수 있다. 또한 소비자의 질문에 대한 답변 제공, 문제 해결, 상담 등을 통해 소비자의 관심을 끌고 기업의 목표에 부합하는 제품이나 서비스를 알리는데 활용할 수 있다. 넷째 온라인 이벤트 및 캠페인이다. 소셜 미디어를 통해 고객을 대상으로 이벤트나 캠페인을 개최하여 참여를 유도하고 상호작용을 촉진할 수 있다. 경품 추첨, 콘텐츠 공유 이벤트, 해시태그 캠페인 등을 통해 고객의 참여를 유도하고 브랜드 인지도를 높일 수 있다. 결론적으로 소셜 미디어 마케팅은 기업과 소비자 간의 상호작용과 소통을 강화하며 브랜드 인지도를 높이고 고객에게 가치를 제공하는데 중점을 둔다. 이를 통해 더 넓은 고객층에 도달하고 매출 증대, 브랜드 성장 등을 이루어내는데 도움을 줄 수 있다. [그림 10-6]은 소셜 미디어 마케팅을 정리한 것이다.

[그림 10-6] 소셜 미디어 마케팅

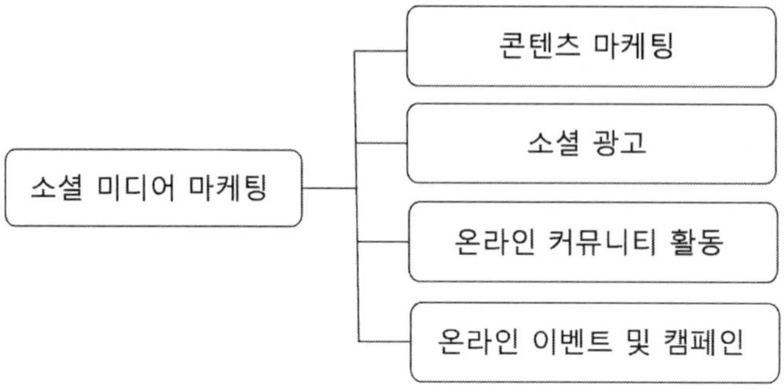

제 11 장

디지털 시대의 뉴마케팅

제 1 절 디지털 시대의 환경

IoT는 인터넷 발전과 관련된 개념으로 최근에 가장 많이 언급되는 용어 중 하나이다. **IoT**(internet of things)란 **사물 인터넷**이라고도 하는데 유무선 통신망으로 연결된 기기들이 인간의 개입 없이 센서 등을 통해 수집한 정보를 서로 주고받아 스스로 일을 처리하고 사용자에게 새로운 기능과 서비스를 제공하는 것을 목표로 한다. 즉 사물과 사물이 인터넷으로 연결되는 것을 말한다. 이는 초연결사회의 기반 기술 및 서비스로 **사물 간 인터넷** 또는 **개체 간 인터넷**(internet of objects)으로 정의하기도 한다. 기본적으로 IoT는 다음과 같은 주요 구성 요소로 이루어져 있다. 첫째 사물(things)이다. IoT는 실제 세계의 사물, 장치 또는 객체들과 연결된다. 이러한 사물은 센서, 칩, 카메라, 전자제품, 차량, 가전제품 등 다양한 형태로 나타날 수 있다. 이러한 사물들은 데이터를 수집하고 작업을 수행할 수 있는 스마트 기능을 갖추고 있다. 둘째 연결성(connectivity)이다. IoT는 인터넷을 통해 사물들을 연결하는 것이므로 이를 위해 **Wi-Fi**(wireless fidelity), **블루투스**(bluetooth), **NFC**(near field communication) 등과 같은 무선 통신 기술이 사용되며 사물 간 또는 사물과 클라우드 서버 간에 데이터를 주고받을 수 있다. 셋째 데이터 처리와 분석(data processing and analytics)이다. IoT에서 생성되는 대량의 데이터는 수집, 저장, 처리 및 분석되어 의미 있는 정보로 전환된다. 이를 통하여 사용자는 실시간으로 데이터를 모니터링하고 통찰력을 얻어 예측, 최적화, 의사 결정 등 다양한 영역에서 이점을 얻을 수 있다. 넷째 응용 프로그램 및 서비스(application and services)이다. IoT는 다양한 응용 프로그램과 서비스를 제공한다. 스마트 홈, 스마트 시티, 산업 자동화, 건강 관리, 농업, 운송 등 다양한 분야에서 IoT가 적용되어 혁신적인 솔루션과 편의성을 제공한다.

IoT는 우리의 일상생활과 산업 분야에서 많은 잠재력을 가지고 있으며, 연결된 장치와 시스템이 상호작용함으로써 생산성, 효율성, 안전성, 편의성 등을 개선할 수 있다. IoT는 일상생활과 산업 분야에 큰 영향을 미치고 있는데 몇 가지 예를 들면 다음과 같다. 첫째 스마트 홈(smart home)이다. IoT를 통해 가전제품, 조명 시스템, 보안 시스템 등을 연결하여 스마트 홈을 구축할 수 있다. 스마트폰이나 음성 명령을 통해 가전제품을 제어하고 모니터링할 수 있으며 에너지 사용량을 최적화하고 생활의 편의성을 높일 수 있다. 둘째 스마트 시티(smart city)이다. 도시 인프라와 서비스를 향상시키기 위해 IoT를 사용하는 스마트 시티 개념이 등장하였다. 예를 들어 쓰레기통이 가득 찼을 때 자동으로 알림을 보내거나 스마트 조명 시스템이 보행자의 움직임에 따라 조명을 자동으로 조절할 수 있다. 또한 교통 통제 시스템으로 교통 흐름을 모니터링하고 주차 공간을 예약하거나 대중교통 시스템을 개선하는 데에도 활용할 수 있다. 셋째 산업 자동화이다. 제조업 분야에서 IoT는 생산 과정의 효율성과 자동화를 증가시키는 데에 사용된다. 센서를 사용하여 장비 상태를 모니터링하고 데이터를 실시간으로 분석함으로써 고장 예방과 유지 보수를 개선할 수 있다. 또한 생산 라인에서 로봇이나 자율 운영 장치와 같은 자동화 시스템과의 연결을 통해 생산성을 향상시킬 수 있다. 넷째 건강 관리이다. IoT 기술은 건강 관리 분야에서도 큰 역할을 한다. 웨어러블 디바이스를 통해 신체 활동, 심박수, 수면 패턴 등의 데이터를 수집하여 개인의 건강 상태를 모니터링할 수 있다. 이러한 정보를 의료 전문가와 공유함으로써 질병 예방 및 관리에 도움을 줄 수 있다. 이러한 예시들은 IoT가 우리의 일상과 산업에 어떻게 통합되고 발전하는가를 보여준다. 미래에는 더 많은 장치가 연결되고 데이터 교환이 더욱 향상될 것으로 예상된다. 그러나 이에 따른 보안 및 개인 정보 보호 문제가 중요한 과제로 남아 있고 데이터 관리, 표준화 등의 문제에 대한 주의와 조치가 여전히 필요하다. 따라서 IoT 시대의 발전은 기술적인 측면 뿐아니라 윤리적인 측면에서도 주의가 필요하다.

IoT 기술은 지속적인 진화를 거쳐왔고 앞으로 더 발전할 것으로 예상되는데 몇 가지 주요한 IoT 관련 기술은 다음과 같다. 첫째 **5G 네트워크**이다. 5G(5 Generation, 5세대) 통신 기술은 IoT에 많은 영향을 미칠 것으로 예상된다. 5G는 높은 대역폭, 낮은 지연 시간, 대규모 연결성을 제공하여 대량의 데이터를 신속하게 전송하고 실시간 응답 및 혁신적인 서비스를 가능하게 할 수 있다. 둘째 **엣지 컴퓨팅**(edge computing)이다. 엣지 컴퓨팅은 중앙 집중 서버가 모든 데이터를 처리하는 클라우드 컴퓨팅과 달리 분산된 소형 서버를 통해 실시간으로 데이터를 처리하는 기술이다. IoT 기기의 확산으로 데이터 양이 폭증하면서 이를 처리하기 위하여 개발되었다. 따라서 엣지 컴퓨팅으로 데이터 처리의 속도와 효율성을 향상시킬 수 있으며 중앙 집중형 클라우드 시스템에 대한 의존도를 줄일 수 있다. 셋째 **인공지능**(AI, artificial intelligence)과 기계 학습(machine learning)이다. **기계 학습**(machine learning)은 컴퓨터가 스스로 방대한 데이터를 분석하여 미래를 예측하는 기술을 말하는데, 인공지능(AI)을 가능하게 하는 하나의 방법이다. 인공지능(AI)과 기계 학습 기술은 데이터의 패턴과 트렌드를 분석하여 예측 모델을 구축하고, 자동화, 의사 결정 및 최적화를 지원할 수 있다. 이를 통해 IoT 시스템은 더 지능적이고 자율적인 기능을 갖출 수 있다. 넷째 보안 및 개인 정보 보호 기술이다. IoT 기술의 발전과 함께 보안과 개인 정보 보호 문제가 더욱 중요해지고 있다. 암호화, 인증, 접근 제어 등의 보안 기술과 개인 정보 보호 및 관리 방법이 계속해서 발전하여 IoT 시스템과 사용자 데이터를 보호할 수 있도록 하여야 한다. 다섯째 **블록체인**(blockchain)이다. 블록체인은 탈중앙화된 분산 원장 기술로서 IoT에서의 신뢰성, 안전성, 투명성을 강화할 수 있다. 블록체인을 활용하면 IoT 장치 간 신뢰할 수 있는 데이터 교환과 스마트 계약을 구현할 수 있다. 여섯째 가상현실(VR, virtual reality)과 증강현실(AR, augmented reality)이다. **가상현실**(VR, virtual reality)이란 컴퓨터 등을 이용하여 인공적 기술로 만들어낸, 실제와 유사하지만 실제가 아닌 특정 환경이나 상황을 의미한다. **증강현실**(AR, augmented reality)은 가상현실(VR)의 한 분야로 실제 존재하는 환경에 가상의 사물이나 정보를 합성하여 마치 원래의 환경에 존재하는 사물처럼 보이게 하는 컴퓨터 그래픽 기법이다. IoT와 가상현실(VR), 증강현실(AR) 기술을 결합하면 실제 환경에 가상 객체를 통합할 수 있다. 예를 들어 스마트 홈에서 가상 조작 인터페이스를 통해 장치를 제어하는 등의 새로운 경험이 가능해진다. 이를 통해 IoT 장치와 사용자 간 상호 작용과 경험을 향상시킬 수 있다.

이러한 IoT는 기존의 RFID(radio frequency identification) 및 USN(ubiquitous sensor network) 기술이 M2M(machine to machine) 개념으로 발전하고 이것이 IoT 기술로 발전한 후 최종적으로 만물 인터넷(IoE, internet of everything) 개념으로 확장하고 있다. **RFID**(radio frequency identification)는 무선 주파수(RF, radio frequency)를 이용하여 물건이나 사람 등과 같은 대상을 식별(Identification)할 수 있도록 해 주는 기술을 말하는데, RFID는 안테나와 칩으로 구성된 RFID 태그에 정보를 저장하여 적용 대상에 부착한 후 RFID 리더를

통하여 정보를 인식하는 방법으로 활용되고 있다. USN(ubiquitous sensor network)는 RFID와 무선 통신 장치를 통하여 각종 센서에서 감지한 정보를 무선으로 수집, 분석, 관리 및 제어할 수 있는 네트워크를 일컫는 것으로, 대표적인 예로 화재 감시 모니터링 시스템, 공기질 모니터링 시스템, 수질 모니터링 시스템, 위치 추적 시스템 등이 있다. M2M(machine to machine)은 기계와 기계 간의 연결을 의미하는 것으로 주변에 있는 모든 기기가 센서로 모은 정보를 다른 기기와 통신하면서 서로 반응하여 주변 환경을 조절하는 기술이다. TV, 냉장고, 세탁기 등 가전부터 자동판매기, 현금자동지급기, 자동차, 헬스 케어 장치, 가스, 전기, 수도 검침기, 온도와 습도 조절기 등 M2M을 접목할 수 있는 기기는 무궁무진하다. 만물 인터넷(IoE, internet of everything)은 사람, 사물, 프로세스, 데이터 등 세상 만물이 인터넷으로 연결되어 서로 소통하며 새로운 가치와 경험을 창출하는 기술을 말한다. 이는 IoT에서 더욱 확장되고 발전한 개념이다. 이를 정리한 것이 [그림 11－1]이다.

[그림 11-1] IoT 기술의 진화

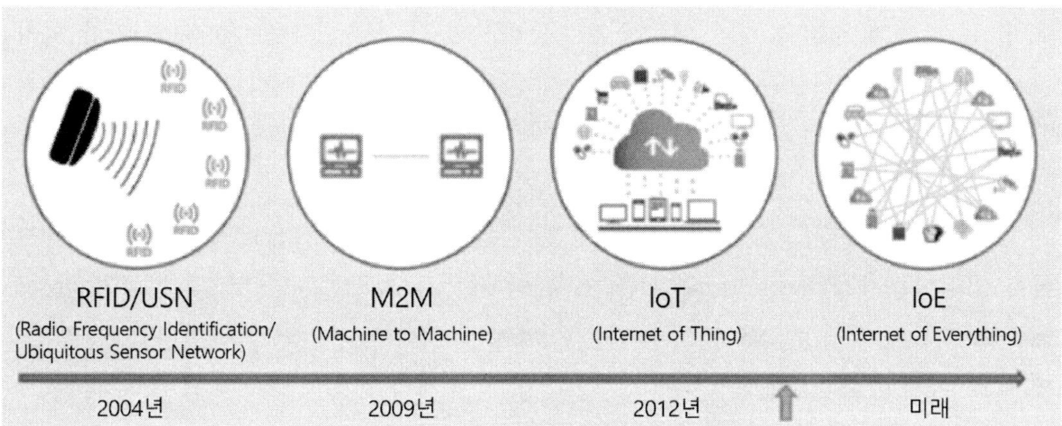

출처 : 특허뉴스, 2019년 3월 21일 자

[그림 11－1] IoT 기술의 진화와 관련하여 IoT 기술 발전 전망은 [그림 11－2]와 같이 정리할 수 있다.

IoT 기술이 연결형 단계에서는 사물이 인터넷에 연결되어 주변 환경을 센싱하고 그 결과를 전송할 수 있으며 모니터링한 정보를 통하여 원격에서 사물을 제어하는

[그림 11-2] IoT 기술 발전 전망

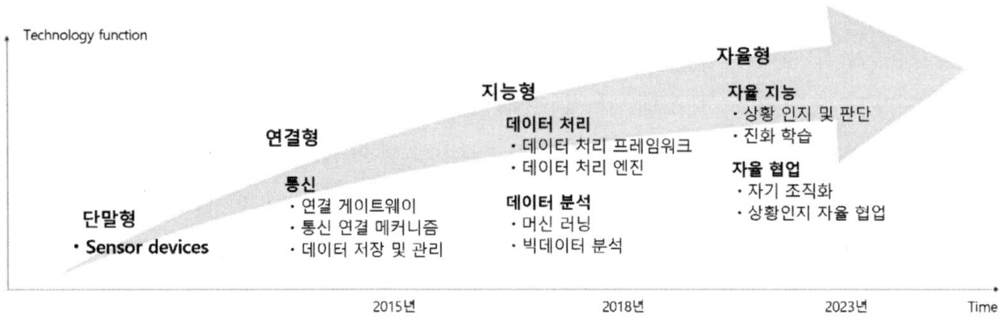

출처 : AI Network Lab 인사이트 제3호, 2019년 4월

단계이다. 이 단계에서는 센싱-수집-분석을 목적으로 구축된 실세계에서 가상 세계로의 연결 및 관리 기술이 필요하다. 지능형 단계에서는 사물이 직접 센싱하거나 전송된 센싱 데이터를 분석하고 예측하는 지능적 행위를 취하는 단계이다. 이 단계에서는 연결형 단계의 기술에 지능이 추가되어 센싱-수집-분석-진단-예측의 실세계에서 가상 세계로의 지능적 감지 및 유연한 대응의 기술이 필요하다. 자율형 단계에서는 사물 간 분산 협업 지능을 기반으로 상호 소통하여 공간, 상황, 사물 데이터의 복합 처리를 통하여 스스로 의사결정을 하고 물리 세계를 자율적으로 제어할 수 있는 단계이다. 이 단계에서는 지능형 단계의 기술의 고도화와 더불어 예측-계획-전달-실행의 가상 세계에서 실세계로의 대응 자율화 기술이 필요하다.

IoT 시대의 도래로 사람과 사람을 연결하는 P2P(people to people)를 넘어 사물과 사물을 연결하는 T2T(things to things)를 거쳐 이제는 사물과 사람을 연결하는 T2P(things to people)의 연계가 등장하는 등 수많은 연계성에 기반한 서비스가 출현하고 있다. 이에 따라 마케팅 패러다임도 부분적 수정이 아닌 총체적 변경이 불가피하며, 수많은 사람, 제품, 서비스가 융합적으로 제공되는 IoT 시대에서 이루어지는 예측하기 어려운 수많은 상황을 체계적으로 관리하는 것이 마케팅 담당자의 영역이 되고 있다.

따라서 마케팅 담당자는 디지털 사회의 필수 생존 요소인 e-비즈니스를 성공적으로 수행하기 위해서는 급변하는 IT 기술의 현황을 파악하고 미래의 IT 기술을 전망하는 것이 필요하다. 미국 IT 분야 컨설팅 및 시장조사기관인 Gartner가 매년 발표하는 Hype Cycle을 최근에 많이 참고하고 있는데 이는 새로운 기술의 현황과 전망을 설명하는 주기곡선이다. Gartner Hype Cycle은 기술 수명 주기 모델로 새로운 기술이 도입되고 성장하는 과정에서 기대감과 실현 사이의 변동을 나타내는 그래프로 표현된다. Gartner Hype Cycle은 주요 기술 트렌드 및 시장 동향을 이해하고 기술의 성숙도와 시장 수용도를 평가하는 데 사용된다. Gartner Hype Cycle은 다음과 같은 주요 단계로 구성된다. 첫 번째 단계는 혁신 촉발(Innovation Trigger) 단계이다. 이 단계에서는 새로운 기술의 개발과 초기 연구가 진행되고 대중에게는 잘 알려지지 않았지만 일부 기업과 연구진은 이러한 기술의 잠재력과 가능성을 인식하고 있다. 두 번째 단계는 기대 폭발(Peak of Inflated Expectations) 단계이다. 이 단계에서는 많은 관심과 미디어 관심이 집중되며 기술에 대한 기대감이 급격하게 증가한다. 하지만 이 단계에서는 실제 성과와 기대가 일치하지 않을 수 있다. 세 번째 단계는 환멸(Trough of Disillusionment) 단계이다. 이 단계에서는 초기 기대감이 실현되지 않아 실망이 크게 퍼지는 시기이다. 일부 기업은 실패하고 관심과 투자가 감소하며 기술의 한계와 어려움이 드러나 이를 극복하기 위해 노력하여야 한다. 네 번째 단계는 계몽(Slope of Enlightenment) 단계이다. 이 단계에서는 기술의 장점과 가능성을 평가하고 적용하는 방법을 찾기 시작한다. 실용적인 케이스 스터디, 성공 사례, 실제 적용 사례 등이 나타나며 기술의 가치와 이점이 재인식된다. 마지막 단계는 생산성 안정(Plateau of Productivity) 단계이다. 이 단계에서는 기술이 성숙하고 시장에서 광범위하게 수용되며 일반적인 산업 및 사용자에게 표준으로 간주된다. 기술은 상용화되고 안정성과 신뢰성이 확립되며 기술의 발전은 더욱 진화적 방향으로 이어진다. Gartner Hype Cycle은 기술의 발전과 시장 동향을 이해하고 투자 및 의사 결정을 지원하는 도구로 사용된다. 이 모델은 기술의 상대적 성숙도와 성공 가능성을 평가하고 기업과 기술 리더들이 시장을 파악하고 전략을 개발하는 데 도움을 준다. [그림 11-3]은 2023년 Gartner Hype Cycle이다.

[그림 11-3] Gartner Hype Cycle 2023

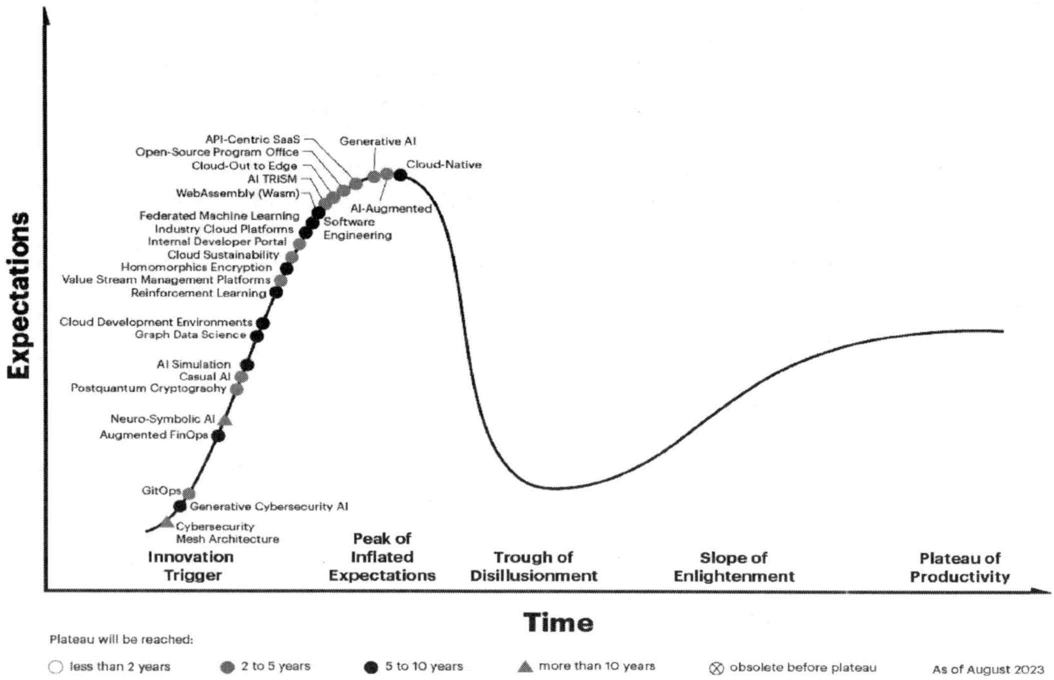

출처 : Gartner 홈페이지

Gartner Hype Cycle은 코로나19 이후 기업이 디지털 업무환경 조성에 관심을 가지기 시작하였고 디지털 업무환경 구축이 필수 요소라는 인식이 증가함에 따라 이와 관련된 기술 트렌드를 제시하였다. 첫째 SaaS(Software as a Service) 기반의 협업 플랫폼이다. SaaS란 소프트웨어의 여러 기능 중 사용자가 필요로 하는 서비스만 이용 가능하도록 한 소프트웨어로, 소프트웨어 공급업체가 하나의 플랫폼을 이용해 다수의 고객에게 소프트웨어 서비스를 제공하고 사용자는 이용한 만큼 돈을 지급한다. 전통적 소프트웨어 비즈니스 모델과 비교할 때 SaaS의 가장 큰 차이점은 제품 소유의 여부이다. 즉 기존 기업용 소프트웨어는 기업 내부의 서버 등 장비에 저장해 이용한다는 점에서 고객이 소유권을 갖고 있었지만, SaaS는 소프트웨어가 제품이 아닌 서비스, 즉 빌려 쓰는 모델이라는 점에서 기존 모델과는 확연히 구분된다. 코로나19로 인해 재택근무가 활성화되면서 협업 플랫폼 시장도 활성화되었고 협업 플랫폼은 하나의 클라우드 상에서 SaaS(Soft as a Service) 기반으로 운영된다. 주로 이메일, 메시지, 파일 공유, 문서 관리 및 수정, 자료 검색 등의 기능이 포함되어 있으며 개인 업무, 상호 커뮤니케이션, 공동 업무를 모두 관리하는 형태이다. 둘째 **BYOT**(Bring Your Own Thing)로 이는 스마트폰을 비롯한 개인 디바이스로 업무를 처리하는 것을 말한다. 다시 말해서 개인 소유의 노트북, 태블릿 PC, 스마트폰 같은 단말기를 업무에 활용하는 것으로 기업 입장에서는 시간과 공간에 구애받지 않고 업무를 할 수 있어 업무 효율화 및 비용 절감을 꾀할 수 있다는 장점이 있다. 하지만 동시에 보안이 유지되지 않을 경우 기업의 주요 불안 요소가 될 수 있다는 단점도 있다. Gartner는 2016년에 이미 2억명에 이르는 사람이 자신의 물건을 업무에 활용하는 BYOT 형태로 전환할 것이라고 전망하였는데, 당시 전망이 스마트폰을 겨냥한 말이었다면 현재의 BYOT는 트렌드에 맞게 더욱 개인화된 IoT 디바이스나 웨어러블 기기를 업무에 사용하기 시작하는 것을 일컫는다. 셋째 **비대면 이코노미**이다. 2019년말까지만 해도 사람들과 거리낌 없이 만나고 이야기를 나누고 모임을 즐겼지만, 이 같은 상황은 코로나19 이후로 순식간에 역전되었고 사회적 거리 두기로 비대면 이코노미가 형성되었다. 코로나 19 종식 이후에도 비대면 이코노미는 사회 경제적으로 여전히 유효하다. 넷째 **스마트 업무 공간**이다. 비대면으로 업무를 진행하기 위해 스마트 업무 공간도 활성화되었다. IoT, 통합 워크 스페이스(work space) 관리 시스템, 가상 워크 스페이스, 동작 센서, 안면 인식 등이 이에 포함되고 이를 통해 사람들은 개인 공간에서도 업무를 진행할 수 있다. 다섯째 **DaaS**(Desktop as a Service)로 클라우드 기반으로 가상 데스크톱 환경을 제공하는 서비스를 말한다. 일반적으로 업무용 PC에 필요한 운영 체제, 소프트웨어 등은 물리적 저장 공간에 설치하고 저장하는 반면, DaaS는 CPU, 메모리, 디스크 등의 컴퓨팅 자원을 중앙 클라우드 서버에 구현하여 컴퓨팅 환경을 제공하므로 사용자는 인터넷만 연결되어 있으면 PC 사양에 상관없이 가상 PC에 접속할 수 있다. 즉 개별 PC를 관리할 필요가 없어지고 클라우드 서버에서 소프트웨어 업그레이드 등 컴퓨팅 작업을 할 수 있다. DaaS의 이점은 사용자가 언제, 어디서든지 DaaS 서비스를 활용하여 업무환경을 구축할 수 있어 조직의 유연성을 높일 수 있고, 비즈니스 상황에 맞춰 규모를 확장하거나 축소하는 것이 비교적 자유롭다. 또한 월간 또는 연간 구독 모델을 바탕으로 필요한 만큼 비용을 지불하기 때문에 비용 절감이 가능하다. 여섯째 **기술의 민주화**(Democratization of Technology)이다. 기존에는 새로운 기술적 서비스를 제공하기 위해 특별한 기술력을 가지고 있는 사람이 필요하였지만 미래의 기술은 결국 사용자에 의해 구성된다는 것이다. 다시 말해서 누구든 간단하게 사용할 수 있는 플랫폼 하나를 개발하고 이 위에 서비스를 얹는 방식으로 시장이 형성되는 것을 가리키는데 이것이 기술의 민주화이고, 누구나 쉽게 기술을 사용할 수 있고 결국 기술이 모두의 일상에 스며들게 된다는 것이다. [그림 11-4]는 디지털 업무환경 구축과 관련된 기술 트렌드를 정리한 것이다.

[그림 11-4] 디지털 업무환경 구축과 관련된 기술 트렌드

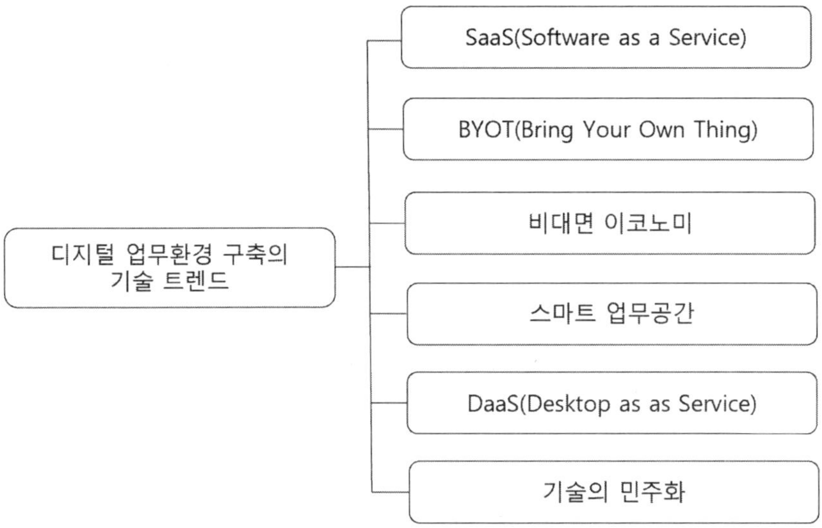

이러한 IoT 시대에는 기업들도 기존 사업 영역에서의 한계를 인식하고 새로운 IoT 시대에 적응하기 위한 적극적인 활동을 전개하고 있는데 이러한 활동 중에서 최근 가장 두드러지게 부각되고 있는 것이 디지털 트랜스포메이션이다. **디지털 트랜스포메이션**(Digital Transformation)이란 다양한 디지털 기술을 활용하여 새로운 비즈니스 모델을 개발하거나 기존 비즈니스 요소들을 통합하여 새로운 시장 기회를 창출하는 것을 말한다. 대표적인 예로 GE의 경우 제조업체에서 소프트웨어 기업인 산업 인터넷 플랫폼으로 전환하고 있으며 디지털 트랜스포메이션을 통해 산업계의 구글로 탈바꿈했다는 평가를 받고 있다. IBM의 경우도 주력사업 PC 사업부를 Lenovo에 매각하고, 빅데이타 분석, 클라우딩 컴퓨터, 인공지능(AI) 등 소프트웨어 기업으로 전환하고 있다.

앞서 설명한 IoT와 관련하여 최근에 가장 이슈화되는 것이 제4차 산업혁명이라는 용어이다. 제4차 산업혁명에 대하여 다양하게 정의할 수 있지만 **제4차 산업혁명**(The Fourth Industrial Revolution)은 인공지능(AI, artificial intelligence), IoT, 빅데이터, 모바일 등

첨단 정보통신기술이 정치, 경제, 사회, 문화 전반에 융합되어 혁신적인 변화를 일으키는 차세대 산업혁명으로 정의할 수 있다. 제4차 산업혁명은 디지털 기술의 발전과 융합이 경제와 사회 전반에 혁명적인 변화를 가져온다는 개념으로 이 혁명은 기존의 산업 구조와 업무방식을 완전히 변화시키고 새로운 비즈니스 모델과 가치 창출 방식을 탄생시킨다. 제4차 산업혁명이라는 용어는 2016년 6월 스위스에서 열린 **다보스 포럼**(Davos Forum)에서 포럼의 의장이었던 **클라우스 슈밥**(Klaus Schwab)이 처음으로 사용하면서 이슈화되었다. 제4차 산업혁명의 특징과 주요 기술은 다음과 같다. 첫째 인터넷과 통신 기술이다. 인터넷의 보급과 통신 기술의 발전은 IoT, 빅데이터, 클라우드 컴퓨팅 등과 같은 디지털 기술의 발전을 이끌었고 이를 통해 사물과 사람, 사람과 사람이 상호 연결되는 환경이 구축되었다. 둘째 인공지능(AI)과 자동화이다. 인공지능(AI) 기술의 발전으로 기계 학습, 자연어 처리 등의 분야에서 높은 수준의 작업 수행이 가능해졌고 이를 통해 업무의 자동화, 예측 분석, 의사 결정 지원 등이 가능해졌다. 셋째 빅데이터와 데이터 분석이다. 대규모의 데이터를 수집하고 분석하여 유용한 정보와 인사이트를 도출하는 기술이 발전하였다. 빅데이터를 활용하여 예측 분석, 개인화된 서비스 제공, 고객 행동 이해 등이 가능해졌다. 넷째 IoT와 스마트 시스템이다. IoT는 이미 설명한 바와 같이 장치와 센서를 통해 데이터를 수집하고 연결하여 현실 세계와 디지털 세계를 융합시키고 이를 통해 생산 시설, 스마트 홈, 스마트 도시 등 다양한 분야에서 스마트 시스템을 구축할 수 있게 되었다. 다섯째 로봇 기술과 자율 주행이다. 로봇 기술의 발전과 자율 주행 기술의 성장으로 인간의 업무를 보조하고 자동화하는 로봇 시스템, 자율 주행 자동차, 드론 등이 등장하였다. 제4차 산업혁명은 산업과 비즈니스 모델의 변화뿐만 아니라 사회 전반에도 엄청난 영향을 미치고 있는데 이와 함께 일자리 변화, 기술 접근성의 격차, 개인 정보 보호 등의 사회 경제적인 이슈도 함께 다루어져야 한다. 현재까지 단계별로 변천해온 산업혁명을 정리한 것이 [표 11-1]이다. 제4차 산업혁명은 21세기 초반에 이미 시작되어 현재 진행 중으로 앞서 설명한 기술, 즉 IoT, 빅데이타, 인공지능 등을 기반으로 자동화 및 연결성을 극대화하면서 사람, 사물, 공간을 연결하여 산업 구조를 혁신적으로 개편하는 것이다. 가장 큰 특징은 지능화에 따른 자율화로, 이전의 산업혁명의 특징이었던 기계화에 따른 산업화, 전기화에 따른 대량 생산, 정보화에 따른 자동화와는 확연히 구별된다.

[표 11-1] 산업혁명의 변천

구분	제1차 산업혁명	제2차 산업혁명	제3차 산업혁명	제4차 산업혁명
시기	18세기 후반	19~20세기 초	20세기 후반	21세기 초반
연결성	국가 내부의 연결성 강화	기업, 국가간 연결성 강화	사람, 환경, 기계간 연결성 강화	자동화, 연결성의 극대화
혁신동인	증기기관	전기 에너지	컴퓨터, 인터넷	IoT, 빅데이타, 로봇, 인공지능(AI)을 기반한 초연결성
특징	기계화에 따른 산업화	전기화에 따른 대량 생산	정보화에 따른 자동화	지능화에 따른 자율화
현상	영국 섬유산업의 거대 산업화	컨베이어 벨트를 기반으로 한 대량 생산 달성으로 미국으로의 패권 이동	인터넷 기반의 디지털 혁명으로 미국 글로벌 IT 기업의 급부상	사람, 사물, 공간의 초연결 및 초지능화를 통한 산업 구조 개편

제 2 절 디지털 시대의 소비자

디지털 시대의 소비자에 대하여 알아보기에 앞서 먼저 아날로그 시대의 소비자의 특성을 살펴보겠다. 아날로그 시대의 소비자는 첫째 오프라인 중심이었다. 대부분 오프라인 매장인 상점을 직접 방문하여 제품이나 서비스를 실제로 보고 구매하는 것이 일반적이었다. 둘째 제품이나 서비스에 대하여 선택지가 유한하였다. 다시 말해서 소비자는 상점에서 제한된 제품이나 서비스를 선택하였고 특정 지역에서는 원하는 제품이나 서비스를 찾기가 어려울 수도 있었다. 셋째 제한된 정보 액세스로 제품이나 서비스에 대한 정보를 얻기 위해 주로 카탈로그, 광고, 판촉물 등을 활용하였고 제품이나 서비스에 대한 정보의 양과 질도 제한적이었다. 넷째 가족이나 지인 등 주변인의 소문과 추천이 제품이나 서비스를 구매하는 중요한 결정 요인이었다.

하지만 디지털 시대의 소비자는 이러한 아날로그 시대의 소비자와는 매우 다른 특징과 행동을 보이고 있는데 디지털 시대의 소비자의 주요 특징을 정리하면 다음과 같다. 첫째 온라인 쇼핑과 이커머스(e-Commerce)로 제품이나 서비스를 구매한다. 디지털 기술의 발전으로 소비자는 인터넷을 통해 쉽고 편리하게 제품과 서비스를 구매할 수 있게 되었다. 온라인 마켓플레이스(online marketplace)와 이커머스(e-Commerce) 플랫폼은 소비자에게 다양한 상품의 선택, 비교, 리뷰 등 정보를 제공하며 편리한 결제 및 배송 서비스를 제공한다. 둘째 스마트폰과 모바일 경험에 익숙하다. 스마트폰의 보급과 모바일 애플리케이션의 발전으로 소비자는 언제 어디서나 쉽게 정보를 찾고 제품을 구매할 수 있다. 소셜 미디어 플랫폼을 통해 다른 소비자와 의견을 공유하고 상품에 대한 평가와 리뷰를 확인할 수 있다. 셋째 개인화된 경험과 맞춤형 서비스를 중시한다. 소비자는 자신에 맞추어진 경험과 서비스를 요구하고 기업은 데이터 분석을 통해 소비자의 선호도와 행동 패턴을 파악하여 개인에게 맞춤화된 제안과 추천을 제공한다. 넷째 사회적 책임과 지속 가능성을 중시한다. 디지털 시대의 소비자는 환경 보호와 사회적 책임에 대한 관심이 매우 높다. 지속 가능한 제품 및 서비스, 윤리적인 브랜드, 사회적 영향을 고려한 기업에 대한 호감을 가지고 이것이 곧 소비자의 구매 행동에 영향을 미친다. 다섯째 소셜 미디어의 영향력이 절대적이다. 소셜 미디어 플랫폼은 소비자에게 제품과 브랜드에 대한 정보를 공유하고 의견을 나누는 힘을 제공한다. 소셜 미디어의 영향력은 제품의 인지도와 평판 형성에 큰 영향을 미치며 소비자는 소셜 미디어에서 영감을 받고 구매 결정을 내리는 경향이 강하다. 여섯째 디지털 원격 경험을 구매에 활용한다. 디지털 기술의 발전으로 소비자는 제품과 서비스를 실제로 체험하지 않고도 디지털 매체를 통해 가상으로 경험할 수 있다. 온라인 상점, 가상 현실(VR), 증강 현실(AR) 등을 활용하여 제품의 외관, 기능, 사용 방법 등을 가상으로 체험하고 판단하며 이를 바탕으로 구매를 결정한다. 일곱째 신뢰와 브랜드 가치를 중시한다. 디지털 시대의 소비자는 제품이나 브랜드에 대한 신뢰와 가치를 중요하게 생각한다. 소셜 미디어에서의 평판, 제품이나 브랜드에 대한 온라인 리뷰를 신뢰하고 이를 바탕으로 제품이나 브랜드에 대한 신뢰를 형성하여 구매를 결정하는 경향이 있다.

디지털 시대의 소비자를 다양한 유형으로 분류할 수 있는데 여기서는 디지털 네이티브, 제너레이션 C, 이케아 세대에 대하여 설명하도록 하겠다. 첫째 **디지털 네이티브**(digital native)란 **디지털 원주민**이라고도 하는데, 태어나면서부터 디지털 언어와 기기를 사용함으로써 디지털 친화적인 행태와 사고를 지닌 세대를 지칭한다. 통상 1980년~2000년 사이에 태어난 세대로 **밀레니얼 세대**(Millennial Generation)와 **Z세대**를 포함한다. 이들은 자유와 도전정신을 지니고 필요한 정보 습득을 위해 인터넷을 적극적으로 활용하며 만족한 결과가 나올 때까지 인내하고 집중하는 스타일이다. 또한 **멀티 태스킹**(multi-tasking)에 익숙하고 개성이 강하여 오프라인에서 팀워크 형성이 어렵지만 온라인에서는 적극적으로 협업하는 행태를 보인다. 이와 관련하여 디지털 이민자라는 개념도 있다. **디지털 이민자**(digital immigrant)는 태어나면서부터 디지털화가 된 것이 아니라 디지털화의 필요성을 인식하여 학습을 통하여 디지털 친화적인 행태와 사고를 가지게 된 세대를 말하는 것으로, 일부 아날로그적인 행태와 사고가 남아 있는 세대이다. 둘째 제너레이션 C(Generation C)이다. **제너레이션 C**(Generation C)는 연결이 만든 간접 경험에 의하여 구분되는 행동을 보이는 특정 그룹을 지칭하는 것으로, 스마트폰으로 24시간 연결되어 있어 물리적으로 이전에 경험하지 못한 것에 대해 풍부한 간접 경험을 하는 사람들을 일컫는다. 연령에 상관없이 디지털 연결성 정도로 구분할 수 있는데, 예를 들어 스마트폰으로 우버(Uber) 택시를 부르는 50대, 해외 휴가 숙박 예약을 에어비앤비(air bnb)에서 하는 60대, 페이스북(Facebook)이나 카카오톡을 통해 다양한 세대와 커뮤니케이션을 하는 70대 등이 있다. 제너레이션 C와 관련하여 **X세대, Y세대, Z세대**도 최근 많이 언급되고 있는데 이를 정리하면 [표 11-2]와 같다. [표 11-2]에서 알 수 있듯이 디지털 네이티브는 Z세대로 대변할 수 있는데 최근 모 자동차업체가 X세대, Y세대, Z세대가 공존하는 TV 광고로 주목을 받기도 하였다.

[표 11-2] X세대, Y세대, Z세대 비교

구분	X 세대	Y 세대	Z 세대
출생연도	1965년~1979년	1980년~1994년	1995년 이후
인구비중	25%	21%	16%
미디어 사용	디지털 이주민	디지털 유목민※	디지털 네이티브
성향	물질주의, 경쟁사회	세계화, 경험주의	현실주의, 윤리 중시

※ 디지털 유목민이란 시간과 장소에 구애받지 않고 디지털 기술을 통해 자유롭게 일할 수 있다는 의미에서 사용

셋째 **이케아 세대**(IKEA 세대)는 스웨덴 DIY 가구업체인 이케아(IKEA)에서 따온 용어로 이케아(IKEA)는 저렴한 가격과 현대적인 디자인의 가구로 유명하다. 이케아 세대는 주로 밀레니얼 세대를 가리키는 데, 이 세대는 디지털 유목민으로 디지털 기술에 능숙하게 접근한다. 해외여행, 어학연수 등으로 해외 문화에 익숙하고 다양한 정보력과 경험을 요구하는 문화적 수준과 안목을 지니고 있으며 외국어 능력 및 IT 활용 능력이 뛰어나다. 또한 혁신제품의 초기 수용이 높은 세대로 저렴한 가격(낮은 인건비), 빼어난 디자인(높은 능력), 높은 가성비(스펙 대비 계약직 고용), DIY(Do IT Yourself, 미완성제품, 중간단계의 삶), 높은 단기적 만족감(현재 만족) 등의 이케아 가구와 같은 속성을 지니고 있다. 이들의 또 다른 두드러진 특징은 결혼을 안해도 아이가 없어도 한국에서 취직하지 않아도 된다는 시각을 가지고 있고, 기성세대와 같은 철학을 공유하는 것을 거부하며 철저한 개인 중심적 성향을 보인다. 또한 미래를 위한 투자 및 희생보다는 지금 이 순간의 만

족에 충실하다.

디지털 시대의 소비자는 SNS를 활용하여 자신들만의 군락지를 형성하는데 이를 비오톱이라고 한다. **비오톱**(biotop)이란 원래 야생생물이 서식하고 이동하는데 도움이 되는 숲, 가로수, 습지, 하천, 화단 등 도심에 존재하는 다양한 인공물이나 자연물을 말하는 것으로, 지역 생태계 형성에 기여하는 작은 생물 서식 공간을 지칭한다. 하지만 디지털 시대에는 SNS를 활용하여 고객이 모여있는 곳, 즉 **고객 군락지**라는 의미로 사용되고 있다. 일본 IT 저널리스트 사사키 도시나오가 <큐레이션의 시대>라는 책에서 고객 군락지, 타겟 군락지로 지칭한 것에서 유래하였다. 대표적인 예가 페친(페이스북 친구)으로, 이는 페이스북 계정을 통해 연결된 사용자들이 새로운 고객 군락지를 형성한 것이다. 또한 디지털 시대의 소비자는 O2O를 활용하여 멀티 채널 이주에 아주 능숙하다. **O2O**(online to offline)란 단어의 뜻 그대로 온라인이 오프라인으로 옮겨온다는 뜻으로, 정보 유통 비용이 저렴한 온라인과 실제 소비가 일어나는 오프라인이 서로 연결되는 것을 말한다. **멀티 채널 이주**(multi-channel migration)란 오프라인 매장, 온라인 쇼핑몰, TV 홈쇼핑, 백화점, 할인점 등 다양한 형태의 멀티 채널을 돌아다니면서 더 나은 가치 구매를 위한 의사결정을 하는 것을 말하는데, 이를 **옴니 채널 이주**(omni-channel migration)라고도 한다. 이러한 멀티 채널 이주의 유형에는 이미 제1장에서 설명한 바와 같이 **쇼루밍**(showrooming), **웹루밍**(webrooming), **모루밍**(morooming), **크로스오버 쇼핑**(cross-over shopping) 등 다양한 형태가 있다.

제 3 절 디지털 시대의 뉴마케팅

디지털 시대의 마케팅이 지향한 기본 목표는 디지털 기술을 기반으로 새로운 고객 경험과 고객 가치를 제공하는 것이라 할 수 있다. 따라서 디지털 시대에서의 성공적인 마케팅 활동을 위하여 기존의 전통적 마케팅 믹스인 4P, 즉 제품(product), 가격(price), 유통(place) 및 촉진(promotion)을 대체하는 새로운 마케팅 믹스가 필요하다. 새로운 마케팅 믹스로 **감성 중심의 마케팅 믹스**인 **4E**가 등장하였다. 4E는 **고객 전도사**(evangelist), **열정**(enthusiasm), **경험**(experience), **교환**(exchange)을 가리킨다. 최근에는 **인간 중심의 마케팅 믹스**도 대두되었는데 이는 앞서 설명한 고객 중심의 마케팅 믹스인 4C와 구별하여 또 다른 **4C**로 지칭한다. 이 4C는 **공동 창조**(co-creation), **통화**(currency), **공동체 활성화**(communal activation), **대화**(conversation)를 가리키며 이 또한 필립 코틀러(Philip Kotler)가 제시하였다[1]. 결론적으로 기존의 4P라는 마케팅 믹스에서 새로운 마케팅 믹스인 4C, 4E, 4C가 차례로 등장한 것이다. 생산자 중심의 마케팅 믹스 4P 및 고객 중심의 마케팅 믹스 4C는 제1장에서 설명하였다. 마케팅 믹스의 변천을 정리하면 [표 11−3]과 같다.

1) 필립 코틀러(Philip Kotler)외, 마켓 4.0, 더퀘스트, 2017년, pp.96~100.

[표 11-3] 마케팅 믹스의 변천

생산자 중심	고객 중심	감성 중심	인간 중심
4P	4C	4E	4C
제품 (product)	고객 가치 (customer value)	고객 전도사 (evangelist)	공동 창조 (co-creation)
가격 (price)	고객 비용 (customer cost)	열정 (enthusiasm)	통화 (currency)
유통 (place)	편의성 (convenience)	경험 (experience)	공동체 활성화 (communal activation)
촉진 (promotion)	커뮤니케이션 (communication)	교환 (exchange)	대화 (conversation)

감성 중심의 마케팅 믹스 4E는 다음과 같은 의미를 가지고 있다. 첫째 **고객 전도사**(evangelist)는 제품이나 브랜드를 열정적으로 옹호하고 홍보하는 고객을 가리키는 것으로 특정 기업을 위해 자발적 영업을 하는 충성고객이라고 할 수 있다. 이러한 고객은 제품이나 브랜드에 대한 긍정적인 경험과 만족도를 가지며 자발적으로 주변인에게 제품을 추천하고 홍보하고 구매를 독려한다. 기업은 당연히 이러한 고객 전도사를 확보하고 유지하는 데 관심을 가져야 한다. 둘째 **열정**(enthusiasm)은 소비자가 제품이나 브랜드에 대해 가지는 열정이나 관심을 의미한다. 소비자가 제품이나 브랜드에 대해 열정을 가지고 흥분하고 관련된 활동에 적극적으로 참여하는 것은 제품이나 브랜드의 인지도와 관심을 높일 수 있다. 셋째 **경험**(experience)은 소비자가 제품이나 브랜드와 상호작용하는 과정과 그 과정에서 느끼거나 소유하는 경험을 의미한다. 제품을 체험하고 사용하는 과정에서 소비자에게 긍정적인 경험을 제공하는 것은 브랜드 충성도를 높이고 긍정적인 마케팅 효과를 가져올 수 있다. 넷째 **교환**(exchange)은 소비자와 기업 간 상호관계를 바탕으로 한 경험과 정보 교환을 의미한다. 기업은 소비자와의 상호교류를 통하여 제품에 대한 피드백을 수집하고 소비자에게 정보를 제공함으로써 제품의 품질과 가치를 향상시킬 수 있다.

인간 중심의 마케팅 믹스 4C는 고객 중심의 마케팅 믹스인 4C에서 더욱 나아가 소비자를 인간이라는 관점에서 바라보는 새로운 마케팅 믹스이다. 인간 중심의 마케팅 믹스 4C는 다음과 같은 의미를 가지고 있다. 첫째 **공동 창조**(co-creation)는 소비자와 기업이 함께 제품이나 서비스를 창조하는 과정을 강조한다. 기업은 소비자의 의견과 참여를 존중하고 소비자와의 협력을 통해 제품이나 서비스를 개선하고 발전시킨다. 둘째 **통화**(currency)는 제품이나 서비스의 가치를 단순히 가격이 아닌 소비자가 느끼는 가치로 판단한다는 것이다. 기업은 제품이나 서비스가 소비자에게 어떤 가치를 제공하는지를 중시하고 그 가치를 소비자에게 명확하게 전달한다는 것이다. 셋째 **공동체 활성화**(communal activation)는 기업이 소비자가 공동 활동을 위한 커뮤니티를 형성하고 공동 활동을 적극적으로 할 수 있도록 유도한다는 것이다. 기업은 소비자에게 제품이나 서비스에 대한 경험을 공유하고 소통하는 공간을 제공하여 소비자 간 상호작용을 촉진하고 소셜 미디어를 통한 활발한 홍보를 전개하여 적극적인 소비자 참여를 유도한다. 넷째 **대화**(conversation)는 기업과 소비자 간 대화와 상호작용을 강조하는 것이다. 기업은 소비자의 의견과 피드백을 수렴하고 소비자와의 대화를 통해 상호 이해를 증진하며 소비자의 필요와 욕구를 파악하여 개인화된 서비스를 제공한다는 것이다. 결론적으로 새로운 인간 중심의 마케팅 믹스 4C는 기업이 제품이나 서비스를 개발하고 마케팅하는 과정에서 소비자의 참여와 상호작용을 중요하게 생각하는 접근법이다. 소비자의 필요와 욕구를 이해하고 소비자와의 공동 창조와 대화를 통해 제품과 서비스의 가치를 높이고 소비자와의 관계를 강화하는 것을 목표로 한다.

앞서 제1장에서 설명한 미래의 마케팅 4.0에서는 인간 중심의 마케팅, 콘텐츠 마케팅, 옴니 채널 마케팅 및 참여 마케팅을 제시하고 설명하였는데, 여기서는 이를 기반으로 새로운 마케팅 믹스 4C에 대하여 설명하도록 하겠다. 새로운 마케팅 믹스 4C란 연결(connection), 콘텐츠(contents), 고객 경험(customer Experience), 옴니 채널(omni-Channel)을 의미한다. 첫째 **연결**(connection)이다.다. 앞에서도 이미 언급하였지만 디지털 시대의 가장 큰 특징은 연결성이다. 연결이란 기업의 일방적인 촉진 활동이 아닌 고객지향적인 디지털 미디어를 포함한 다양한 커뮤니케이션 미디어를 활용하여 쌍방향으로 소통하는 것을 말한다. 이는 고객과 소통하고 고객과 관계를 맺고 고객을 대상으로 촉진 활동을 하는 과정이라고 할 수 있다. 이러한 연결 관계를 기반으로 한 소비자의 행동 모델을 설명하는 이론은 다양하다. 앞서 설명한 AIDA(attention, interest, desire, action), AIDMA(attention, interest, desire, memory, action), AIDCA(attention, interest, desire, conviction, action)을 비롯하여, 일본 광고대행사 덴츠(Dentsu)의 SIPS(sympathize, identify, participate, share & spread) **모델**, AISAS(attention, interest, search, action, share) **모델**, 맥킨지(McKinsey)의 CDJ(customer decision journey) **이론** 등이 있다. SIPS 모델은 소비자가 제품이나 브랜드에 대한 정보에 공감한(sympathize) 후 지인이나 친구 등을 통하여 그 정보가 자신에게 유익한지 확인하고(identify) 제품이나 브랜드와 관련된 다양한 활동에 참여하고(participate) 다양한 활동에서 획득한 결과물을 주위 사람들에게 전하고 공유한다는(share & spread) 것이다. AISAS **모델**은 소비자가 제품이나 브랜드에 대하여 인지한(attention) 후 흥미나 관심을 가지고(interest) 관련 정보를 찾아보고(search) 구매 행동을 하고(action) 이후 이를 공유한다는(share) 것이다. 맥킨지의 CDJ **이론**은 디지털 미디어 환경 변화를 겪은 소비자는 기존에 알고 있거나 이미 사용 중이던 브랜드에 얽매이지 않으며 검색을 통해 제안받은 새로운 브랜드나 이미 제품을 구매한 다른 소비자들의 구매 이후의 경험 등을 참고한 브랜드에 열린 자세를 가지고 구매 의사 결정 중간에도 쉽고 빠르게 기존 브랜드를 재평가하여 고려 대상을 바꾼다는 이론이다. 둘째 **콘텐츠**(contents)이다. 콘텐츠를 만들기 위해서는 완료형의 일방적인 정보 제공이나 나열식 글쓰기가 아닌, 열린형 글쓰기로 소비자들의 관심과 참여를 유도하고 페이스북이나 블로그 등 다양한 SNS를 미디어 채널로 적극 활용하며, 특히 최근에 급격하게 그 사용 빈도가 늘어나고 있는 **해쉬태그**(#)도 적극적으로 활용하여야 한다. 콘텐츠의 형태는 글보다는 이미지로 표현하는 것이 좋고 이미지와 동영상으로 스토리를 구성하는 형식, 즉 **스토리텔링**(story-telling) 기법이 소비자의 공감을 더 쉽게 이끌어낼 수 있다. 참고로 사람은 들은 것은 10%, 읽은 것은 30%, 본 것은 80%를 기억한다고 한다. 셋째 **고객 경험**(customer experience)이다. 고객 경험(customer experience)이란 제품이나 서비스를 구매하기 전 정보 탐색부터, 구매 중, 구매 후 사용 단계까지의 과정에서 고객이 소유하는 감정 및 인지 등을 포괄적으로 지칭하는 것이다. 이는 사용자 경험과 구별된다. **사용자 경험**(UX, user experience)은 사용자를 대상으로 기업, 제품, 서비스와 상호작용하면서 얻는 경험을 말하는데 이는 다분히 주관적으로 개인의 느낌이나 생각에 의존하며 시간이 지남에 따라 함께 변화한다. 고객 경험과 관련하여 POP와 MOT라는 개념이 있다. 이는 고객 경험의 중요한 시점을 가리키는 것이다. POP(point of purchase)는 물리적 위치 개념의 구매 상황 접점을 말하는 것으로 구매가 이루어지는 장소를 의미한다. MOT(moment of truth)는 시간 개념의 구매 상황 접점을 말하는 것으로 중요한 일 또는 중요한 결정이 일어나는 순간을 의미한다. 고객 경험과 관련하여 또 하나의 중요한 활동이 고객 경험 관리이다. **고객 경험 관리**(CEM, customer experience management)란 자사 제품이나 서비스의 모든 접점에서 고객 경험이 제공될 수 있도록 기획하고 모니터링하는 활동을 말한다. 고객 경험 과정은 고객의 시간 여정에 따라 이전 경험 단계, 구매 전 단계, 구매 단계, 구매 후 단계, 미래 경험 단계 등 5단계로 구분되는데, 기업은 각 단계에서 고객이 무엇을 기대하고 어떤 태도와 인식을 가지고 있는가를 파악하고 대처하여야 한다는 것이다. 고객 경험 관리는 원래 고객 관계 관리인 CRM에서 시작하여 변화 발전한 전략적인 고객 관리 접근법이다. CEM과 CRM은 고객과 관련된 전략적 관리 접근법이지만 약간 다른 측면에 초점을 둔다. CRM(customer relationship management)은 기업이 고객과의 상호작용을 관리하고 최적화하기 위하여 사용되는 전략과 기술을 말한다. 주요 목표는 고객과의 관계를 강화하고 유지함으로써 고객 충성도를 높이는 것이다. CRM은 고객 데이터를 수집하고 분석하여 고객에 대한 포괄적인 정보를 제공하며 영업, 마케팅, 고객 서비스 등의 부서 간 협업을 촉진하여 고객과의 상호작용을 효과적으로 관리할 수 있도록 돕는다. 이에 반하여 CEM은 기업이 고객에게 제공하는 경험을 관리하고 개선하기 위해 사용되는 전략과 프로세스를 말한다. CEM은 기업의 모든 고객과의 상호작용 포인트에서 고객의 경험을 고려한다. 주요 목표는 고객이 기업과의 상호작용을 긍정적으로 경험하고 만족감을 느끼도록 하는 것이다. CEM은 고객 여정을 분석하고 고객의 필요와 욕구를 파악하여 개인화된 서비스를 제공하며 문제를 신속하게 해결하고 고객의 의견을 수용하여 경험을 개선하는 것을 목표로 한다. 넷째 **옴니 채널**(omni-channel)이다. 옴니 채널(omni－channel)은 소비자가 온라인, 오프라인, 모바일 등 다양한 경로를 넘나들며 상품을 검색하고 구매할 수 있는 것으로, 각 유통 채널의 특성을 결합하여 어떤 채널에서든 같은 매장을 이용하는 것처럼 느낄 수 있도록 한 쇼핑 환경을 말한다. 최근에는 특히 소매업의 경우 성공적 옴니 채널 구현이 필요충분조건이 되고 있다. 대표적인 사례가 **롯데 On**이다. 롯데 On은 롯데그룹의 다양한 사업 부문을 통합하여 편리한 서비스와 혜택을 제공하는 플랫폼으로 사용자는 롯데 On을 통해 다양한 롯데그룹의 서비스를 한 곳에서 이용할 수 있다. 성공적 옴니 채널 구현을 위해서는 어떤 유통 채널을 가더라도 동일한 경험을 할 수 있는 일관성(consistency), 고객이 선호하는 내용을 정확히 전달하는 콘텐츠(contents), 고객의 필요(needs)와 욕구(wants)를 충족시키는 개인 맞춤화(customization), 구매, 결재, 애프터서비스 등 구매 과정의 편리성을 의미하는 편의성(convenience), 고객의 라이프스타일 전환을 선도하는 전환성(conversion) 등이 필요하다.

제1장에서 이미 설명하였지만 필립 코틀러(Philip Kotler)는 마케팅 1.0, 마케팅 2.0 및 마케팅 3.0을 설명하고 디지털 시대의 새로운 마케팅으로 온라인과 오프라인의 상호작용을 통합한 마케팅 4.0을 제시하였다. 그는 최근에 더 나아가 인간과 기술의 융합으로 요약되는 **마케팅 5.0**을 제시하였다[2]. 마케팅 5.0은 고객 여정 내내 가치를 창출, 전달, 제공, 강화하기 위하여 인간을 모방한 기술을 마케팅에 적용하는 것이다. 인간을 모방한 차세대 기술에는 인공지능(AI), 자연어 처리(NLP, natural language processing), 로봇공학, 증강현실(AR, augmented reality), 가상현실(VR, virtual reality), IoT, 블록체인 등이다. 마케팅 5.0은 마케팅 3.0과 마케팅 4.0의 결합으로도 이해할 수 있다. [표 11－4]는 마케팅 1.0, 2.0, 3.0, 4.0 및 5.0을 정리한 것이다.

[표 11-4] 마케팅 1.0, 2.0, 3.0, 4.0 및 5.0

구분	제품 중심의 마케팅 1.0	소비자 지향의 마케팅 2.0	가치 주도의 마케팅 3.0	마케팅 4.0	마케팅 5.0
목표	제품 판매	고객 만족	더 나은 세상 만들기	온라인 및 오프라인의 상호작용 통합	인간과 기술의 융합
기업이 고객를 보는 방식	필요 및 욕구를 지닌 구매자	이성과 감성을 지닌 소비자	이성, 감성, 영혼을 지닌 전인적 존재	마케팅의 전환 시대	소비자 가치를 창출, 전달, 제공, 강화하기 위하여 인간을 모방한 기술을 마케팅에 적용
성격	거래 지향적 마케팅	관계 지향적 마케팅	협력 마케팅	전통적 마케팅에서 디지털 마케팅으로 전환	마케팅 3.0 + 마케팅 4.0

2) 필립 코틀러 외, 마켓 5.0, 더퀘스트, 2021년. 이 책에서 필요한 부분을 선택하여 수정하고 정리함.

핵심 컨셉	제품 개발	차별화	가치	인간 중심의 마케팅 콘텐츠 마케팅 옴니채널 마케팅 참여 마케팅	데이터 기반 마케팅 예측 마케팅 맥락 마케팅 증강 마케팅 애자일 마케팅
가치 명제	기능	기능 및 감성	기능, 감성, 영성		
소비자와의 상호작용	일대다 거래	일대일 관계	다대다 협력		

마케팅 5.0은 기술 중심의 마케팅으로 데이터 기반 마케팅(data-driven marketing), 예측 마케팅(predictive marketing), 맥락 마케팅(contextual marketing), 증강 마케팅(augmented marketing), 애자일 마케팅(agile marketing)의 5대 요소로 이루어진다. 첫 번째 **데이터 기반 마케팅(data-driven marketing)**은 마케팅 5.0의 제1원칙으로 마케팅 5.0의 전제 조건이다. 데이터 기반 마케팅은 다양한 출처에서 빅데이터를 수집, 분석하고 마케팅 의사 결정을 주도하고 최적화하기 위하여 데이터 생태계를 구축하는 활동이다. 데이터 기반 마케팅은 어떤 결정이든 충분한 데이터를 가지고 해야 한다는 마케팅 5.0의 제1원칙이다. 두 번째 **애자일 마케팅(agile marketing)**은 마케팅 5.0의 제2원칙이자 마케팅 5.0의 실행 조건이다. 애자일 마케팅은 분산된 다양한 분야의 팀들을 활용하여 제품과 마케팅 캠페인을 신속하게 개념화, 설계, 개발, 검증하는 것이다. 애자일 마케팅은 끊임없이 변화하는 시장에 대처할 수 있는 조직적 민첩성을 의미한다. 세 번째 **예측 마케팅(predictive marketing)**은 마케팅 5.0의 첫 번째 적용 방법으로 제품 출시 전에 마케팅 활동의 결과를 예측하기 위하여 예컨대 기계 학습(machine learning)을 통하여 예측 분석 방법을 구축하고 활용하는 것을 말한다. 네 번째 **맥락 마케팅(contextual marketing)**은 마케팅 5.0의 두 번째 적용 방법으로 실제 공간에서 센서와 디지털 인터페이스를 활용하여 고객과 맞춤형 상호작용을 하는 활동을 말한다. 맥락 마케팅은 마케팅 담당자가 고객이 처한 상황에 따라 실시간으로 1:1 마케팅을 수행할 수 있게 해 주는 근간이 된다. 다섯 번째 **증강 마케팅(augmented marketing)**은 마케팅 5.0의 세 번째 적용 방법으로 챗봇이나 가상 비서와 같은 인간을 모방한 디지털 기술을 활용하여 고객과 대면하는 마케팅 담당자의 생산성을 높이는 활동을 말한다. 증강 마케팅은 마케팅 담당자가 디지털 인터페이스의 속도와 편리성을 인간적 접점의 따뜻함 및 공감과 결합하게 해 준다. [그림 11-9]는 마케팅 5.0을 정리한 것이다.

[그림 11-5] 마케팅 5.0

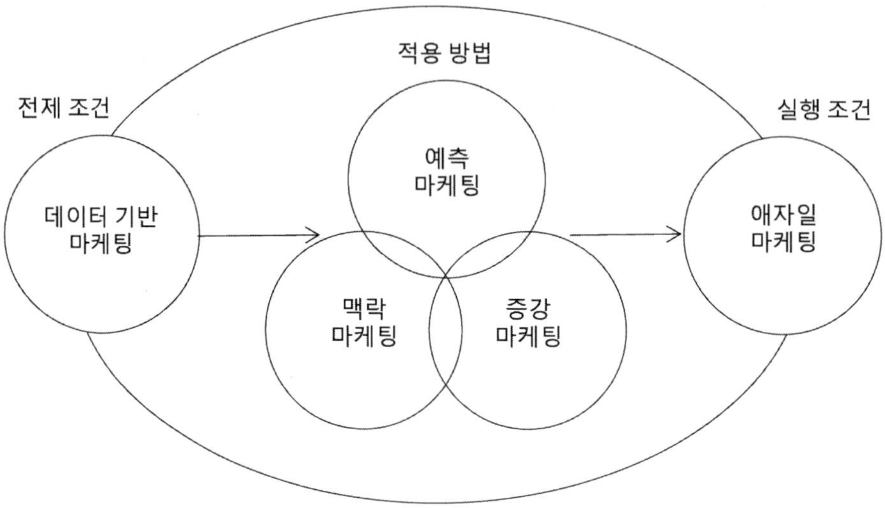

참고문헌

강명주, 소비자행동과 마케팅액션, 피앤씨미디어, 2015년

김기홍, 한수범, 국제경영학, 대왕사, 2010년

김난도 외, 트렌드 코리아 2016, 미래의 창, 2015년

김난도 외, 트렌드 코리아 2018, 미래의 창, 2017년

김난도 외, 트렌드 코리아 2020, 미래의 창, 2019년

니콜라 게겐, 소비자는 무엇으로 사는가, 지형, 2006년

딜로니트 안진회계법인, 딜로이트 컨설팅, 경계의 종말, 원앤원북스, 2016년

데이비드 아커, 데이비드 아커의 브랜드 경영, 비즈니스북스, 2003년

데이브 에반스, 소셜미디어마케팅, 에이콘출판(주), 2010년

마셜 W. 밴 앨스타인, 상지트 폴 초더리, 제프리 G. 파커, 플랫폼레볼루션, 부키(주), 2017년

마이클 달튼 존슨, 영업의 고수는 무엇이 어떻게 다른가, 도서출판 갈매나무, 2014년

마크 펜, 마이크로트렌드, 해냄출판사, 2008년

말콤 그래드웰, 그 개는 무엇을 보았나, 김영사, 2010년

문영미, 디퍼런트, ㈜살림출판사, 2011년

바라트 아난드, 콘텐츠의 미래, 리더스북, 2017년

박남규, 전략적 사고, ㈜아코바, 2010년

밥 길브리스, 마케팅 가치에 집중하라, 비즈니스맵, 2011년

스튜어트 다이아몬드, 어떻게 원하는 것을 얻는가, ㈜에이트 포인트, 2018년

스티브 레빗, 스티븐 더브너, 괴짜경제학 플러스, ㈜웅진씽크빅, 2007년

아닌디야 고즈, 모바일 비즈니스에서 승자가 되는 법 탭TAP, 한국경제신문, 2017년

이마무라 히데아키, B2B 마케팅, 비즈니스맵, 2010년

이승윤, 디지털 소셜 미디어 마케팅, 시그마프레스, 2016년

이희복, 문장호, 소셜미디어 마케팅, 한경사, 2013년

에이드리언 슬라이워츠키, 디맨드, 다산북스, 2012년

엘런 러펠, 완벽한 가격, 랜덤하우스코리아, 2011년
윌리엄 A. 코헨, 리더스 윈도우, 쿠폰북, 2010년
자그모한 라주, 스마트 프라이싱, 럭스미디어, 2011년
전선규, 소비자는 좋은 제품을 선택하지 않는다, 마인드탭, 2014년
정진우, 장사도 인문학이다, 도서출판 무한, 2017년
조동성, 전략경영, 서울경제경영, 2013년
조영태, 정해진 미래시장의 기회, 북스톤, 2018년
조지 데이, 크리스턴 무어먼, 아웃사이드인 전략, 와이즈베리, 2013년
토머스 프리드먼, 렉서스와 올리브나무, 21세기북스, 2011년
톰 피터스, 리틀빅씽(The Littel Big Things), 더난출판, 2010년
케빈 켈러, 브랜드 매니지먼트, 비즈니스북스, 2010년
클라우스 슈밥, 제4차 산업혁명, 새로운 현재, 2016년
칩히스, 댄 히스, 스틱, 웅진윙스, 2007년
최용주, 김상범, 영업의 미래, 올림, 2015년
최은수, 4차 산업혁명 그 이후, 미래의 지배자들, ㈜비즈니스북스, 2018년
최은정, 마케팅관리, 피엔씨미디어, 2018년
폴 길린, 링크의 경제학, ㈜해냄출판사, 2009년
폴 스미스, 마케팅이란 무엇인가, 거름, 2005년
피터 드러커, 변화 리더의 조건, 청림출판, 2008년
필립 코틀러, 마케팅관리론(Marketing Management 11판), 도서출판 석정, 2004년
필리 코틀러, 마켓 3.0, 타임비즈, 2012년
필립 코틀러, 마켓 4.0, 더퀘스트, 2017년
필립 코틀러 외, 마켓 5.0, 더퀘스트, 2021년
필립 코틀러, 필립코틀러 마케팅을 말하다, 비즈니스북스, 2009년
필립 코틀러, 필립코틀러의 마케팅 A to Z, 세종연구원, 2009년
필립 코틀러, 발데마 푀르치, B2B 브랜드 마케팅, 비즈니스맵, 2007년
한석희, 엄재근, 이혜숙, 이상기, 이대영, 4차 산업혁명, 그들이 오고 있다, 지식플랫폼, 2018년
헤르만 지몬, 프라이싱, 쌤앤파커스, 2017년
Micheal E. Porter, Competitive Strategy, The Free Press, 1998
Micheal E. Porter, On Competition, Harvard Business School Publishing, 1998
Philip Kotler, Marketing Management, Prentice−Hall, Inc., 2001
Philip Kotler, Marketing Management, 11th Edition, Prentice Hall, 2003

찾아보기

ㄱ

ㅇ

ㅊ

ㅋ

ㅎ

영어

[저자 약력]

박 성 모

서울대학교 정치학과 및 행정대학원을 졸업하고, 일본 히토쯔바시(一橋, Hitotsubashi)대학 ICS(International Corporate Strategy) 과정에서 MBA를 취득한 후, 서울과학종합대학원(aSSIST)에서 영업 및 마케팅으로 박사학위를 받았다. 세계일보 사회부 기자로 사회생활을 시작하여, 한국전력공사, 일본 미츠이물산(Mitsui & Co.), 삼성디스플레이를 거쳐, 현재 수원대학교 경영대학원 교수로 재직 중이다. 전문 분야는 해외 영업 및 마케팅으로 마케팅 이론에 실무 경험을 겸비하였으며, 현재 마케팅, 협상론, 국제경영 및 국제비즈니스문화론 등을 강의하고 있다. 저서로는 '디지털 사회의 마케팅', '글로벌 비즈니스 에티켓 & 매너'가 있다.

디지털 시대의 뉴마케팅

초판발행 2024년 3월 5일

지은이 박성모
펴낸이 박노일

총괄기획 최준규
편 집 이상민

펴낸곳 pnc publishing and culture 피앤씨미디어
경기도 고양시 일산동구 강송로 153 310-1501
등록 제396-2012-000203호
전 화 070)7550-3758 팩 스 02)6280-3758
홈페이지 www.pncmedia.co.kr 이메일 pnc@pncmedia.co.kr
ISBN 979-11-5730-913-9 93320

정 가 16,000원